EL TÉ DE LA LIBERTAD

LA HISTORIA REAL DE UN HÉROE ESPAÑOL QUE SALVÓ MUCHAS VIDAS

PATRICIA MARTÍNEZ DE VICENTE

KOLIMA
BOOKS

Título original: *La clave Embassy*
Primera edición: 2010

Nueva edición ampliada, *El té de la libertad*: Marzo 2021
© 2021 Editorial Kolima, Madrid
www.editorialkolima.com

Autora: Patricia Martínez De Vicente
Dirección editorial: Marta Prieto Asirón
Maquetación de cubierta: Sergio Santos
Maquetación: Carolina Hernández Alarcón

ISBN: 978-84-18263-76-7
Depósito legal: M-7270-2021
Impreso en España

THE INTERNATIONAL
RAOUL WALLENBERG
FOUNDATION

www.raoulwallenberg.net

*Para Caroline Caldwell, Timothy, Simon,
Nicholas y Mathew Kirlew, los nietos del
Dr. Eduardo Martínez Alonso.*

ÍNDICE

PREFACIO

Biografía, novela histórica, recopilación de vivencias reales y familiares, esquemas rotos, sorpresa final. De todo esto y algo más trata esta investigación personal e histórica que he ido recopilando durante veinte años. Pues desde que me inicié en *Embassy y la Inteligencia de Mambrú* (2003) y continué añadiendo información en *La clave Embassy* (2010), no han dejado de aparecer más novedades. Así ha ocurrido desde que comencé rememorando con mi madre las experiencias bélicas y humanitarias como co-participante de su marido, descritas solo en parte, en su diario de 1942. Ahí donde realmente empieza la cadena de sucesos aquí relatados que no han querido abandonarme nunca. Porque de tanto en tanto surge algún acontecimiento interesante que añadir. Son estos, por lo tanto, los motivos que me empujan a seguir averiguando qué había detrás de aquellas íntimas notas londinenses de recién casados descritas por mi padre en el diario que encontré por sorpresa. De forma que en *El té de la libertad* sigo siendo la misma espectadora del elenco de personajes que componen esta novela. Aunque para llegar hasta aquí ha sido crucial ahondar aún más en los acuerdos de Estado entre el general Franco y Winston Churchill durante la II Guerra Mundial. Y en particular los relacionados, entre otros muchos, con la significativa participación humanitaria de España en el salvamento de judíos y refugiados del nazismo que aquí describo.

Desde el inusual inicio de la vida en común de mis padres, poco a poco fui logrando que la hermética concha de vieira que guardaba sus secretos se abriera hasta dar con esa labor humanitaria escondida bajo el caparazón de la neutralidad política española. Bastante más ligada a los respectivos proyectos bélicos de los enemigos europeos de lo esperado. De modo que, al desclasificarse los documentos oficiales del Servicio Secreto británico a partir del *Freedom of Information Act* del 1 de enero del 2005, la sorpresa fue que apareciera, intacta, maloliente y polvorienta, una carpeta sellada con un destacado SECRET rojo, sobre el nombre de mi padre, Dr. Eduardo Martínez Alonso. Intocables desde 1945, estos papeles ocultos por los altos cargos del MI5 en Londres desmenuzaban el trasfondo humano y político de aquellos salvamentos de judíos y perseguidos del nazismo que me relataba mi madre años atrás como si fuera una película ajena, ignorando, aunque no lo puedo asegurar, que su marido estaba metido hasta el cuello en este intrincado proyecto como un SOE (*Special Operations Executive*) de apoyo al equipo de la Inteligencia británica entre España e Inglaterra encargado de esas operaciones. Fue gracias a estos archivos escondidos durante décadas en el laberinto secreto británico como pude redondear la trama familiar comenzada al alimón con mi madre –y ahora entendía su actitud defensiva al tratar de sonsacarle unas experiencias juveniles altamente secretas–

y me despejaban el camino de una investigación familiar ya convertida en histórica. En consecuencia, gracias a nuestro ingenuo inicio y a los hallazgos añadidos de otras investigaciones posteriores, he llegado a la conclusión que presento aquí bajo el prisma antropológico social que engloba estas maniobras históricas y familiares.

Aunque estos hechos queden avalados con su correspondiente documentación y cobren un auténtico sentido oficial, para mí, sin embargo, esta seguirá siendo una experiencia familiar. La razón por la que como hija de los protagonistas centrales, ciertos acontecimientos y personajes aparezcan personalizados, tal como los sentí mucho antes de calibrar su importancia. Entre estos descubrimientos ha sido muy estimulante ratificar que el propósito humanitario del MI6 en la Península Ibérica, según los datos confidenciales de la Cruz Roja Británica publicados en el año 1949, fue el de socorrer y, en lo posible, rescatar «clandestinamente» de las garras nazis que invadían Europa entre 1940-45, unos 200 refugiados diarios, judíos y gentiles, huyendo a España. 300 de los cuales debían salir semanalmente en la misma «clandestinidad». De donde se deduce que a pesar de la influencia del Tercer Reich en la política franquista, fue la neutralidad española la que les permitía llevar adelante los traslados encubiertos hacia Portugal y Gibraltar, con la ayuda de cooperantes como mi padre. Posiblemente la misión humanitaria aliada de mayor envergadura del siglo XX, irreconocible como tal en plena acción, y hasta años después, que no habría culminado con el éxito silenciado más de sesenta años sin la buena voluntad, la armonía del equipo de apoyo y la complicidad de los diplomáticos con aquellos colaboradores que la hicieron posible desde la embajada británica en Madrid. Ajenos a intrigas, denuncias y traiciones, compartiendo un mismo código ético y su mejor voluntad, este intrépido grupo hispano británico aunó profesionalidad, buena voluntad y grandeza de espíritu para sacar adelante su secretísimo y peligroso proyecto humanitario para salvar miles de vidas desconocidas sin temor a arriesgar las propias, enfrentándose, además, a una discutible legalidad nacional, bordeando la alta traición. Lo que nadie imaginaría estaba alentado soterradamente por un sagaz Winston S. Churchill desde la sombra.

Han transcurrido varias décadas hasta confirmar que las maniobras auspiciadas por el agregado naval y responsable de la Inteligencia británica en Madrid, el capitán Alan Hillgarth, en estrecha colaboración con el agregado militar, el brigadier Wyndham T. Torr, así como su adjunto, Alan Lubbock, unidos a «la torre de fortaleza» de Michael Creswell, «Monday» en el argot interno, como responsable de Evacuaciones y Evasiones del MI9, en plena guerra europea respaldaron, entre otros proyectos bélicos, la admirable labor de acogida de cientos de refugiados en su «Casa de Vida» de nuestra buena amiga, Margarita Taylor, utilizando como tapadera su famoso salón de té Embassy, en pleno Paseo de la Castellana 12, frente a la embajada de Alemania. Un equipo humano insospechado que supo combinar sus funciones profesionales propias con los rescates humanitarios en un periodo de máxima turbulencia y riesgo enfrente mismo de sus observadores.

Es extremadamente gratificante, por lo tanto, confirmar la participación de mi padre, el Dr. Eduardo Martínez Alonso, como un SOE español que combinó su cargo de médico de la Cruz Roja Española con el de la embajada Británica en Madrid, desde donde el MI6 proyectó miles de salvamentos humanitarios a través de España. A lo que añado, con el mismo orgullo, la colaboración indirecta de mis allegados en Galicia: mi abuela Guillermina Alonso Jiménez-Cuenca, propietaria de la finca de La Portela; la guardesa, Lola «La Grande»; los marineros de Redondela, Faustino, Manuel y

Moncho Otero; o el párroco de Xende, el tío Rogelio, quienes se esforzaron por concluir este peligroso proyecto, tramado en las oficinas londinenses de Whitehall y rematado en la Ría de Vigo. Deseo pues honrar a los integrantes oficiales y a los de a pie por esta generosa aportación de alto riesgo hasta culminar con éxito el salvamento de miles de perseguidos silenciado durante sesenta años; quizá sin saber, además, que estaban esquivando la estrecha persecución de la Gestapo, e indiferentes a los rigores de la dictadura franquista cuando ninguno reparó no solo en el peligro inmediato que corrían, sino en las posibles consecuencias detrás de una convulsa guerra internacional no tan lejana. En definitiva, una ejemplar y asombrosa combinación de audacia, consideración y solidaridad de este puñado de elegidos capaces de superar situaciones extremas que me ha permitido ensamblar los elementos propios con los oficiales para transportarlos a esta novela histórica.

Por todo ello, agradezco a la embajadora de Polonia en España, Exma. Sra. Marzenna Adamczyk, sus amables acogidas a lo largo de estos años de investigación en su embajada madrileña. En particular, su consejo de consultar el archivo del *Sikorsky Museum* en Londres, donde se conservan numerosos documentos y listas de nombres de los presos polacos retenidos en el campo de concentración de Miranda de Ebro durante la II Guerra Mundial. Una información fundamental para confirmar la participación paterna que yo suponía. Agradezco también los comentarios, observaciones personales y los perspicaces *e-mails* de mi buen amigo el Dr. Francisco Sagasti (desde mucho antes de que fuera presidente del Perú), alternados con nuestras largas conversaciones madrileñas. Igual de positivas e inspiradoras que resultaron las encantadoras charlas con una destacada veterana polaca de las persecuciones nazis, Nina Mitrani, establecida en Barcelona desde los años 1940, y su estimable traducción de los documentos en polaco que presento y que desde aquí reconozco con mucho cariño.

Gracias asimismo al intercambio de opiniones históricas y políticas con mi buena amiga y profesora de historia de la UNED, Conchita Ybarra Enríquez de la Orden, así como al historiador vigués, Antonio Giráldez Lomba, quien al cabo de años de amistad apareció con un inesperado y esclarecedor documento que encontró en el Archivo Histórico Nacional relacionado con la «clandestinidad» de mi padre y que incluyo aquí. No menos determinante que la conclusión a la que llegó el Dr. Emilio Grandío Seoane, profesor titular de Historia Contemporánea de la Universidad de Santiago de Compostela, que me ha permitido ratificar la conexión entre el MI6 y la Cruz Roja Española en los años 1940, de donde partió el vínculo profesional de mi padre con ambas entidades. Por esta aclaración y el prólogo que ha escrito para este libro le estoy muy agradecida. La imprevista reaparición de Colin Creswell, el hijo de Elizabeth y Michael Creswell, responsable del MI9 en el periodo aquí descrito, quien me proporcionó unas esclarecedoras matizaciones sobre ciertos aspectos internos de la embajada británica en Madrid durante los años 1940, también aporta un destacado contrapeso a mi escueta información, lo que agradezco por ser tan valiosa.

Las fundamentales y recientes explicaciones de mi casi hermano, Ted Pahle, sobre las funciones complementarias entre el Servicio Secreto británico y la Cruz Roja durante la guerra, me ayudaron a encajar y valorar aún más esta valiosa labor de trastienda de los colaboradores, entre los que se incluía mi padre. Otra confirmación de la trascendencia de la neutralidad de España durante la II Guerra Mundial. Sin esta asociación no habría sido posible rematar con tanto éxito la ayuda humanitaria a las víctimas del Tercer Reich. Un método, por cierto, que se siguió utilizando en enfrentamientos bélicos posteriores y que no concluyó hasta la guerra del Vietnam.

A punto de concluir esta novela, en octubre del año 2020 me llegó la inesperada noticia de la Raoul Wallenberg Foundation de Tel Aviv de que habían encargado a la Autoridad Filatélica de Israel la emisión limitada de un sello de correos conmemorativo de curso legal con la imagen y el nombre del Dr. Eduardo Martinez Alonso como «Rescatador del Holocausto». Un conmovedor e insospechado honor por el que no encuentro suficientes palabras de gratitud a su fundador, Baruch Tenenbaum, y a su director, Daniel Rainer, a la Raoul Wallenberg Foundation y al Estado de Israel.

Ahora me entienden cuando digo que esta historia es la que no quiere dejarme a mí. Y no al revés.

En fin, a todos os agradezco el soporte e interés mostrado mientras fui descubriendo la estimulante y satisfactoria labor de sacar a la luz unos secretos inadvertidos de la Historia –ahora sí, con mayúscula–, que no solo dejan a los personajes aquí descritos en el admirable lugar que les corresponde, sino que espero puedan aclarar viejas dudas sobre los salvamentos de judíos y perseguidos del Tercer Reich en España. Hasta las de los más escépticos.

En Pineda de Mar, aún junto al Mediterráneo,
comenzando el año 2021

PRÓLOGO

UN NUEVO PADRE

Lo oculto, lo escondido, lo nunca contado... siempre ha reclamado la atención. Este libro habla de un padre al que su hija descubre un secreto, el de su vida. El perfil que reconstruye es el de un nuevo padre. Más allá del ámbito afectivo, observamos a los hombres y mujeres que se encargan de los servicios de Inteligencia, siempre desde un prisma marcado por la imagen difundida de manera posterior a la finalización de la Segunda Guerra Mundial, al relato del antifascismo como médula central de la construcción de la sociedad occidental europea. Esta es una narración que nos ofrece siempre un mundo en guerra, separado por una trinchera infranqueable de hostilidad... Una sociedad en blanco y negro, con escasos matices. Pero si algo tenía el mundo de la Inteligencia en la guerra era que estos hombres navegaban siempre entre esas dos orillas, irreconciliables por el conflicto. En el caso de la Península Ibérica, en dos regímenes dictatoriales como España y Portugal que hacían de la praxis su política prioritaria, la libertad de acción de los sectores de Inteligencia era notable. No de manera casual. También para relacionarse entre ellos.

El mundo del espionaje es el mundo de la información. Una información bien amplia, con informantes comunes, y recogida prácticamente por todos. Es una realidad oculta...

hasta que se gestiona de acuerdo a determinados intereses. Algunos económicos, otros personales... casi nunca estrictamente políticos o ideológicos. Ese tipo de «espía» excepcional que parecen ser los llamados «agentes doble X», aquellos que servían información a ambos bandos, son más la norma que la excepción. Dentro de este mundo las fronteras son efímeras y sutiles. La palabra se da y ya no vuelve, pero se gestiona a su debido tiempo e interés por parte de los profesionales. Todo depende de hacia qué bando se decante la mayoría de la información obtenida.

No es de este modo exactamente el caso de Eduardo Martínez Alonso, pero vivió dentro de este contexto durante unos años. Su fidelidad a «la Causa» tiene una procedencia claramente personal, debido a sus amistades previas, a las relaciones establecidas de manera anterior al estallido de esa guerra nunca querida por una Gran Bretaña acomodada con amplia mayoría «tory». Observaremos entre líneas una relación singular y estrecha del personaje central con la familia real británica, y por lo tanto también con la reina española Victoria Eugenia de Battenberg. Martínez Alonso se convierte en un hombre de enorme confianza dentro de un Estado como el británico en el que la figura del monarca es mucho más que el Jefe del Estado, refrendado por una tradición de siglos dirigiendo el rumbo político, pero también el espiritual, del país. No hay institución más valorada y firme en Gran Bretaña, porque su influencia sobrepasa los ámbitos estrictos de la administración del Estado. La relación de nuestro personaje con la monarquía británica es fundamental para entender su papel. Es esta fidelidad dentro de su contexto relacional lo que le convierte en entregado colaborador. No es lo frecuente. Generalmente se prefiere a los que tienen una menor trayectoria previa conocida, pero Martínez Alonso, «Lalo», no responderá al modelo clásico más conocido.

Pero si es más común la manera en que se nos presenta. Resulta curioso como generalmente estos personajes son desplegados a través de un relato íntimo –nunca oculto en el texto– realizado por familiares, como es en este caso de su hija, Patricia Martínez de Vicente, motivados por el «Official Secret's Act», ese silencio siempre presente en la actividad. El reconocimiento de los hechos provoca un impacto doble en la persona debido al descubrimiento de un nuevo padre. Un progenitor con un mayor número de perfiles, que en su inicio parecen aristas inexplicables, pero que se van convirtiendo con el paso de las páginas de esta obra en valores compartidos. También es cierto que este conocimiento tan íntimo impide, de manera lógica, distanciarse para observar sus acciones con imparcialidad. Hay una voluntad interpretativa condicionante de los hechos narrados, y a la vez una necesidad de entender al padre por quien redacta estas líneas. ¿Hay algo más complejo que intentar explicar tu propia necesidad de entender? Esta obra habla también del proceso personal del autor. Posiblemente no haya una manera de relatar hechos que comunique más que un relato de estas características en primera persona.

La intervención de Martínez Alonso se podría incluir dentro de la primera ola de contactos de absoluta confianza de Gran Bretaña dentro del país, escogidos porque no levantan problemas en su relación con el régimen. «Lalo» es un hombre bien respetado, con prestigio, que vive en la zona noble de Madrid, y cuya relación con la monarquía española le hace ser observado como algo «natural» por el franquismo. Y es que la dictadura desde la llegada de Samuel Hoare a España en la primavera de 1940 marca su relación con los británicos en la que los trabajos de Inteligencia en esta España «no beligerante» no sobrepasaran nunca la «línea roja» de trabajar contra el propio régimen. Martínez Alonso cumple este perfil inicial.

Esta primera ola de contactos se construye de manera improvisada y acelerada tras la caída de París en mayo de 1940, ya que los trabajos de información en España para los aliados, que en un inicio se dejan a los Servicios de Información francesa, el «Deuxième Bureau», desaparecen. Ante la necesidad sobrevenida se crea un Servicio de Información de España desde lo que tienen en el propio interior: cónsules y sus familiares repartidos por toda España, miembros de la embajada, industriales enclavados en España desde hace años, o se incrementan los servicios de prensa. La necesidad es urgente, de vida o muerte, en esa situación en la que se encuentran las islas acosadas por el Eje como único baluarte europeo. En ese contexto también entran a ayudar a la supervivencia de la Corona aquellas personas conocidas y totalmente fiables, como nuestro protagonista.

Se le encomienda participar con lo que pueda, y orienta a sus contactos personales hacia este fin, disponiendo para los servicios de las rutas de huida de sus propias fincas situadas a pocos kilómetros de Vigo para atravesar la frontera portuguesa. Se convierte en el referente final de la salvación de numerosas vidas a través de ese embarcadero redondelano de A Portela. Era muy importante para el embajador británico Samuel Hoare que en estas acciones participaran personas de total fiabilidad como Martínez Alonso, dejando en un papel secundario la colaboración de españoles conocidos por su lucha contra el régimen. Era tan relevante el tema, que buena parte de la dirección y gestión de estas rutas recayó en manos de Lady Maud, la propia mujer del embajador. Entre sus papeles se puede observar que Vigo era un gran referente en estas rutas hacia la libertad.

La obra de Patricia resalta también el papel de Galicia en estos años. Una Galicia que si uno no indaga parece la reproducción de la imagen que el franquismo pretendía otorgarle a través del Pazo de Meirás: bucólica, verde, tranquila...

Pero lo cierto es que durante la Segunda Guerra Mundial se convierte en una de las zonas con mayor actividad y relevancia del régimen. Eso sí, poco comentado en su tiempo. Una Galicia clandestina. Por este espacio y durante estos años existieron no solo las rutas de evasión, sino también las posibilidades bien ciertas de invasión aliada por sus costas septentrionales hasta bien avanzado 1943, una guerra aeronaval encubierta en sus costas especialmente entre 1942 y 1944, o el más conocido comercio de wolframio, tan determinante en estos años de conflicto. No era exactamente un remanso de paz.

También resulta muy curioso resaltar en estos temas el papel que siempre juegan las mujeres. Es cierto que siempre se han presentado como un apoyo de la actividad masculina en la mayor parte de las ocasiones, pero juegan un papel crucial, al mismo nivel que los hombres. Y eso en lo que sabemos a día de hoy, ya que el recuerdo de su acción es invisible en mucha mayor medida. No es solo la madre de Patricia, citada en este libro, sino la también mencionada –y nunca encontrada– Margarita Taylor, o la mujer de Garbo, y tantas otras... Prácticamente en cada Servicio de Inteligencia, aunque sea de manera individualizada a través de una persona, aparece una mujer, que luego casi nunca es citada como protagonista activa de la acción. Es perfectamente constatable que la mayor red de Inteligencia británica en el Norte de España de estos años –la «Red Sanmiguel»– contaba con un gran número de mujeres. Observamos una implicación rotunda de las mujeres en estos servicios, al nivel de los elementos masculinos. Embassy creo que es una prueba evidente, una más.

El Embass'... y el Majestic, el Rhin, el Oliden... y tantos otros. Lugares de encuentro de ambos bandos de esa información, que a medida que avanzan las investigaciones resulta más global de lo que parece. Lugares que son referentes para gestionar asuntos que debían llevarse necesariamente en secreto. Como las rutas de salida en que se centra temáticamente esta obra, y que permanecen tras la derrota del fascismo: tras la «desnazificación» es necesario tener corredores de salida para los ahora perseguidos. Judíos y nazis unidos en pocos años de diferencia por semejantes caminos. Las conversaciones en todos estos lugares de encuentro fueron en aquellos años de conflicto bélico enormes referencias para un mundo singular. Un mundo tan extraño el de aquellos seis años entre 1939 y 1945, tan distinto, que como la misma autora de la obra indica, los referentes del Embassy han desaparecido. No quedan registros de esta empresa. Como tampoco de algunos otros locales de estas características que son citados en las líneas anteriores. Es como si no hubieran existido. Como si su pasado, especialmente «ese» pasado, se hubiera difuminado. Eran fachadas, tramoyas escénicas para un momento excepcional, único, y que, cuando termina su función, deben desaparecer. Sumamos capas de silencio.

En enero de 1942, a Martínez Alonso le comunican desde la embajada británica que debería irse de España porque le han localizado. Ya lo tengo debatido mucho con Patricia, y soy de la idea de que siempre estuvo localizado, precisamente porque la relación entre servicios alemanes y españoles era bien estrecha, pero no había problema porque no traspasaba las líneas rojas que había marcado el régimen. «Lalo» se marcha precisamente cuando da comienzo una nueva fase entre los miembros de los Servicios de Operaciones Especiales británicos. Franco continúa con su apoyo nada encubierto a los países del Eje en su territorio. Gran

Bretaña, tras un período de transición anterior en el que se rearma y refuerza, decide pasar a un período en el que la realización de otras acciones de mayor intensidad sobre España es factible: se introducen dentro de España grupos especializados en sabotajes, se elaboran planes de actividades de control militar del territorio peninsular, se establece una relación muy directa en la creación de los primeros grupos de guerrilla, y se establece una comunicación estable, no solo con la embajada, sino ya directamente con Londres. El objetivo ha dejado de ser colaborar en líneas de pacificación y salida hacia lugares más seguros con la Cruz Roja, y ha pasado a ser echar a Franco en la combinación de medidas de atención diplomática, sobornos y utilización de influencias entre los militares, preparándose para la posibilidad de una acción de guerra. En este nuevo contexto, al margen de haber sido ya reconocido, Martínez Alonso no tenía mucho que aportar.

La huida hacia Londres cierra el círculo del papel tan importante jugado por Martínez Alonso en los primeros momentos de la Segunda Guerra Mundial en España. De ahí ese informe tan exhaustivo conservado en los Archivos Nacionales de Kew Gardens. Un pasado oculto hasta hace bien poco. Como el de tantas otras personas de las que no se conoce nada. En este caso, lo que ha permitido recuperarlo para la historia ha sido la voluntad persistente de una hija en recuperar la figura de su padre en la defensa de la democracia frente a las dictaduras imperantes en los años 40. Pero hay muchos otros de los que se desconoce todo. Pasados todos estos años el recuerdo se difumina y se pierde totalmente entre las brumas del tiempo. Por ley de vida. Pero existieron muchos «Martínez Alonso». Personas, ciudadanos capaces de tener una disciplina ética que les permitió rechazar con sus acciones la presión asfixiante del totalitarismo en alza de aquellos años. Esa resistencia que surge del convencimiento de la bondad del ser humano como expresión fundamental de su existencia.

Emilio Grandío Seoane
Profesor Titular de Historia Contemporánea en la
Universidad de Santiago de Compostela

A Coruña, 9 de febrero del 2021

PRÓLOGO A
LA PRIMERA EDICIÓN,
«LA CLAVE EMBASSY»

Después de leer el relato de Patricia sobre las hazañas tan poco reconocidas de su padre, me sentí muy honrado por que me hubiera invitado a escribir este prólogo. Aunque también entiendo que me lo pidió para compartir el recuerdo entre descendientes de la generación involucrada en una misma acción bélica, por lo que me siento muy complacido de incluir esta aportación en nombre y por la memoria de mis padres, Elizabeth y Michael Creswell, y también en nombre de dos de mis padrinos, la honorable Mary Hillgarth y sir Alan Lubbock.

Debo sin embargo unirme a su pesar por no haberme beneficiado de una detallada información de segunda mano sobre este particular que podría haber obtenido a través de amplias charlas con mis progenitores. Pero los actores debían permanecer callados y discretos como parte del «guion» que les tocó interpretar, máxime por las altas cualificaciones requeridas para el papel que jugaron, sin figurar, ni pregonar su participación. Un comportamiento opuesto a la cara pública de su representación diplomática, fundamentalmente silencioso por los mismos motivos bélicos.

Al final del prefacio de MI9, *escape y evasión 1939-1945*, el brigadier Foot y el teniente coronel Langley rinden tributo …«también a aquellas miles de personas que no han sido consideradas, en apariencia normales y extraordinarias en coraje y devoción, que hicieron posible el funcionamiento de las redes de evacuación. Provenían de muchas nacionalidades, de todas las edades; de ambos sexos, de todas las clases: ricos y pobres, doctos y sencillos, cristianos y judíos, marxistas y místicos. Sin esa labor, por la que muchos pagaron con su vida, en el mundo de hoy tendría menos cabida la generosidad».

«Parejas unidas en la lucha» sería un título apropiado para los equipos de soporte mutuo entre los esposos cooperantes en este trágico teatro de operaciones, y es de lamentar que las tensiones vividas en algunos casos derivaran en rompimientos y separaciones irreparables, puesto que es en muchas «parejas unidas por las armas» así como en las estrellas solitarias, entre los países participantes, incluido España, en quienes se apoyaron las redes de escape, evasión y evacuación transitoria, que también trae Patricia justificadamente a colación en este libro.

Mucho se ha escrito y filmado sobre aquellos que arriesgaron y dieron sus vidas en territorio enemigo para ayudar a los que estaban al otro lado del conflicto; y es entre estos valientes destacados, sin duda, que se negaron a aceptar la conquista y reaccionaron contra la ocupación opresiva, donde se promovió la cooperación con lo que ellos consideraron los más altos valores humanitarios. Especialmente en España, que no combatió en ninguna de las guerras mundiales, y que tampoco había sufrido una ocupación extranjera desde tiempos de Napoleón. Por tanto no existía ningún antecedente o memoria reciente de opresión externa que incitara a un espíritu de resistencia colectiva.

Por el contrario, el país acababa de cerrar su propio sangriento capítulo de guerra civil y sufría la devastación, el agotamiento y la pobreza resultantes. ¿Qué tenían que ver entonces los españoles con los problemas de otros evacuados y refugiados o el interés británico de recuperar personal militar? El embajador británico en Madrid, Samuel Hoare, escribió: «Aunque no fueran pro alemanes puros, sus recuerdos de la Guerra Civil les hacían anti británicos». Este comentario surgió en el círculo de amigos españoles de los duques de Windsor cuando escapaban del sur de Francia, en junio de 1940, vía Madrid, hacia Portugal. Pero muy bien se podría haber aplicado al entorno del general Franco sobre la política y el militarismo del momento, en cuyo caso menos motivo tenía el ciudadano común y corriente de arriesgarse a ser sospechoso, sufrir denuncias, y quizá arresto sumarísimo, solo por ser de una tendencia políticamente incorrecta, y no digamos ya por mostrarse desleal a anteriores compañeros en armas.

Al duque y la duquesa de Windsor, por cierto, se les condujo por España hacia la frontera de Portugal por la misma ruta de Ciudad Rodrigo por la que los padres de Patricia tuvieron que huir durante su luna de miel un año y medio después, mientras que la fecha de salida de los Windsor, el 3 de julio de 1940, coincidió con el ataque de la Marina Real británica a la flota francesa atracada en el puerto de Mers El Kebir, en la costa argelina de Orán. Un ataque que hubiera sido muy poco popular para la causa de la «pérfida Albión» entre los ciudadanos de a pie de un país en el que las rutas de escape estaban aún por organizar.

Por tanto, deberíamos apreciar que el clima social en España, aunque oficialmente neutral, dejó mucho que desear en cuanto a favorecer las operaciones de salvamento clandestinas a favor de los aliados, al ayudar a la evacuación de fugitivos racialmente perseguidos a perpetuidad por los enemigos fascistas. Los mismos que habían contribuido considerablemente a la victoria de los mandatarios del país en ese momento. Es más destacable, por tanto, el que el Dr. Martínez Alonso se uniera tan valientemente a la difíciles, tortuosas y extremadamente peligrosas actividades como las que hizo él: organizando y participando activamente en el proceso de rescatar del campo de concentración de Miranda de Ebro, cobijar y traspasar bajo mano y con éxito a los ilegales por la frontera gallega hacia Portugal.

El hecho de que el buen doctor y su flamante esposa fueran dirigidos a Londres antes de que la Gestapo le echara el guante a él, después de las reiteradas advertencias de la embajada británica en Madrid, dice mucho en sí mismo. Sin duda el doctor era demasiado valioso para las operaciones iniciales del MI9 y del SOE en el sur de Europa, literalmente como iniciador de rutas, analista y creador de las mismas, y no se podían arriesgar a que cayera en manos de la Gestapo, de la que ya se sabía habían atrapado y hecho desaparecer a más de una figura destacada de las redes de evacuación europeas.

Los miembros de la embajada británica contaban con la inmunidad diplomática que impedía el arresto sumarísimo como protección, además de con coches con matrículas CD. Pero un español atrapado por los alemanes en la clandestinidad apenas podría esperar, no digamos ya suponer una intervención oficial, o representativa en nombre de la embajada británica, puesto que por el simple hecho de intervenir ya se le tacharía de sospechoso. Su cobertura se esfumaría de inmediato, con todo lo que conllevara el compromiso de la misión diplomática en un país nominalmente neutral y el riesgo de mantener el secretismo y la seguridad entre los demás cooperantes de la red.

Por sus acciones humanitarias, Lalo cumplió valientemente con la esencia de su juramento hipocrático hasta su lógica conclusión con una indiferencia admirable a las presiones sociales y políticas del ambiente español, así como a cualquier consecuencia peligrosa para él mismo. Un buen ciudadano del mundo en un mundo en guerra. Una auténtica estrella solitaria entre aquellos a los que Foot & Langley ha rendido tributo por los valerosos esfuerzos realizados por la causa de la libertad.

Colin Creswell
Málaga, 2009

INTRODUCCIÓN

—¡Señorita!, póngase al teléfono. La llama doña Margarita Taylor... —gritó Lola acercándose a zancadas airadas por el pasillo hasta el lejano salón.

—Es la tercera vez hoy que cruzo de Fortuny a Monte-Esquinza. ¡Esto es agotador! —Aquella queja sorda y crónica de mi niñera ni nos inmutaba de tanto oírla. Idas y venidas desde la cocina al salón para atender el teléfono, abrir la puerta, servir la mesa o acudir a cualquier reclamo de papá o mamá, eran los ritos triviales que formaban el grueso de la existencia familiar e interrumpían nuestro sosiego. Y eso en un día normal, porque en las tardes de consulta médica (tres veces a la semana) los pacientes llamaban cada cuarenta minutos. Entonces aumentaba el ir y venir por el largo pasillo hasta el anochecer, dejando nuestra existencia aún más supeditada a ese ajetreo casero.

Además de ser mi niñera, durante los sesenta años de convivencia en los que trató a cuatro generaciones de la familia, Lola fue ajustando las funciones internas a distintos roles, pero nunca logró asumir el trajín del interminable pasillo que unía la cocina con el salón en aquel piso del barrio Chamberí, de forma que su refunfuño respondía al timbrazo que la obligaba a trasladarse a regañadientes entre esas calles que ella mantenía en mente. Tener que cruzar el umbral de la cocina le crispaba los nervios.

Moncha atendió el teléfono en inglés, por costumbre y por deferencia a la edad de Margarita Taylor. Quizá más por un inconsciente respeto a su condición de irlandesa. Una estrecha y entrañable amistad que facilitaba la antigua relación confiada y fluida; la diferencia de edad y orígenes no era ningún obstáculo para cultivar la buena armonía entre ellas. Al contrario, la reafirmaba.

—Pues claro, ven cuando quieras, Margarita. Ya sabes que por las tardes suelo estar en casa.

Margarita Taylor sonaba en esta ocasión más alterada que de costumbre. Necesitaba consultarle algo trascendental a su amiga y llevaba días inquieta dándole vueltas al asunto. Consciente de su condición de extranjera, aun viviendo en Madrid muchos más años que Moncha, la amiga irlandesa necesitaba escuchar una opinión fiable que le ayudara a situar su preocupación en contexto. A la dueña de Embassy le preocupaba el futuro de su negocio y entre tantas dudas, pensaba, el resultado de esa visita a una antigua amiga podía ser fundamental para ella. Necesitaba liberarse de la angustia que la atormentaba desde hacía meses.

La espléndida anciana se dirigió erguida y muy segura a visitar a su amiga a los pocos días paseando lentamente por Monte-Esquinza hasta el edificio más moderno de nuestra manzana, situado a tres calles de la suya. De ladrillo rojo visto y con grandes terrazas de inmensos toldos color barquillo, las viviendas esquinadas resaltaban entre unos clásicos edificios antiguos, grisáceos y lúgubres.

Más cortés que con otras visitas menos deseadas, Lola le abrió la puerta muy sonriente.

–¿Cómo estás, Lola? –saludó y luego la besó.

–Muy bien, señora, gracias –respondió ella con familiaridad haciéndole pasar al salón antes de avisar a mi madre, que ya se iba acercando hacia allí.

Las amigas se reunieron en el amplio salón iluminado por una luz tenue, anaranjada y rojiza, que se filtraba por los visillos hasta deslizarse, desvaída y de refilón, sobre los muebles antiguos colocados en unos huecos estratégicos al gusto de mi padre. Las alfombras persas y turcas, algo desgastadas ya y compradas de segunda mano en Londres al acabar la II Guerra Mundial, se repartían con desenfado sobre el parqué brillante. En las paredes, los grabados y pinturas españolas del siglo XIX formaban una considerable colección adquirida también por él desde muy joven, no tanto de gran valor, pero sí de buen gusto. En el comedor contiguo, la loza de Sargadelos atinadamente desperdigada por las paredes reafirmaba nuestros orígenes gallegos. El ambiente caldeado por el rescoldo de la chimenea encendida desde la mañana transmitía una agradable sensación hogareña, distribuyendo un aroma a leños quemados por todo el piso hasta que se encendía la calefacción general el primero de noviembre, lo que nos obligaba a brujulear soluciones hasta templar aquellos 300 metros de piso a la espera del frío oficial. Un acatamiento vecinal al que nos tenía sometidos la exclusiva decisión del portero.

Aunque yo estaba acostumbrada a estas visitas, era demasiado joven para participar en encuentros formales y no me uní a ellas. Pero *Ole*, el dachshund negro y fuego, satélite asiduo de mi madre, merodeaba descarado a sus pies con su habitual hambre canina, atento a recibir algún generoso pellizco de la merienda. Sentadas frente al mortecino fuego en un sofá confortable con una taza de té, de indiscutible menor calidad que los que se servían en su establecimiento, y antes de atacar las medias noches apiladas sobre un pulcro mantel de lagartera, Margarita entró en materia. Estaba preocupada. Le habían ofrecido comprarle su negocio: Embassy, el más exclusivo salón de té de Madrid –de España, quizá–, donde, además de los dulces más deliciosos para la merienda, se servían los insuperables *cocktails de champagne, whisky sower, bloody Mary* y *dry Martini* del país. Pero ella estaba indecisa; no sabía qué hacer. Décadas después de su inauguración, en Embassy aún alternaba la rancia aristocracia con la burguesía de media España, fieles a sus citas desde principios de los años 1930. Allí no solo se disfrutaba de los dulces más exquisitos de la capital, sino de la presencia de las *socialités* más destacadas del lugar, que acudían a flirtear con los coquetos caballeros dispuestos al ataque. Sin duda el ambiente preferido de los encuentros vecinales, donde cincuenta años después la austera decoración minimalista de sacristía presbiteriana seguía inamovible. Margarita nunca alteró los gris mate, blanco y negro del comienzo que destacaban por su sobriedad excesiva para una clientela de latinos lujosos. Las reducidas mesitas cubiertas de pulcros manteles de damasco blanco se apelmazaban para facilitar el acomodo y el paso de unos clientes fieles e impasibles ante esta molestia irrelevante. Hacia la calle, los escaparates mostraban día tras día sus clásicas tartas, mousses y pastelitos de formas exclusivas y sin ninguna pretensión culinaria, aunque de afamada exquisitez aplaudida por los clientes más refinados. Todo lo que se mostraba y se disfrutaba en Embassy era auténtico y con esa personalidad que le proporcionaba al local una merecida reputación desde el día que se inauguró.

Tomada la decisión de traspasarlo y retirarse, la gran preocupación de la dueña eran sus empleados. Embassy era su vida, como también lo era para ella. Aunque los años pasaban implacables y el negocio continuaba próspero, Margarita pensaba que cederlo a una nueva dirección sin contar con ellos era una traición.

–¿Qué harías tú en mi caso, Moncha? Sabes bien qué significa tener colaboradores de toda la vida. ¡Somos una familia! Por eso te lo pregunto, porque sé que me entiendes. Ramón y Jesús empezaron el negocio conmigo en los años 1930 y a Matías le enseñé yo a hacer esos famosos *cocktails*. Sarita fue la última que contraté, y eso fue en 1948. Son unos empleados ejemplares. Se han sacrificado muchísimo por su trabajo y por mí. Cualquiera lo sabe. Me han ayudado a sacar el negocio adelante, apoyando siempre la buena imagen de mi salón al mínimo detalle. Y ahora no quiero que piensen de ninguna manera que tiro la toalla y los abandono.

La amiga le dejaba hablar, que se explayara a sus anchas, mano a mano, sin testigos, al advertir su inquietud.

–Moncha, sabes muy bien que mis empleados me han seguido a donde hubiera que ir. Desde meriendas privadas a cenas lujosas, día tras día, como si el negocio fuera propio. Y sin una queja. Por eso ahora no puedo defraudarlos. Es injusto que les dé la espalda solo porque me hago vieja. ¿No te parece?

–Bueno, Margarita, tampoco exageres... Tú lo has dado todo por vuestro negocio –saltó mi madre risueña–. Ellos no han hecho más que seguir tu ejemplo. Tampoco te aflijas. Si sois una familia tendréis que uniros como tal para solucionar el problema.

Esta irlandesa de carácter fuerte, experta en entereza, acostumbrada a enfrentarse a numerosas dificultades a lo largo de su vida, extrañamente hoy dudaba. Maestra del autocontrol en situaciones gravísimas, relajada frente a su amiga, sin embargo, flaqueaba. Se sentía mucho más frágil que años atrás, cuando arriesgaba su vida para salvar a miles de perseguidos en extremo peligro durante la II Guerra Mundial. Justo en el mismo escenario madrileño que debía abandonar. Hacía demasiado tiempo que la incertidumbre la abrumaba. Ya anciana, a Margarita le costaba enfrentarse a unas contrariedades inevitables y su aplomo habitual flaqueaba. Verse obligada a cerrar un ciclo de tantos años de trabajo solo porque se hacía mayor le costaba mucho más que afrontar los espeluznantes trances bélicos de los años 1940. Estaba tensa, rendida. Y se le notaba en un rictus inflexible de la cara, por lo general mucho más dulce y relajado. La agudeza de su mirada, despierta y vivaz, desfigurada por la angustia, confirmaba que perdía su característico empuje. Apenas podía retener las lágrimas.

—Me cuesta admitir que he bajado la guardia, Moncha. Que estoy cansada, créeme. Comprendo que venderlo todo, el establecimiento, las recetas, el nombre, ¡todo!, el *knowhow* completo, es lo mejor para mí. Que ahora podré descansar tranquila y sin apuros económicos. ¿No crees que lo merezco? —se cuestionaba a sí misma al tratar de retomar el temple de mujer decidida—. Aunque aún queda mi gente. ¡No puedo abandonarlos!

—Lo entiendo perfectamente —respondió mi madre tranquila, intentando calmarla—, pero ha llegado la hora de pensar en ti, Margarita. No te concentres solo en ellos. A tu edad y después de tantos años al pie del cañón, también mereces un descanso.

–Sí, lo sé. Todos me lo dicen. Es cierto. Pero quedan cosas por rematar. Aunque conservaré el piso sobre el local, como hasta ahora. Seguro que de eso no me desprendo, no. Quiero pasársela a mi hija Consuelo el día de mañana. ¡Ella, que se siente tan madrileña! Siempre soñó con retirarse aquí –finalizó, y se le dibujó una sonrisa dulce abrillantando su mirada azul. Sosteniendo con una sola mano el platillo y la taza con la destreza de una veterana consumidora de té británico, Margarita cambió ligeramente de postura y preguntó sin titubear:

–¿Te parece una buena solución la que me proponen, Moncha?

–*Well, my darling*, hay que ser realistas. Y tú lo eres. Los años no pasan en balde. Para todos, hasta para tus empleados. No te atormentes pensando que los abandonas. Seguro que ninguno lo cree así. Tarde o temprano tenía que ocurrir. Después de tantos años trabajados día a día, como tú, cualquier camarero que te entiende solo con la mirada va a comprender muy bien que te llegó la hora de abandonar la nave. Tienes todo el derecho a descansar. ¿Quién puede pedirte que continúes como al comienzo? Relájate, mujer; estás de enhorabuena. Se te presenta la gran oportunidad de traspasar el negocio en buenas manos para vivir en paz y holgadamente. ¿Qué más se puede pedir? ¡Ya es hora de que pienses más en ti y disfrutes de un muy merecido descanso! Nadie lo duda.

La anciana escuchaba muy atenta a su amiga, sopesando sus palabras sin dejar de mirarla fijamente a los ojos. Como si quisiera colarse en sus pensamientos para asegurarse de lo que escuchaba. Sus canas permanentadas, recogidas en una invisible redecilla, se mantenían impecables al perfilar una tez ligeramente empolvada, extraordinariamente fina y pulcra. Esta admirable octogenaria conservaba aún un cutis terso, transparente y lozano por el que los años no parecían hacer estragos, en consonancia con el empaque de mujer resuelta y orgullosa que realzaba su personalidad. Pero la inquietud y los esfuerzos recientes por enfrentarse a la realidad le alteraban hasta el físico, transformándola en la anciana que realmente era. Así y todo, hecha la consulta que la atormentaba, a la segunda taza de té nuestra amiga irlandesa parecía más relajada y volvió a sonreír con su picardía de siempre. Era un respiro abrirse con franqueza a alguien de confianza como Moncha y confesar sin rodeos su lucha antes de tomar quizá la determinación más importante de su vida: abandonar la nave y despedirse del negocio, el engorroso dilema que no le dejaba vivir desde hacía meses.

La gourmet internacional más importante de Madrid, la que enseñó a los gourmets españoles de varias generaciones a ser aún más expertos en su rama, sabía bien a quién le consultaba esa tarde. Para sus íntimos amigos Moncha y Lalo, sus empleados eran también parte de su familia. Una ayuda inestimable, pero también una responsabilidad; un deber moral por encima del beneficio que pudieran proporcionarles. En nuestra casa, como ella en su negocio, se participaba de las penas y de las alegrías como si fueran propios. Daba igual que el chófer estuviera enfermo en la otra punta de Madrid o que la secretaria cantara en el coro de Radio Nacional para que se le visitara a aquel en Vallecas o se paralizara la rutina hogareña para escuchar atentamente el concierto de esta. Sentados alrededor del aparato de radio que tanto cooperó con sus voces invisibles a fomentar el oído y la imaginación de varias generaciones, todos callaban respetuosamente para escuchar a la empleada a través de las ondas. Un irreconocible eje de unión familiar, hasta que lo sustituyó la televisión y cambió incluso la convivencia.

Como se planeó, Embassy se traspasó en 1975, dándole un respiro a su dueña, quien al fin se pudo retirar y disfrutar de un merecido descanso antes de partir definitivamente años después. Margarita Taylor hoy reposa donde ella eligió: en el cementerio inglés de Madrid, muy próxima a la familia Bourguignon, con quien compartió los secretos avatares bélicos madrileños años antes. A pesar de ser extranjera, el Gobierno español la condecoró con la Medalla del Mérito Turístico por su extraordinaria labor y tenacidad al frente de su local, tal como lo defendió ella contra viento y marea y lo sostuvo a pie firme como la mujer luchadora que era. Pero la historia no termina como ella la planeó. Aunque siguió viviendo en el segundo piso del Paseo de la Castellana 12, como era su intención, hasta que lo heredara su hija Consuelo, tampoco quiso dejar ningún cabo suelto. Así que dispuso en su testamento que si su hija moría sin descendencia –como de hecho ocurrió–, sus antiguos empleados lo heredarían. Por lo tanto, el que había sido su hogar español durante décadas pasó finalmente a manos de su familia espiritual: los empleados de Embassy. Genio y figura.

EL DIARIO

MEMORANDA

From Father	£ 10:0:0
18 Feb. 1942 Col. Clarke	£ 50:0:0
23 " " Col. Clarke (ex E. Bur)	£ 30:0:0
6 March. C.H. Scott	£ 95:0:0
4th. April Mc. Gill	£ 65:0:0
30th " "	£ 25:0:0
1st. May B.B.C.	£ 7:7:0
~~25th April~~ John.	£ 30:0:0
10th. May Mc. Gill.	£ 15:0:0
26th. " B.B.C.	£ 7:7:0
3rd. June Mc.Gill.	40:0:0
6th " Brit. Embassy.	27:0:0
30th. " B.B.C. (Moncha).	6:6:0
21st July Mc.Gill.	40:0:0
2nd " (Father's will)	116:0:0
1st. August (W.O.)	40:0:0
25th " (B.B.C.)	8:8:0
28th " (B.B.C.)	11:10:0
1st. Septr. Mc Gill.	40:0:0
18th " B.B.C.	10:10:0
1st. October. Mc Gill	40:0:0
8th. " B.B.C.	3:3:0
21st " (B.B.C. Moncha)	7:7:0
1st. November (Mc Gill)	40:0:0
8th. Rumba B.B.C. (Moncha)	6:6:0
" " "	2:2:0
" Translation B.B.C.	5:5:0
15th. Hospital	2:0:0
	£ 685:12:0

Unos años después de esta escena femenina, al fallecer mi padre, mi madre y yo decidimos dejar aquel enorme piso del barrio de Chamberí en el que vivimos cuarenta años, excesivamente grande ya para un estilo y unas necesidades de vida muy diferentes a las de entonces. Desaparecida la consulta médica y aquel trasiego del ir y venir por el largo pasillo, nos sobraban demasiados metros innecesarios para tres mujeres solas. Organizando la mudanza, entre los libros que recogimos de las estanterías del pasillo encontré como por casualidad un austero cuaderno insignificante de tapas negras que posiblemente había estado allí desde siempre, sin que nadie se parase a hojearlo. Ignorando su contenido, comencé a revisar ese sencillo cuaderno en el que se conservaba un diario del año 1942. Me llamó la atención porque aquel era el año en que se habían casado mis padres. Yo sabía también que poco después ellos habían huido a Londres a pesar de estar en plena guerra mundial. Era asombroso que aquella intimidad escrita por mi padre en inglés hubiera superado los interminables bombardeos alemanes y varios traslados españoles posteriores —a cuál más devastador—, pero ahí seguía el librito, impasible, en el mismo hueco en que nadie se había ocupado de airearlo, o aniquilarlo, al cabo de tanto tiempo. Mi padre había fallecido hacía bastantes años y por lo tanto ya no podía interrogarlo sobre su contenido. Dudaba, temerosa, al curiosear entre las páginas, si descubriría algún secreto inconfesable en vida. Ni muerto quería faltarle el respeto a su intimidad, incapaz de defenderse tiempo después. Hasta que me armé de valor y me propuse leerlo con detenimiento.

Entre sus escritos encontré trazos de vivencias, nombres y situaciones no del todo reconocibles que iban deshojándose con asombro entre mis dedos. Se repetían distintos nombres que me sonaban de mi infancia. Otros más conocidos, como el de Alan Hillgarth, entonces agregado naval de la embajada británica en Madrid. Ciertos compañeros de facultad que conocía muy bien, como el Dr. Francisco Luque, quien había sido durante años director del Hospital de la Cruz Roja en Madrid, después de ejercer como ginecólogo de la reina Victoria Eugenia, casada con Alfonso XIII, por lo tanto, médico también de las señoras más importantes de la sociedad hasta los años 1960. Intercaladas entre las páginas escritas con claridad, encontré algunas hojas sueltas con nombres españoles y extranjeros que no podía asociar entre sí pero que imaginé entraban dentro de la misma colección que los anteriores. En fin, los que yo sabía que eran sus amigos, pero que no me encajaban en el Londres de 1942, y el salón de té Embassy no estaba excluido. En la última página, entre las listas de honorarios médicos –una costumbre que mi padre conservó siempre como una pequeña contabilidad personal–, había anotados ingresos inexplicables de pagos procedentes del War Office y del *Foreign Office*, entre las siglas de la BBC. Pequeñas cifras entregadas directamente allí, como deduje por las fechas. Ese pequeño detalle me hizo caer en la cuenta de que ya a mi edad yo ignoraba aún muchas cosas de aquel pasado suyo que de alguna forma también era el mío. Y no pude evitar reconsiderarlo. ¿Cuál era, por ejemplo, la verdadera razón de aquella precipitada huida de España de recién casados y que en todos esos años nadie se había molestado en explicarme? ¡Cuántas dudas personales se me revolvieron en la mente! Quizá a partir de ese momento podría aclararlas. Si le dedicaba algún tiempo, entresacando noticias sueltas de ese librito algo podría ir desvelando. ¡Qué cantidad de preguntas me hacía yo sola! ¿Cuál era el verdadero motivo de aquel dinero inglés? ¿A qué venían los contactos londinenses de un médico español con el Gobierno británico en una época tan intensa y conflictiva? ¿Qué relación tenía un hombre pacífico y mundano como Lalo con estas instituciones oficiales jamás mencionadas delante mío?

Asombrada por este extraño descubrimiento, quise aclarar las dudas con mi madre, quien inexplicablemente no mostró ningún interés por el tema. Eludía ampliarme ningún detalle, o los motivos que giraban alrededor de estas notas de recién casados, sin que yo pudiera desarmar aún su verdadero significado. Quizá no era casualidad que tantos años después anduvieran rodando por casa unas importantes condecoraciones de guerra, excesivas para un médico español, pacifista y apolítico. Que su significado coincidiera con este texto. O incluso con un destacado pasado bélico internacional del que nadie hablaba nunca, una cuestión por otro lado irrelevante en familia y siempre esquivada en mi presencia, como cualquier tema que estuviera relacionado con la Guerra Civil española o la II Guerra Mundial.

En una insignificante cajita de latón oxidada, enredadas en el abandono de los recuerdos intranscendentes, aún se conservaban las medallas de la Guerra Civil, que a día de hoy no he podido averiguar a qué se debieron. En el mismo cajón de objetos inservibles (que jamás se abría) había un estuche forrado en piel azul con el *King George Medal for Courage*, una de las máximas condecoraciones británicas, raramente concedida a un extranjero, junto a la Gran Cruz de Polonia, también entregada en el exilio en Londres, según un certificado de 1959. Unas condecoraciones que enseguida asocié a las hazañas escritas en el diario sin que nadie me lo confirmara. Pero, ¿a qué se debía tanto misterio? ¿Por qué no se hablaba nunca de este tema delante de mí, y mucho menos ante cualquier invitado? Desde ese día, mi curiosidad era inevitable. Necesitaba saber más de este pasado paterno desvelado a medias. Era inconcebible que ya a mi edad se me negara una información tan evidente y singular a la que también tenía derecho. Si los méritos de guerra de mi padre justificaban unas medallas tan relevantes −algo incluso de lo que enorgullecerse−, no entendía el soslayo intencionado de mi madre a ocultarme los motivos detrás de estos galardones. Quizá ella callaba unos incidentes deplorables y por eso no me lo quería contar. O que el misterio estuviera conectado a demasiados asuntos oscuros difíciles de desvelar fuera de contexto años después. Tal vez, entre tanta confusión, lo mismo a mí me habían adoptado en Londres y no sabían cómo decirme que yo no era su hija. Francamente, no encontraba una explicación coherente a tanto silencio.

Aunque moderado de ideas, mi padre vivió impasible los asuntos franquistas que compartimos durante veinticinco años. Esta indiferencia consiguió que en casa no nos identificáramos ideológicamente con aquel general que acaparó el poder de España durante cuarenta años, de donde curiosamente deriva mi nulo interés por los asuntos políticos hasta hoy, reflejo directo de la indiferencia familiar que se respiraba en casa. Sí, Lalo era un afalangista conservador, pero moderado y totalmente displicente con el fascismo de aquella generación. Un tema que no iba con él, ni nosotras tocábamos nunca. Igual de indiferentes que éramos hacia cualquier tendencia izquierdosa, de las que apenas se oía hablar por aquella censura férrea del entorno, y que de puro cerrada muchos ni sabíamos que existía. Por lo tanto, con el librito en la mano, era imposible relacionar aquella fuga de recién casados a Londres con una ideología torcida para su tiempo. En casa no escuché nada a favor de los republicanos, ni contra los simpatizantes de izquierdas que terminaron en el exilio, aunque nos tratábamos con gente que lo era con total naturalidad. Nosotros pasábamos de aquellos asuntos políticos, aletargados por un franquismo demasiado prolongado. Como mucho, mi padre seguía siendo un monárquico inofensivo, enganchado a los flecos románticos de Alfonso XIII y a una admiración embobada por la bellísima reina

Victoria Eugenia, de curioso parecido físico con su primera mujer, también inglesa. Por lo tanto, aquella misteriosa escapatoria de cuatro años a Inglaterra en plena Guerra Mundial no podía asociarse con cualquier contrariedad política, más aún habiendo regresado a vivir y ejercer en Madrid sin padecer ninguna represalia.

Sin embargo, como supe bastante después, los motivos de su huida a los pocos días de casarse sí estuvieron directamente relacionados con las hazañas ocurridas en el salón de té Embassy durante la II Guerra Mundial. Pero aún me quedaba por averiguar mucho más.

De repente sentí un escalofrío. Aún con la carne de gallina mientras hojeaba el diario pensé si serían tan espantosos e inconfesables los motivos que rodearon la fuga de mis padres que hasta evitaron contárselo a su única hija. Y lo cerré de un manotazo. Quizá no debería profundizar más; incluso podría encontrarme con alguna sorpresa desagradable. Incapaz de averiguar más sobre el contenido del sencillo diario y más confusa aún por las ambiguas respuestas de mi madre, preferí centrarme en la mudanza y apartar las incógnitas para mejor ocasión. Me podía más la ilusión del cambio de casa y todas las novedades que aquello suponía que seguir con estas sospechosas pesquisas. Ya llegaría el momento.

Sin embargo, una curiosidad temerosa, envuelta en un perpetuo halo de misterio, me estimulaba a no ceder en mi empeño investigador. Seguir averiguando sobre los extraños manejos contados a medias en el diario de 1942 se fue convirtiendo en algo obsesivo. Aún no sabía que este sencillo descubrimiento me cambiaría la vida, pero lo cierto es que necesitaba saber más sobre el misterioso descubrimiento familiar convertido ya en una interrogante crónica. Hasta que haciendo averiguaciones a ráfagas esporádicas, ensamblando anécdotas familiares con escritos históricos, conseguí enlazar unas noticias con otras para completar la trama real e inverosímil que cuento aquí. Ahondando en distintas fuentes y siguiendo vericuetos inimaginables comencé a devanar la madeja que me trazó el hilo conductor de las insólitas experiencias de mis padres con el Servicio Secreto británico entre España e Inglaterra durante la II Guerra Mundial. Tardé más años de lo imaginado en llegar al fondo de un larguísimo túnel, pero lo logré.

PRIMERA PARTE

I. LA BODA

oncha y Lalo se casaron en Vigo en los primeros días de 1942. No era un típico día gallego, lluvioso y gris; muy al contrario, lucía un sol resplandeciente. Una luminosidad pasajera de invierno que tampoco conseguía atenuar la humedad crónica y penetrante que rezuma por los poros de los sólidos edificios de piedra. Una humedad que se diluye con el verdín marino, incrustándose en las paredes de la mayoría de las casas viguesas, calándolas, igual que a las personas. El sol inesperado, sin embargo, no impidió que fuera una boda algo triste. Aunque lejos de allí, la II Guerra Mundial estaba en su apogeo, circunstancia que se reflejaba en la expresión ausente de algunos asistentes y en la austeridad encubierta en la ceremonia de la iglesia.

Un órgano sonó desvaído al entrar la novia del brazo de su padre. Hëndel, Bach y Mendelsson dieron la bienvenida a una joven sonriente que caminaba emocionada hacia el altar rodeada de unas calas naturales, dispersas y erguidas en los jarrones al pie de las imágenes de los santos. Igual que los ramilletes de camelias, gardenias y gladiolos, todos blancos, repartidos en manojos desarreglados ante el altar mayor. La sencillez de las flores regionales esparcidas entre las imágenes sagradas hacía juego con el exquisito buqué de la novia, caído con desenfado sobre su falda. Un regalo personal del florista Juan Bourgignon, amigo del novio y traído expresamente desde Madrid. Además de la sobriedad de la ceremonia religiosa, en el convite posterior en el Hotel Moderno tampoco hubo baile con la disculpa de un luto reciente, lo que no impidió que las señoras estrenaran sombrero, y hasta alguna que otra tía abuela desempolvó el *sprint* tieso de las bodas más trascendentes. Todas se preocuparon de lucir sus joyas. Los tresillos de zafiros y brillantes, las pulseras destacadas y los broches con *baguettes* remataban la autenticidad de las perlas. Unos lujos guardados bajo siete llaves durante su guerra española o depositados en el Monte de Piedad para salir de más de un apuro en la posguerra.

Entre los caballeros la norma era el traje oscuro; chaqué solo para el novio, el padrino y los testigos más allegados. Tanto lucimiento, sin embargo, no podía disimular la larga escasez de una Guerra Civil, que se prolongaría por el racionamiento enlazado con la siguiente guerra en Europa. Los españoles no habían superado aún sus propias penas bélicas cuando otras internacionales, igualmente feroces, entraron en juego, aunque parecieran distantes y ajenas. Las estrecheces generalizadas y el estraperlo, unidos a la carencia de artículos básicos e imprescindibles, se reflejaban en muchas facetas de la vida. Y aún en ocasiones alegres como esta, el desánimo por lo irrecuperablemente perdido superaba a la esperanza prometedora de una vida nueva, pero desconocida, por venir. Así y todo, a la novia no le faltó el clásico traje blanco de satén natural, confeccionado por la mejor modista de la región. La falda, ceñida y entallada al bies, rematada con unas hombreras exageradamente anchas, resaltaba su talle ligero, comprimiendo el pecho casi de adolescente.

La guerra en Europa impidió que muchos familiares del novio asistieran a la ceremonia. Los de la novia, más escasos, acudieron en su mayoría y se mezclaron y saludaron animosamente en el atrio de la iglesia, al entrar y salir. En ocasiones felices como esta, muy limitadas en los últimos tiempos, los asistentes aprovechaban para ponerse al día de sus pormenores. Se puntualizaban temas familiares que quedaron colgados en eventos anteriores, o cualquier noticia intrascendente alusiva a la ocasión. No era el momento de tocar temas desagradables, mencionar las pérdidas recientes, o recordar cualquier calamidad pasada. Como cabía esperar, hubo momentos de emoción y lágrimas en la iglesia, en la que no faltó una escueta orquesta de cámara para complementar la languidez del órgano. Pero la que más lloró fue la novia. Se supone que entre conmovida e ilusionada por la solemnidad del momento, pensando en su radiante futuro en pareja, cuando en realidad el llanto escondía unos motivos que solo los novios conocían y que los presentes jamás hubieran podido imaginar.

Sobre el papel, ella había elegido bien. Se casaba con un antiguo conocido de presente lucido y futuro prometedor. Un prurito generalizado se enorgullecía de que otra de sus beldades lugareñas se perpetuara en el redil de los candidatos locales. Porque a Lalo, sin ser un héroe de la Guerra Civil española, se le reconocían ciertos méritos. Un cierto prestigio profesional ejerciendo de médico en Madrid, unido a los tres años de contienda nacional participando en los dos frentes con un equipo médico de Cruz Roja Española, evitaba clasificarlo como rojo o nacional. Ser imparcial, por lo tanto, era algo singular en una época rigurosamente tendenciosa. Pues aunque mi padre terminó promocionado a capitán médico del Ejército Nacional en el 39, para entonces había conseguido algo inconcebible para un español el 18 de julio de 1936: participar indistintamente en los dos bandos evitando clasificarse como republicano o nacional, escudado en su profesión. Y encima salir indemne. Eso le evitó una clasificación política, magníficamente encubierta por su profesión liberal, claramente humanista, relegando las ideologías sin darle mayor importancia.

Seguidor fiel de la filosofía humanitaria del fundador de la Cruz Roja Internacional, Henri Dunant, y desde esa indiferencia ideológica, Lalo se las arregló para continuar en la brecha al amparo de la Cruz Roja Española. La institución benéfica inaugurada en España en 1916 por la reina Victoria Eugenia. Él tenía claro que su misión era curar heridas, no provocarlas. Una combinación poco frecuente en la época, pero que le amortiguó el golpe frontal de unos ideales íntimos de los que nunca hablaba. Ni tenían por qué coincidir con otras tendencias del momento. Su patriotismo, más emocional que cerebral, quedaba para sus adentros, reservándose esa indiferencia ideológica jamás mencionada. En aquella época tan inflexible e intolerante era demasiado delicado exhibir las ideas, cuando el razonamiento tenía poca cabida. Sé muy bien que mi padre atendía a los pacientes de acuerdo con sus prioritarias necesidades de salud, y no necesitaba pedirles un carné de afiliado, ni otras explicaciones para curarlos. Su credo era irrelevante ante sus padecimientos y así fue durante toda su vida: «Para mí, los enfermos son solo eso, enfermos. ¿Para qué quiero saber nada más? Voy a atenderlos igual, estén en un frente u otro. El sufrimiento físico es ajeno a cualquier otra cuestión». Un *leitmotiv* marcado a fuego desde sus primeros pasos estudiantiles en la Universidad de Liverpool, incrustado en su personalidad cosmopolita para siempre.

Curiosamente, esta oportuna imparcialidad afranquista entre tanta intransigencia fascista le favoreció. Después de la guerra, cualquiera sabía que Lalo había participado en los dos bandos, pero ante la victoria final de los ganadores, su breve pasado con los perdedores quedó relegado, de forma que se reincorporó a la sociedad sin mayor problema. Nadie podía etiquetarlo ya como rojo o republicano, monárquico o franquista, ni afecto a cualquier tendencia rara. Sorprendentemente, bajo el estricto régimen militar imperante, su ideología quedó diluida entre un humanismo liberal y progresista, y un talante conservador. Obstinadamente independiente, mi padre trataba esos asuntos como un discreto observador, sin definirse ni siquiera en un momento tan estricto e inflexible como aquel. Y hasta en eso fue consecuente. Lo que otros pensaran al respecto no hacía mella en él. En el desbarajuste posbélico, la oportuna reseña personal era la clasificación social, y él encajaba fácilmente en esa España conservadora y extremadamente clasista de la posguerra. Lalo era un profesional muy útil en la nueva España y, por tanto era bien recibido. Con eso era suficiente. Mal que bien, mi padre se podría definir como un burgués que ejercía en Madrid sin vínculos dudosos con los izquierdosos, y menos aún con los sindicatos, la masonería o el marxismo. Aunque aquello ya era agua pasada, era impensable por tanto asociarlo con ninguna de las siglas políticas prohibidas al finalizar la guerra española. De forma que esta ambigüedad dentro del desconcierto del periodo entreguerras le ayudó a sortear cualquier ajuste de cuentas inoportuno y frecuente entonces. Lalo reanudó fácilmente su vida entre Madrid y Vigo sin que nadie lo importunara. Igual que tantos, trató de olvidar los trágicos enfrentamientos vividos entre vecinos y antiguos compañeros de escuela para concentrarse en su trabajo. Pero, sobre todo, quería olvidar. Olvidar y vivir.

Sin embargo, el día que se casó, esta aparente novela rosa que culminaría con un final feliz junto a Moncha en la iglesia de Santiago de Vigo no lo era tanto. Como todas las alegrías, ocultaba un lado sombrío. Lalo había estado casado antes y tenía hijos pequeños lejos. Si bien es cierto que durante aquel franquismo pertinaz su anterior matrimonio civil y republicano no constaba sin una revalidación eclesiástica que lo legalizara (cosa que no se hizo), a los efectos, el novio estaba libre. Sí, pero era un soltero con retranca. Para colmo, en Vigo se rumoreaba que era espía. Un caldo de cultivo idóneo para dar la nota discordante a esta bella historia de amor. Y fomentaba un terreno propicio para sembrar dudas sobre los principios éticos de un noviazgo poco común. Extrañaba que al cerrarse una brutal contienda nacional y entreabriendo las puertas a otra de semejante calibre internacional, uno siguiera adelante sin tomar partido. No ser de algo, seguidor de alguien, simpatizar con alguna tendencia de moda. Franquista, falangista, republicano; lo que fuera, pero definirse. Era inconcebible que después de las penalidades vividas durante tres años, él todavía pudiera mantenerse en la brecha, sin arrimarse a un sector determinado, y que los demás le tomaran en serio. La misma vaguedad política, con un pasado familiar dudoso, renovando su vida alegremente junto a otra mujer, viguesa para más señas, ya era sospechoso. Una cuestión, por otra parte, totalmente ajena a la pareja. Esta ambigüedad, sin embargo, le permitió a Lalo cierta independencia como ganador. Aunque tanta indiferencia, y sin ir a misa, daban que pensar.

Al padre de la novia, otro médico vigués relacionado con diversos sectores, le llegaron ciertos comentarios, e incluso algunas advertencias.

—¡Ojo, Martín, que tu hija se casa con un espía!

Nadie de la familia se dio por aludido. Y mucho menos la novia. En el corto noviazgo se supo que la ex era solo eso, una ex. Divorciado durante la corta tregua progresista de la Segunda República, aquel matrimonio deshecho en su día era agua pasada. Una intranquilidad menos. Pero lo del espionaje ya era otra cosa. Amiga de toda la vida de sus futuras cuñadas, Guillermina y Peggy, Moncha había escuchado vagos rumores de las actividades paralelas de Lalo, que no solo tenían que ver con sus asuntos profesionales, cosa de la que en cualquier caso evitaban hablar. Las simpatías tendenciosas eran un tema irrelevante y de nulo interés durante el breve noviazgo. Aunque se tratara de rebuscar unas acusaciones infundadas, la transparencia moral del novio no dejaba lugar a dudas. Lo único sospechoso, por buscarle las vueltas, eran las relaciones frecuentes de Lalo y su familia con personajes extranjeros. Algo que de cualquier forma era frecuente, por los destinos del padre como cónsul general en varios puestos diplomáticos. Desde siempre la familia Martínez Alonso alojaba a amigos forasteros en su casa, sobre todo británicos compañeros de colegios y facultades de sus once hijos de entre Glasgow y Liverpool, donde aún existía el centro familiar. Además, el novio era médico de la embajada británica en Madrid, por lo que el trato con ingleses era constante y por motivos muy variados, todos ellos explicables.

¡No sé por qué tenían que relacionarlo con el espionaje!

Cuando Dios hizo el mundo, apoyó su mano en Galicia y se formaron las cuatro rías que bordean ese privilegiado rincón natural al noroeste de España. Desde entonces la leyenda y el Creador han cobijado esa esquina de las feroces agresiones atlánticas, dejando para la posteridad el tranquilo dedo vigués protegido de las fuertes agresiones del Océano Atlántico. Millones de años después, la ciudad de Vigo, encaramada en los montes que bordean su ría, se convirtió en un puerto cosmopolita de significativo tránsito marítimo y comercial, el último del continente europeo en su salida hacia Sudamérica, tan supeditado a los vaivenes migratorios de los navegantes dispuestos a buscar fortuna al otro lado del mar. Hoy es también uno de los puertos pesqueros más importantes de la España moderna, de donde deriva una sólida industria conservera que, aunque sujeta a múltiples bamboleos, perdura y se defiende.

Desde tiempo inmemorial Vigo contempla el tránsito marítimo de todas partes a cualquier lugar del mundo. Una ciudad que vive para y por el mar que deja en el ambiente y su gente un sello marino inconfundible. Su profundo calado facilita el atraque a pie de muelle de los más sonoros trasatlánticos, yates, y hasta las escuadras navales del mundo entero. Por lo tanto su puerto atrae desde siempre a unos marinos internacionales que pasean una diversidad de uniformes, nacionalidades y razas por las calles ribeteadas de románticos camelios y naranjos. La decoración natural que le da ese toque colorista a las tascas, los mercados, las mariquerías, los burdeles y los frondosos parques, impregnados de un lastre marino abierto al mundo del que se abastece y suministra.

El innegable legado celta de la región ha dejado impresas de paso unas curiosas creencias de héroes y piratas al estilo de Pedro Madruga, o el mismísimo Drake. Derivadas de los cuentos de corsarios y doncellas rescatadas por unos míticos navegantes que merodeaban por unas recónditas cuevas marinas, aquellas fantasías heredadas generación tras generación nos invitan aún hoy a imaginar sus misteriosos quehaceres. Leyendas alimentadas por un ambiente propicio que divagan entre la crudeza de la madre naturaleza, o esa nostalgia crónica característica del lugar, la morriña, la que carga cualquier gallego en cuanto se aleja de allí. Marineros recalcitrantes que viven titubeando perennemente entre seguir aferrados a la realidad de su entorno, o escapar hacia el idealizado y remoto confín oceánico que desearían explorar sin atreverse. La consecuencia de una simiente antigua de fábulas, brujas y meigas, que alternaron desde tiempo inmemorial con rufianes imaginarios (y otros no tanto), quienes, a fin de cuentas, han convertido a estos gallegos costeños en un pueblo curado de espanto. Es decir, en gente adaptable y acomodaticia, aunque a veces parezcan desconfiados, pero siempre de fiar. Al observar otros tránsitos ilícitos más cercanos, como el estraperlo, el contrabando, y aún más recientes, los narcos, percibimos el entramado de fantasías mitológicas que los sustentan hasta hoy. Son precisamente esas peculiaridades regionales las que se enredan con total naturalidad con aquellos cuentos de piratas y corsarios que muchos aún creen que siguen escabulléndose por sus costas, insertando un peculiar espejismo mágico al ambiente. En definitiva, esa herencia milenaria celta que se arrastra en Galicia entre conjuros de queimadas y cuentos de meigas, lo que estimula más, si cabe, un lastre de tradiciones inciertas que no por ancestrales se ignoran, cuando a la hora de la verdad su vida se concentra en la franja iluminada que limita el horizonte circular de un faro.

Acorralados entre esa luz intermitente y las quejas de las sirenas noctámbulas, ciertos personajes singulares encontraron aquí un cobijo natural, lo que sería improbable en ambientes menos dados a la fantasía. Por eso no debe extrañarnos que durante la II Guerra Mundial, Vigo y sus aguas camuflaran, a sabiendas de muchos, diversas actividades ilícitas, ante la complacencia, o la indiferencia, del ciudadano medio, tan acostumbrado a convivir con la rudeza natural del entorno, la cruda realidad, las sospechas y los rumores. Siempre los rumores. Peculiaridades propias que proporcionan un aspecto singular a las labores del puerto y a los residentes, fijos y flotantes, revistiéndolos de un tipismo que vibra y aflora en cualquier actividad, por rara que parezca, sin inmutarse. Por eso muchos vigueses viven curados de espanto. Indiferentes si se cruzan con transeúntes de distintos colores, países y géneros, mientras escuchan cuentos quiméricos o increíbles de su gente, alternados con casos reales de difícil clasificación. Chismes que navegan por su costa, extendiéndose por tierra, aunque no se sepa bien –ni falta que hace– de dónde provienen.

El día que mis padres se casaron aquellos rumores del río revuelto sobre las actividades de Lalo sonaban con fundamento. Y así se lo contó él a su novia la cálida tarde de verano en que se le declaró bajo un sólido nogal en la finca familiar de La Portela frente a la Isla de San Simón. Contemplando el sorprendente paisaje que bordea la Ría de Vigo, Lalo le insinuó entre arrumacos y tiernas caricias de siesta su gran secreto: que cooperaba bajo cuerda en el rescate humanitario de refugiados europeos que escapaban del nazismo a través de España. Una colaboración clandestina, sí, claro, pero dirigida por el Gobierno británico, altamente secreta y sin ninguna conexión con el Gobierno franquista. Una labor altruista a la que él contribuía voluntariamente sin ningún significado político junto a los diplomáticos de la embajada británica en Madrid. Tampoco le dio muchas más explicaciones porque no podía.

Desde que él comenzara esta participación altruista al estallar la Guerra Mundial, para el verano de 1941 su arriesgada cooperación estaba en su punto álgido. Lalo sabía que la Gestapo les observaba, razón que le obligaba a llevar una extrema precaución en todos sus movimientos. Para que sus seguidores no sospecharan que sospechaba, y como si no supiera que lo seguían, los británicos le insinuaron que actuara con toda naturalidad. Como si nada. Que hiciera su vida y confundiera sus actividades habituales con las encubiertas, la mejor manera de no diferenciar unas de otras. Ir y venir entre Madrid y Vigo para ejercer su profesión allá y ver a la novia acá –aunque fuera acompañado de extranjeros con matrículas de coches raras– no tenía nada de raro en su caso. Era algo usual entre los once hermanos Martínez Alonso repartidos por el mundo cuando se reunían con su madre en Galicia. Como tampoco lo era recorrer los escasos veinte kilómetros en el tranvía de Vigo a Bayona durante hora y media, fascinados de compartir, serenamente acaramelados, el rítmico vaivén de unas vías chirriantes al serpentear los maizales que bordean los cambiantes azules marino, a veces ocultos entre unos matorrales, más altos que el vehículo, otras cruzando arroyos diluidos hacia la desembocadura del mar, o rebasando las lomas rocosas cuajadas de pinos y eucaliptos impregnados de marosía, al surcar las inmaculadas playas recónditas de las Rías Bajas.

Un entretenimiento corriente para cualquier pareja de novios, sin quejarse de los incómodos asientos de madera, cuyos tablones permanecían incrustados en la espalda un buen rato al levantarse. La pareja viajaba feliz ignorando las incomodidades, al saborear la compañía mutua admirando el paisaje y resignada a soportar las interminables paradas en Canido, cuando subían los usuarios, las lecheras y los revoltosos escolares, sacudiéndose el agua aún reciente de la mojadura para bajarse en Panjón, Playa América o La Ramallosa, interminable nudo tranviario que los detenía un buen rato a la espera de cruzarse con otro tranvía en dirección opuesta.

En algunas tardes de septiembre, los novios navegaban en un vaporcito de gran chimenea ribeteada por una ancha franja negra, que al soltar su estela de humo plomizo se deshacía en el atardecer enrojecido rivalizando con el lento compás de las gaviotas. Disfrutaban así de la puesta de sol escondida en las Islas Cíes, ensimismados al ver reflejadas sus siluetas perfiladas en los montes isleños, amoratados ya por las primeras hierbas otoñales. Un seductor paseo acuático a Cangas que coincidía con el cruce obligado de los paisanos para ganarse la vida. En ciertos días con suerte, incluso podía escucharse una muñeira susurrada a cuatro voces por un coro improvisado de marineros juntando inconscientemente las cabezas en la popa... solo entre ellos. Alejándose del paisaje difuminado de las impecables playas de arenas pulcras, e inmensas rocas desfiguradas, aparecían ya las inquietas golondrinas que comenzaban a arremolinarse bajo los balcones. Justo cuando las lucecitas lejanas en Bueu, Moaña, Chapela o Bouzas avisaban a la gente de que era hora de recogerse. Un corto noviazgo ajetreado que la pareja disfrutó dejándose ver con asiduidad en público, por gusto propio, sí, pero también siguiendo las instrucciones británicas de no ocultarse para no despertar ninguna sospecha alemana. Estos paseos prenupciales a la vista de todos junto a una atractiva y joven paisana, con la que además se iba a casar, no dejaban de ser algo totalmente natural para cualquier observador mal intencionado.

Con los preparativos de la boda, un par de días antes cenaron con Michael y Elizabeth Creswell, que venían de Madrid (supuestamente) para celebrar su despedida de solteros. Eligieron un restaurante típico y habitualmente concurrido de La Piedra. Frente a un mar que no se veía, pero se oía, en una noche cerrada y con pocos clientes, olía a algas. Era jueves. Los novios pidieron ostras y rodaballo con cachelos, regado con un fresco y exquisito Albariño. De postre, filloas.

Tres mesas solo de asiduos esparcidos para un único camarero, que se deshacía en atenciones a cada sugerencia de los parroquianos, entre los que habría algún simpatizante de la temible Gestapo. Se sabían vigilados y, aunque Moncha lo ignoraba, actuaban despreocupados. El diligente mozo cargaba con las comandas sin hacerse esperar entre las mesas y el mostrador, resguardado por una pareja de dueños (fornido él, lacónica ella), observadores imperturbables de su escenario particular, apoyados los codos sobre la barra de mármol.

—Viviremos en mi piso de soltero en Madrid —dijo Lalo, contento, mientras raspaba con destreza las ostras rociadas con limón antes de sorberlas una a una con deleite—. Todo seguirá igual por mi parte. Moncha tiene que familiarizarse con el ambiente madrileño y yo continuaré ejerciendo como hasta ahora.

—Te aclimatarás pronto a la ciudad, ya verás —afirmó Elizabeth Creswell en tono tranquilizador—, así que contadme vuestros planes.

—Bueno —intervino Lalo—, nos casa mi tío Rogelio, que es el párroco de Xende, una aldea cercana. Pero nada especial, aparte de eso, supongo —comentó, y se encogió de hombros, mirando a su novia, siempre sonriente.

Avanzado el primer plato, chocaron las copas al aire para brindar alegres. Hicieron bromas alusivas a su nueva vida y a la felicidad futura de la pareja. Contaron anécdotas mutuas, sin mencionar más novedades que los planes inmediatos de su boda, a la que los amigos británicos no podían asistir. Elizabeth y Michael Creswell conocían bien el país, hablaban perfectamente español y ella (de origen ruso y aspecto inglés) formaba un equipo compacto con su marido en esas inimaginables labores clandestinas. Era de esas esposas plenamente implicadas en su profesión; un inestimable respaldo para un diplomático en cualquier circunstancia, pero mucho más en tiempos de guerra. La sombra comprometida y discreta del profesional decidido a superarse en su labor. Su máxima prioridad. Tanto, que no se sabía si los sentimientos iban por delante de la responsabilidad, hasta el punto de que su relación acabó cuando terminaron las tensiones bélicas.

Al salir del restaurante, llovía. Animadamente charlando entre ellos, se cobijaron del agua bajo un enorme paraguas de golf, casi tan amplio y colorido como una sombrilla de playa. Enrollándose cariñosamente al brazo de su novia, Lalo se le acercó y bajó la voz para murmurarle al oído:

—Ahora no mires, pero en el coche de mis amigos con matrícula diplomática, frente al Hotel Continental... —señaló con el mentón en esa dirección— tenemos escondidos en el maletero a dos judíos que traemos desde Madrid. Esta noche dormirán en La Portela y mañana les ayudaremos a pasar ilegalmente a Portugal. Ya te contaré después. —Mi madre ni rechistó—. Fíjate en la cartera de mano de la que no se separa Elizabeth ni un momento. Lleva dentro una documentación altamente secreta que los acompaña.

La cándida novia rió desconcertada mostrando una radiante dentadura, sin imaginar en qué consistía la extraña operación de salvamento que entre todos resguardaban indirectamente. Ni Moncha pidió explicaciones, asombrada por la magnitud del mundo en el que se movía su novio y en el que ella se iba a involucrar hasta el tuétano cuando se casara solo tres días después.

Pasaron muchos meses hasta que mi madre supo cómo había terminado la aventura de esa noche exactamente.

II. LA PORTELA

Después de acompañar a su novia a su casa, Lalo y los Creswell se dirigieron a la La Portela, la finca familiar de Redondela, a pocos kilómetros de Vigo. La intención era pasar la noche antes de seguir camino a Portugal, como hacían otras veces. En esta ocasión, la tapadera era el encuentro social en el restaurante vigués, encubierto como un sencillo festejo prenupcial, que se prolongaba con una excursión posterior entre amigos. Pero la verdadera finalidad era sacar de España clandestinamente a los dos judíos polacos que los acompañaban por medio país escondidos en el maletero. El remate de una práctica audaz y peligrosa que mi padre llevaba haciendo desde hacía más de un año. Esa noche en particular, estaban ya el final del tramo gallego del tráfico humano que recalaba en nuestra finca familiar de Redondela. Donde él ya tenía alertados a los marineros vecinos reclutados en las cantinas próximas, cuando se reunían a beber y charlar, entre cánticos marineros y pulpo humeante. El Ribeiro grueso y denso que lo acompañaba dejaba marcado un ribete amoratado en las cuncas de loza blanca que confirmaba el nivel de vino consumido. Era también el reencuentro afectuoso de antiguos compañeros de juegos, de las largas tardes de pesca juveniles y los primeros bailes de las romerías de las aldeas. Una camaradería entrañable que se mantenía viva aún con el distanciamiento propio de la vida adulta.

—No me falléis, ¡eh! Ya sabéis que os espero de madrugada en el muelle —les recordó Lalo en gallego, ofreciéndoles a cada uno un Craven A de los que él fumaba.

Desde que comenzaron estas evacuaciones rudimentarias a principios del año 1940 en Galicia, Lalo era el intermediario de buena voluntad entre los organizadores británicos y sus paisanos en una red de rescate humanitario ilegal que cruzaba media Europa y atravesaba el Norte de España hasta llegar a La Portela. Este en concreto era el último tramo gallego de las fugas clandestinas por el que además de judíos en ocasiones cruzaban pilotos de la RAF caídos en Francia, o militares desertores de los ejércitos invadidos de Polonia y Checoslovaquia, así como fugitivos del Tercer Reich procedentes de los países ocupados, quienes tras muchas dificultades llegaban hasta esta insólita tabla de salvación gallega a través de las rutas encubiertas por las cadenas de resistentes europeos.

Rodeada de frondosos castaños, nogales y abundantes frutales, esta finca al borde de la Ría de Vigo incluía un caserón del siglo XVIII en medio de un amplio terreno frente a la isla de San Simón. Sin llegar a ser un pazo, al edificio lo resguardaban unos enormes muros de piedra rústica, incrustado a trazos por un espeso musgo, donde unas valerosas y diminutas margaritas brotaban salvajes durante las primaveras entre las juntas desiguales. El Talbot con matrícula CD llegó hasta el portón dando tumbos por los caminos vecinales y cruzó el grueso portón de madera sostenida por unos formidables pilares de piedra que abrió Angelito, el guardés, al oír tres veces la bocina ronca concertada como señal. El vehículo se deslizó lentamente por el recinto fangoso siguiendo el chorro de luz de sus inmensos faros. En cuanto Michael Creswell echó el freno de mano al pie de la escalera, Lalo respiró hondo. ¡Al fin estaban a salvo! El penúltimo paso español de la intrincada ruta de salvamento europeo había concluido con éxito en su propia casa. Sin decir una palabra, el inglés saltó del asiento enseguida para abrir el maletero y sacar a los asustados refugiados del encierro móvil en el que viajaron encogidos durante horas. Sacudiéndose las arrugas de sus pensamientos y las de la ropa, los cinco subieron los peldaños de la casa chasqueando las puntas de los zapatos contra la piedra húmeda. Un agradable fuego de chimenea encendida los esperaba en el salón, sábanas limpias con abundantes mantas en los dormitorios y la comida recién hecha por la mujer de Angelito, Lola la Grande (apodo que la distinguía de su tocaya más menuda) en la gran mesa del comedor. Los desconcertados judíos polacos, tratando de adaptarse a tan extraña situación, no podían imaginar que iban a disfrutar hasta ese punto de una exquisita y copiosa cocina gallega, tan distinta a la suya. Aturdidos por la incertidumbre y el prolongado cautiverio móvil, los hombres miraban a sus rescatadores con pasmo, agradeciéndoles sin palabras el deseado estiramiento de piernas y un cobijo acogedor en su interminable huida europea. Hablaban otro idioma, pero gesticulaban su gratitud entre señas y sonidos guturales, apretando fuertemente entre sus manos ásperas y curtidas los inexpresivos puños cerrados de sus rescatadores. Apenas podían contener el sollozo, frunciendo el ceño de emoción. Lalo los interrumpió intentando sobrellevarlo:

–Tenemos poco tiempo –precisó–. Descansaremos esta noche lo mejor que podamos. Nos esperan al amanecer en el muelle para seguir camino a Portugal.

Después de cenar más relajados, la comitiva apenas pudo dormitar unas horas. Aprovechando aún la oscuridad de la madrugada, acudieron a la cita que los enlazaba con el final de ese tramo del salvamento. El pintoresco cortejo salió sigilosamente por una puerta trasera hacia el jardín sobre el establo, para evitar el chasquido de las suelas de los zapatos contra la escalera de piedra. Silencio sepulcral. No había peligro de que los perros vecinos ladraran en una noche tan mojada; eso mismo les mantenía a cobijo y apaciguaba su olfato y la agudeza del oído. Pisando un suelo embarrado repleto de hojas mojadas, se dirigieron hacia la ría por un caminito escurridizo, bordeado de enormes helechos, ortigas y moreras punzantes, apenas percibiendo el olor a menta y romero frescos, avivado por el orvallo. Sortearon los maizales para no alborotar las mazorcas, ni rozaron los escuálidos postes de piedra torcida de los viñedos, olvidando con tanto nervio que la persistente llovizna les iba calando. Avanzaban encogidos, por instinto, realmente sin necesidad. Dentro de la finca no había ningún peligro, aunque todos llevaran un susto poco disimulado dentro. Uno tras otro, caminando en fila india, seguían el débil trazo iluminado por la linterna que encabezaba Lalo, hasta que se acercaron al pequeño muelle pesquero. Uno a uno atravesaron la insignificante puertecita de tablas endebles, irreconocible para cualquier extraño, que crujió levemente al abrirse entre unos matorrales rociados de lluvia. La salida directa y liberadora al mar.

En la oscurísima noche invernal, la luna invisible resguardaba desde su escondite a los perseguidos, cuando flotaron a lo lejos unos pequeños círculos de luz en respuesta al alumbrado difuso que dirigía Lalo; la consigna y el lugar acordados con los marineros. La comitiva saltó con dificultad por el pequeño muelle pisando unas rocas imprecisas evitando resbalar, hasta encontrarse con la dorna. Sonando rítmicamente a madera hueca, la embarcación chapoteaba a la espera contra un mar picado. En cualquier lugar más cálido, o sencillamente durante el verano, las luces cautelosas podrían confundirse con luciérnagas fugaces, pero bajo ese persistente orvallo invernal la confusión sería inimaginable.

Faustino y Moncho condujeron con asombrosa agilidad a los polacos de la mano, sujetando aún la valija diplomática transportada por Elizabeth Creswell desde Madrid. Dentro cargaban una documentación tan secreta e importante como el resto de su aventura. Transmitiéndoles sin palabras y sin pensar su confianza en un momento tan dramático, los atemorizados perseguidos se colocaron muy confiados en los bancos de madera de la dorna siguiendo las advertencias británicas que recibían los marineros gallegos. Unos valientes equiparables a Lalo, su compañero de juegos y correrías juveniles, que no se pensaron dos veces el riesgo que todos ellos corrían si eran descubiertos. Puede que ignorasen la historia completa de los salvamentos humanos por encargo británico, la procedencia o el destino final de sus protegidos, la desgraciada suerte que correrían sin este temerario amparo y hasta qué punto se jugaban la vida por salvar la de unos desconocidos. Pero siguiendo la norma no escrita del mar, ningún marinero dudó en socorrer a unos extranjeros infortunados de una muerte segura.

Sin desmenuzar los acuerdos informales de taberna, ni interrumpir las escuetas explicaciones británicas con preguntas vanas, los marineros se identificaban con Lalo al cooperar en una causa humanitaria internacional, olvidando el riesgo y las consecuencias de hacerlo en semejante trance. Tiritando de frío y pavor, aleccionados a callar para no interceptar su propia huida, los fugitivos se dejaban guiar confiados. Siguiendo las indicaciones de Michael Creswell, los refugiados polacos presentían que estos insospechados guías en un paraje difícilmente reconocible los ayudaban a avanzar hacia su libertad. El largo camino español, más dilatado todavía por lo desconocido, estaba a punto de finalizar. Ni los refugiados ni sus benefactores conocían sus nombres. Cuantos menos supieran, más protegidos estarían en caso de caer en manos enemigas, aún en suelo neutral. No llegaron a despedirse. Faustino empujó El Bedrines del atracadero con un remo que se deslizó por la ría con sigilo entreabriendo una fina estela en busca de su destino. Sentados a la intemperie en los estrechos bancos de madera, las víctimas tiritaban camuflando el miedo y el frío. Sujetos a la valija diplomática que les había pasado Elizabeth Creswell continuaron su aventura resguardados por los marineros, tan endebles y temerosos quizá como ellos, pero firmes en su acompañamiento. Los hermanos Otero, Faustino y Moncho, y su compañero Manolo, bogaban a paladas cortas y superficiales, igual que en las noches de pesca auténticas, con la soltura habitual del que nace y crece en ese medio al dirigirse sigilosos hacia las naves británicas fondeadas en la Ría de Vigo. Allí depositaron a los polacos en manos de los marinos que los relevaban. Clareaba ya cuando Michael y Lalo comprobaron a lo lejos cómo se deslizaban las figuras acuáticas entre el mar y la raya difusa que marca el horizonte antes de regresar a La Portela pisando su propia sombra.

Otros compañeros anónimos, igualmente desconocidos entre sí y dispuestos a arriesgar sus vidas para salvar a unas víctimas sin nombre, los esperaba al otro lado de la frontera portuguesa. Esta evacuación estaba rematada y los hombres a salvo gracias a la afortunada coordinación de enlaces clandestinos, que podía comenzar tan lejos como Varsovia hasta concluir en este bello rincón de la Ría de Vigo.

Sin embargo no todos los salvamentos organizados desde La Portela fueron tan dramáticos. Este último sin duda había sido uno de los más tensos en los que participó Lalo, sabiéndose ya con la Gestapo en los talones y alertado desde la embajada británica en Madrid para que se extremaran todas las precauciones. Después de dos años realizando esta labor ilegal, el riesgo de ser descubiertos empezaba a ser excesivo. Otros rescates anteriores, en cambio, fueron hasta divertidos. Abrigados siempre por la intimidad mohosa de La Portela, como invitados de mi familia, los amigos británicos, acompañados de algún «turista», pasaban unos días de descanso mientras se preparaban escalonadamente los traspasos ilegales. Un proyecto dirigido desde las oficinas centrales del Servicio Secreto de Whitehall, en Londres y supervisadas por el agregado naval británico en Madrid, el capitán Alan Hillgarth, encubiertas como unas sencillas diversiones en el amplio refugio familiar, a la espera de la mejor oportunidad de salida a sus protegidos.

—Muy callados me parecen estos amigos —se quejaba mi abuela Guillermina cuando les veía pasar delante suya sin dirigirle la palabra.

—Mamá, son polacos. Entiéndelo. No son maleducados; es que hablan otro idioma.

Aunque los visitantes no salían del recinto casero por su seguridad, sí compartían el estrechísimo círculo familiar, disfrutando con toda naturalidad de su acogimiento y diversiones. Moviéndose con un sigilo acuático similar al de los auténticos contrabandistas de la zona, después de un par de días de descanso y llegado el momento crucial, de noche y a escondidas, los marineros repetían los cautelosos traslados costeros encubriendo a los refugiados. Entretanto y para confundir a los posibles observadores, durante cualquier mañana soleada los anfitriones organizaban excursiones entre vecinos, amigos y parientes, y comían despreocupados empanada de sardinas o tortilla de patatas en las playas de alrededor, sin que faltara el vino de cosecha propia. Un método desenfadado pero eficiente de dejarse ver en público. Y recomendado por el propio MI6 para despistar a los curiosos. Un sistema eficaz de desconcertar a los agentes nazis que se sabían al acecho desde distintos puntos cercanos. O a los soplones franquistas que pudieran merodear cerca, es decir, cualquiera que sospechara de que algo extraño escondían estas inofensivas reuniones-tapadera en casa de la familia Martínez Alonso. Mis tíos Guillermo, Chichí y Peggy, con su marido Chantón López-Jamar, se unían a mis padres, aún novios, a estas simpáticas excursiones, mezclando a los amigos de siempre: Lucía Luca de Tena, Beatriz Oya o Julita Haz, con los británicos más recientes y pasajeros, ignorando que los refugiados esperaban su salida dentro del caserón preparados para huir horas después.

Navegaban de día en ese mismo Bedrines exclusivo que trasladaba a los infortunados perseguidos de madrugada, divirtiéndose como en cualquier excursión veraniega. Sería impensable que los soplones nacionales, o los agentes de la Gestapo, consentida por la neutralidad española, sospecharan lo que ocurría por detrás, delante de sus propias narices y a escasos kilómetros de la frontera portuguesa: que estos conocidos excursionistas, dirigidos desde la distancia del MI5 británico, encubrían con su inocente diversión el traslado camuflado de sus encarnizados perseguidos ahí mismo. Estos sigilosos salvamentos se llevaron a cabo durante dos años. Y nadie los descubrió ni delató. Ni entonces, ni después.

Mientras escribía esta historia décadas después traté de averiguar lo que pensaban realmente los acompañantes que aún vivían de aquellas excursiones marítimas, y todos me confirmaron que ninguno de ellos, las hermanas o cuñados de mi padre, hasta mi abuela Guillermina, alternando tan tranquilamente con los invitados extranjeros, supieron lo que se traía Lalo entre manos, conviviendo bajo el mismo tejado junto a aquellos ingleses tan simpáticos, encargados de dirigir a los excursionistas polacos hacia Portugal. El reducido equipo de Seguridad del MI6 (conocido como el SOE, *Special Operations Executive*) y el del MI9 (*Escape & Evasión Service*), a cargo de Michael Creswell, centrado en la embajada en Madrid, actuaban con un descaro muy natural en Galicia por detrás del Gobierno español. Otros asuntos de mayor envergadura bélica se trataban en los despachos oficiales de Madrid, o a través de intermediarios, cuando a los ingleses no les convenía dar la cara ante el Gobierno franquista por temor a sus simpatías pro-germanas. Aunque sí sabían cuánto se tenían que proteger de la Gestapo al actuar en las Rías Bajas, respaldados por unos gallegos generosos, valientes y confiables.

Además de la rebuscada excusa sobre la necesidad inexcusable de expandir su territorio para invadir Polonia en agosto de 1939 y provocar lo que sería el comienzo de la II Guerra Mundial, para el verano de 1941 Adolf Hitler ya había sometido bajo su dominio a Austria, Checoslovaquia, Polonia, Países Bajos, Bélgica, Luxemburgo, Dinamarca y Francia, sofocando con una amenazante proximidad a España. Una alarma apocalíptica que obligó a millones de europeos a huir despavoridos y que obviamente tenía muy alertado al Gobierno español. A pesar de sus simpatías con el eje Berlín-Roma-Tokio y a la firmeza del Pacto de Acero de 1939 entre Hitler, Mussolini y Franco, España aún mantenía una postura neutral. Por lo tanto, los pasos clandestinos, por conflictivos que se presentaran, se convirtieron en una escapatoria natural para miles de evadidos del nazismo. Mientras Londres enviaba a su embajada en Madrid unas noticias secretas y oficiales cada vez más escalofriantes, la expansión y el avance de las truculentas persecuciones nazis en paralelo al avance bélico no recaían solo contra los militares aliados, los desertores de los ejércitos invadidos, comunistas o cualquier indocumentado escapando de la debacle del Tercer Reich, sino con mayor saña, si cabe, contra los judíos, los homosexuales y los gitanos, a los que se deseaba aniquilar solo por motivos raciales. De forma que a la guerra oficial se le añadió otra racial y homófoba sin declarar que incluía a millones de civiles inocentes, entre los que sin duda podría colarse algún espía, la gran excusa para reforzar la vigilancia fronteriza. Pero no solo eso: los escabullidos del nazismo que lograban traspasar los Pirineos a su aire traían noticias frescas de los países ocupados que aprovechaban los aliados, dentro de sus muchas desventajas, frente a unos influyentes alemanes.

Solamente desde Polonia, a los pocos días de que estallara la guerra, el 22 de septiembre de 1939, huyeron 175.000 personas. Con la orden de desmantelar el Ejército polaco, el tristemente famoso jefe de Policía Beria, en asociación con el Ejército invasor, mandó ejecutar a cerca de 22.000 oficiales y soldados, entre los que no faltaron inocentes civiles. Mientras, tres millones de judíos polacos, la mayor concentración europea, se veían forzados a dispersarse a su suerte. Una masacre que tenía conmovido al mundo, que recibía las noticias, no siempre debidamente filtradas por la censura en España. Solo el 25 de octubre se ejecutaron 16.336 judíos en Varsovia en una persecución encarnizada que terminó reduciéndolos a los ghettos y a los campos de exterminio de Chelmno y Treblinka hasta aplicarles la «solución final».

Como iniciador de la Liga Palestina de 1938, Gran Bretaña se sentía en la obligación de proteger a los judíos desposeídos de todo; aquellos que diez años después serían israelíes por derecho propio al crearse el Estado de Israel. Pero al comenzar la guerra aún eran unos apátridas indocumentados perseguidos a muerte por su raza, ni siquiera por su nacionalidad. Por lo tanto, quien deseara emigrar tendría un hogar palestino, además de la ayuda de otras asociaciones internacionales dispuestas a apoyarles económicamente con el auxilio aliado. Aunque, obsesionados con relegar su propia pesadilla bélica, entre tanto cruce incierto de noticias, la gran mayoría de gentiles europeos no percibían que existía una guerra racial paralela a la mundial, una maniobra hábilmente encubierta por el Tercer Reich y distorsionada descaradamente desde que Adolf Hitler entró en escena en 1933.

Así las cosas, la diáspora que perseguía al pueblo judío y que una vez más obligaba a millones de víctimas a dispersarse a su suerte recrudeció la vigilancia a lo largo de los Pirineos para los que huían hacia ese sur de la Europa neutral considerada la gran tabla de salvación. Por lo tanto, estas eran unas fronteras férreamente controladas que admitían gente a cuentagotas aún con los documentos en regla. Una vigilancia oficial directamente conectada a los cabecillas de la Dirección General de Seguridad en Madrid, donde la Gestapo presionaba para escudriñar con lupa cualquier documento que pudiera interesarles.

Entre las noticias confusas sobre lo que realmente ocurría al norte de los Pirineos, las escasas autorizaciones concedidas a los semitas, señalizados como tal con una «J» en sus pasaportes, eran aún más estrictas. Lo que pone en tela de juicio la leyenda romántica que se extendió sobre la benevolencia oficial española con los perseguidos del nazismo, a quienes se les concedía una documentación basada en sus orígenes sefarditas para evitarles una muerte segura. Aunque en ciertos casos se aplicó la ley del año 1929 y Franco concedió miles de pasaportes a aquellos judíos que demostraran sus orígenes sefarditas, tampoco convenía divulgar (y ya se encargaba de ello una estricta censura) hasta qué punto el Gobierno español los concedía con sigilo, al estar excesivamente sometido a las exigencias nazis. Aquella frágil neutralidad, por otra parte, admitía las imposiciones de Himmler en el trato a los judíos extranjeros instalados en España, como explica claramente el historiador Antonio Marquina, obligándoles a bailar entre dos aguas al tratar la concesión de documentos legales. El Tercer Reich no solo perseguía a muerte a las víctimas en su origen, sino que acorralaba hasta matarlas a las que lograran escabullirse al extranjero.

Con este dramático panorama de fondo, tampoco escaseaban unas referencias preocupantes sobre el riesgo que corrían en Galicia los colaboradores de los aliados. Pero la red de espionaje británico estaba bien informada y lo iba sorteando. Dentro de la ambigua neutralidad española, si se llegara a desenmascarar a los cooperantes de las víctimas se les consideraría cómplices de alta traición. Una confusión favorecida por el mismo desorden ambiental, pero que podría hacerse efectiva a conveniencia del Gobierno. De la misma manera que tampoco existía una autorización precisa en el traspaso fronterizo, no digamos ya ilegal, de los perseguidos, y menos aún si estaban protegidos por el Gobierno británico. Hay que tener en cuenta que hablamos de víctimas inocentes y atemorizadas a las que se les negaba, sin justificación alguna, un visado de entrada español por las mismas razones por las que se les rechazaba el de salida en su país.

Por otro lado, estas rudimentarias tretas de rescates humanitarios, desconocidas en parte por el Gobierno español por obvias razones de estrategia bélica, no podrían asociarse con el espionaje político porque no lo eran. Aunque las dirigiera el MI6 a través de su representación diplomática en Madrid, lo que indudablemente confundía a sus rastreadores. Los voluntarios españoles podrían no estar de acuerdo con la política del Tercer Reich, e incluso ser indiferentes al fascismo español o al conservadurismo británico, pero participaban gustosos en estas arriesgadas aventuras anteponiendo la suerte de las víctimas a la propia. Por amor al prójimo, por solidaridad, por sentido de la responsabilidad. Por humanidad y siempre con la mejor voluntad, el equipo español accedía a ayudarles como pudiera, en una labor muy arriesgada y de fondos económicos ajustados para repartirlos entre los más necesitados. Lejos de respaldarse en una ideología política, su prioridad era sacar adelante a las víctimas, algo no siempre comprensible en la situación local tan deprimida en la que se encontraban durante su posguerra, aunque así era.

Aquel Vigo por donde se colaban los protegidos con la directa participación de mi padre, por otra parte mantenía activas sus colonias británica y alemana desde generaciones atrás, por su antigua, tradicional y variada relación comercial con las múltiples actividades del puerto. Mientras los empleados del Cable Inglés o de las navieras británicas podían estar de parte, lógicamente, de los aliados, muchos alemanes en parecida situación no eran ajenos a las simpatías nazis. Luego estaban los fascistas locales, muy favorecidos en su nueva situación, por lo que alrededor del puerto se aglutinaba una curiosa combinación de gallegos, anglófilos, franquistas y germanófilos, no necesariamente mal avenidos, aprovechando los oportunos cambios políticos, tanto como los beneficios económicos de la gran actividad portuaria. Además de la ganancia económica del wolframio (mineral indispensable para la industria bélica que se producía en el interior de Galicia y se exportaba directamente hacia Alemania), una cuestión que trajo de cabeza al embajador Hoare hasta lograr cortarlo de raíz. No era un secreto que España abastecía al Tercer Reich de este imprescindible mineral localizado al norte de Galicia. Pero para acabar con las especulaciones, ya hacia 1944, debido a las presiones aliadas y a la intervención de Roosevelt, se acordó exportarlo también a los ingleses en asociación con el Gobierno portugués. Así que en cuanto los Estados Unidos se involucraron en la guerra, no dudaron en abastecerse del peligroso wolframio con el propósito de bloquear las adquisiciones nazis, zanjando un tenebroso comercio que hasta entonces había beneficiado a un gran número de simpatizantes del Eje en esta zona gallega.

No sería imposible entonces que hubiera filtraciones próximas a estos sectores pro germánicos sobre las sencillas aventuras juveniles de mi familia, que ocultaran otras mucho más significativas al cobijo de La Portela. Indiscreciones incluso sin mala fe, comentarios espontáneos entre amigos de amigos sobre las inocentes (pero encubridoras) diversiones de ingleses y gallegos que podrían colarse por distintos vericuetos hasta círculos muy peligrosos, incluso a la línea directa de la influyente Gestapo. Una situación extremadamente peligrosa para Lalo y los suyos, si se llegara a descubrir. Es cierto que no lo hemos podido verificar, pero a juzgar por las aventuras que vinieron después me queda la sospecha de que existía algún soplón próximo que obligó a mi padre a desviar sus planes de ayuda antes de lo previsto.

Mientras preparaba las tácticas navales del Führer previas a la guerra, el almirante Canaris ya había conseguido la aprobación del general Franco para abastecer sus buques de guerra y submarinos en los puertos de Santander, Vigo y Cádiz. El 16 de septiembre del 39, dos semanas después de comenzar la guerra en Europa, en Vigo y El Ferrol había dieciséis submarinos alemanes listos para la batalla, autorizados a utilizar cualquiera de estos puertos como base de aprovisionamiento[1]. Pero Franco advirtió a las autoridades alemanas de que si los aliados se enteraban de este favoritismo tendría que cortarlo. Este procedimiento comprometía seriamente la neutralidad española. Los agentes británicos y alemanes se vigilaban mutuamente y controlaban los movimientos portuarios a través de sus consulados. Si la preferencia pro germana se hacía patente tendrían que actuar con sigilo, abasteciéndose de víveres y combustible de noche, y

---

1   Preston, Paul. Franco, *Caudillo de España*. Grijalbo, Barcelona, 1994.

a ser posible por detrás de las Islas Cíes, como así hicieron. Lógicamente, las quejas aliadas al Ministerio de Marina no tardaron en llegar.

Los agregados militares de Francia y Gran Bretaña se presentaron indignados ante el ministro, almirante Moreno, en marzo de 1940, para denunciar el escándalo. Era *vox populi* que los mercantes alemanes se abastecían regularmente en Vigo y eso debería cesar inmediatamente. El asunto era tan grave que el Almirantazgo británico situaría un submarino en la Ría de Vigo con órdenes de atacar a cualquier nave alemana que se abasteciera en las aguas jurisdiccionales españolas. Fue tal la insistencia que los buques-tanque se alejaron inmediatamente. Un año después, en efecto, los buques nodriza se trasladaron al Ferrol[2].

Imposible desviar mejor la atención de nuestros salvamentos humanitarios por esas fechas al manipular una estrategia naval idónea entre auténticos lobos marinos a tres bandos. Con este giro ministerial, además de distorsionar los planes del Führer, los sencillos marineros de Redondela, en asociación con el responsable del MI9, Michael Creswell, y mi padre, quedaban con las aguas despejadas para transportar a los fugitivos por la Ría de Vigo fuera del alcance enemigo. Esto explicaría que gracias a la rígida intervención personal del agregado naval británico, Alan Hillgarth, este se atreviera a pedirle a su buen amigo Lalo que se arriesgara a ayudarles, al punto de aportar su casa de Redondela y exponer a su propia familia para sacar adelante los delicados salvamentos aliados.

Pero ya metidos de lleno en la II Guerra Mundial, Lalo se movía descaradamente entre gente dudosa, tanto en Madrid como en Vigo. Ese trato frecuente con los diplomáticos británicos, sin más justificación que las diversiones sociales,

---

2   Ros Agudo, Manuel. *La guerra secreta de Franco*. Ed. Crítica, Madrid, 2008.

las excursiones marítimas o las escapadas a Portugal con semejante patetismo bélico de fondo, para ciertos germanófilos vigueses, incluso los agentes de la Gestapo que circulaban libremente por todo el país, incubaban sospechas fundadas para desconfiar de ese anglófilo local. A juzgar por su confuso comportamiento, seguro que era algo más que médico de la embajada británica en Madrid. De ahí provenían algunos rumores que lo tenían por espía, sin saber bien a qué achacarlos.

Aunque amparado por una profesión independiente que eliminaba cualquier tendencia dudosa, unos meses después de que Lalo comenzara estas expediciones, sus amigos británicos ya le habían advertido de que estaba bajo la mirada suspicaz de los representantes del Eje en España. Si la alemanización franquista llegara a cuajar, él podría convertirse en otra víctima más, en cuyo caso tendría que desaparecer. Sus compañeros disfrutaban de inmunidad diplomática, pero Lalo no solo quedaría al descubierto, sino que debería extremar la cautela. Si esta colaboración humanitaria llegase a trascender no le darían más opción que marcharse, salvarse él y la privilegiada información del MI6, de la que era partícipe y transmisor directo. Lo único que mi padre le explicó a su novia poco antes de casarse era quizá que tendrían que irse de España después de la boda. Lógicamente nadie podía saber nada de este inverosímil tráfico ilegal de personas, el gran secreto de la verdadera complicidad de su noviazgo.

—¡No se lo puedes contar ni a tus padres! —insistía él—: Nadie en absoluto, ¿comprendes?, debe conocer el proyecto en el que estoy metido. Por tu bien, el mío y el de miles de personas que están en peligro de muerte.

Con una candidez próxima a la inconsciencia, Moncha siguió el consejo de su enamorado y no abrió la boca. A sus veintidós años, sin acceso a la información completa, en su ignorancia, tampoco podía comprender la magnitud de lo que la rodeaba. Era inconcebible que las tácticas británicas en las que participaba su flamante novio pudieran esquivar a las autoridades nacionales. Un riesgo tan atroz que, solo de pensarlo, le dejaba sin aliento. Dada su situación tan especial y el escaso número de personas involucradas en la arriesgada misión, y lejos de una declaración de guerra oficial, este grupo no era ni «resistente», como en los países invadidos, aunque unos y otros compartieran la misma ideología anti nazi. La novia era incapaz de imaginar entonces la futura repercusión que todo esto tendría en su vida, la suya y la de otras personas.

Ese era el verdadero motivo por el que mi madre entró tan conmovida en la iglesia de Santiago de Vigo el 3 de enero de 1942. Tanto, que ni notó lo tristón que sonaba el órgano que la recibió. Su emoción no superaba la inquietud que sentía por lo poco que sabía de las secretísimas actividades de su prometido. En ese primer sábado de 1942 en el que su vida cambiaría para siempre, Moncha no podía suponer ni de lejos el porvenir que los esperaba, tan incierto como insólito. Con la ilusión de disfrutar para siempre de su amor correspondido, no quería pararse a pensar en el peligro que ambos corrían. Ignoraba hasta qué punto era cómplice indirecta de un delito ajeno, que también podría atraparla entre la alta traición como española y la conspiración contra del Tercer Reich. En los países ocupados, cualquier ofensa similar estaba castigada con la pena de muerte y juzgada a discreción de las autoridades militares nacionales. Si se descubría la labor de los implicados, de cualquier simpatizante, o aparecía una denuncia anónima sobre la ayuda a los judíos, su escondite, o la colaboración en su fuga ilegal, ello significaría el paredón. Es cierto que España alternaba la neutralidad con la no beligerancia, y según en qué fecha tampoco podría aplicarse la misma severidad que a un país ocupado, pero la influyente Gestapo, que lo mismo merodeaba por los pasillos ministeriales que por cualquier tugurio, alargaba sus tentáculos para comprobar que se cumplían sus directrices. Pocos españoles sabían que en los países sometidos los militares se asociaban a la Policía local y los torturadores para arrestar a los colaboradores contrarios al régimen con cualquier disculpa. Algo parecido podría aplicarse en España si entrara en la guerra. O si un policía cualquiera, o un militar influyente, considerase oportuno denunciarlos y seguir las normativas de los países ocupados. En el revulsivo nacional en plena postguerra cualquier imprevisto era posible.

En la ofuscación del momento, entre emocionadas alegrías y despedidas indefinidas, feliz de compartir el futuro con su marido, Moncha tampoco podía dejar de sentirse culpable por ocultar a sus padres unas noticias tan importantes. Esta ocultación era la carga más pesada el día que se casó. Pero no tenía alternativa y, en medio de la desinformación, ella comprendía que debía guardar silencio, una exigencia británica que estaba obligada a cumplir indefectiblemente. Por su seguridad y en medio de la confusión, los preparativos de la boda y el cruce de la secretísima información que percibía, ni media palabra a la familia. Todos estos elementos, reunidos durante los preparativos de la boda, su huida posterior y un cambio de vida radical, escondían un malestar imposible de disimular el día que se casó. La razón de sus lágrimas incontenibles en la iglesia.

Lalo era el único que conocía los motivos cuando la miraba de reojo, sonriendo, ante el altar de Santiago de Vigo, tratando de consolarla.

III. EL MI6 EN ESPAÑA

uando Adolf Hitler ganó democráticamente las elecciones de 1933, contrariamente a lo que se pudiera creer, el Reino Unido no tenía un equipo de Inteligencia a su altura. El *Establishment*, más concentrado en asuntos económicos que políticos, siempre posponía cualquier renovación de sus planes de Inteligencia. Pero el empuje belicista que iba trazando el Führer impuso otras prioridades. Cinco años después, la guerra era evidente y exigía una renovación total de sus estrategias. Con Winston S. Churchill aún en el Almirantazgo, el Gobierno de Chamberlain tuvo que reconocer el peligro que significaba el mal manejo de la información de cara a lo que se avecinaba en 1939. Es así cómo se decidió reorganizar el célebre SIS (*Secret Intelligence Service*), o MI6, un equipo exclusivo de expertos encargados de mantener informado al Primer Ministro sobre lo que más preocupaba a los británicos en ese momento: Alemania.

Al llegar al poder, Winston Spencer Churchill reorganiza su gabinete conociendo la trascendencia de acelerar unos cambios drásticos en el Servicio de Inteligencia, responsabilidad que recaerá sobre el almirante John Godfrey, anterior director de Inteligencia Naval, conocido desde cuando el propio Churchill era primer lord del Almirantazgo. Será a él a quien el nuevo Premier solicite elegir a los profesionales encargados de llevar a cabo este trascendental y delicado sostén bélico. Presionados además por la premura del momento, Churchill da carta blanca a Godfrey en esta organización, quien elaborará una nueva red de espionaje europeo, mientras preparaba el entramado de expertos en crisis dirigidos desde el viejo y destartalado caserón de Whitehall. Después, Churchill lo sustituirá por el general sir Steward Menzies como cabeza del Servicio de Inteligencia, hasta 1951[3].

Mientras, los españoles teñían de negro su escaso vestuario para sobrellevar los lutos de una prolongada guerra civil recientemente concluida y el agregado naval británico, Alan Hillgarth, permanecía alerta al desarrollo de la neutralidad española, no solo para evitar que los submarinos alemanes se abastecieran en los puertos españoles, sino para facilitar también el escondite de sus protegidos en nuestra finca de Redondela en su fuga hacia Portugal. Así como el paso previo de las víctimas, en su trayecto español, por el es-

---

3   Stafford, David. *Churchill & Secret Service*. Ed. Abacus, Londres 1997.

tablecimiento madrileño de Embassy, a cargo de Margarita Taylor, el cúmulo de tragedias que han desembocado en el conflicto armado internacional traen de cabeza al Gobierno británico. Habrá que priorizar la reorganización de un Servicio Secreto más acorde con las circunstancias. Es indispensable conseguir la mayor y mejor información posible y bordear al enemigo, no solo a través de estrategias políticas y militares entre las altas esferas; hay que ampliar, además, una red de informantes para enfrentarse a un Hitler belicista cuyos auténticos propósitos nadie parece conocer realmente.

Por su interés personal en revisar los informes de Inteligencia, recrudecido por un abrumador desnivel de medios adecuados frente a la prepotencia alemana, Winston Churchill sabe por experiencia lo peligroso que es manejar estos asuntos a tientas, de forma que organiza una alianza de Inteligencia secreta conjunta entre Inglaterra y los Estados Unidos con el beneplácito de un aliado determinante: Franklin D. Roosevelt. Una de las colaboraciones de información encubierta más importantes de la historia contemporánea, y que funcionará a distintos niveles para convertirse en la principal formación de seguridad internacional. En el verano de 1940 comienzan por reunir pequeños núcleos de auxilio locales en los países ya ocupados (solo reconocidos como resistentes en Francia), que se van extendiendo por toda la Europa ocupada bajo la supervisión de los oficiales expertos de Inteligencia británicos con el fin de interceptar las maniobras enemigas desde dentro[4].

A pesar de su apariencia profesional bien estructurada, los comienzos del MI6 fueron muy rudimentarios. Se empieza por entrenar a equipos de inexpertos para descifrar códigos y mensajes por cable del enemigo, pequeños sabotajes locales, hasta que tras una breve instrucción intervienen emisoras de

---

4   Ídem, pág. 216.

radio para interceptar los planes alemanes, haciendo lógico hincapié en los temas militares. Sin grandes pretensiones, pero presionados por la premura del tiempo, se organizan los primeros comandos *underground* de auxilio interno, los inicios del SOE, seguidos de las guerrillas urbanas y resistentes, directamente conectadas con el Ministerio de la Guerra británico, aunque funcionando desde el exterior. Estos apoyos medio informales pero de gran valor, los llevarán a cabo colaboradores de orígenes y ocupaciones diversas en los que Winston S. Churchill, sin embargo, deposita una gran confianza. Y no se equivocaba el Premier. A pesar de las dificultades a las que se deberán enfrentar al comienzo, la cooperación entre los civiles y los militares aliados desde el exterior dieron muy buenos resultados, de forma que Gran Bretaña sufragará a los resistentes civiles desde el interior de los países ocupados durante la invasión alemana. España se mantenía neutral y sin determinar. Pero hay que ir tomando posiciones ante las simpatías del general Franco con el Führer.

Las tropas de una arrolladora Werhmacht se sitúan en el Canal de la Mancha el 20 de mayo de 1940, cuando todos esperan la invasión de Inglaterra. La tensión y el miedo se acentúan entre la población. Sin embargo, las intenciones del Führer son indeterminadas. El Ejército sigue alerta, mientras los británicos escuchan muy atentos los partes de Churchill por la BBC. Hay que estar preparados para lo peor. Para agravar aún más las cosas, en junio de 1940 Mussolini se une al Eje, reforzando el Pacto de Acero de 1939 entre Hitler, Mussolini y Franco. Europa está en ebullición. Mientras Inglaterra se mantiene alerta, son de vital importancia los partes que envían sus agentes secretos dispersos por Europa; los que Churchill revisa personalmente con regularidad. Para asegurarse de que no se le escapará nada fundamental, e imponiendo su mando sin más, se nombra a sí mismo ministro de defensa, mientras aún dirige el Gabinete del Comité de Defensa, combinado con sus funciones de Primer Ministro, una concentración de poder que le permitirá abarcar la máxima información recibida desde distintos flancos para manejarla desde una perspectiva global. Aparte se crea una oficina de información que recibe las noticias directas y secretas de los altos mandos militares. El Premier no permite que se le escape ningún dato, por insignificante que parezca. Saber interpretar las entrelíneas de los informes desde los países ocupados y contrastarlas con su equipo de Gobierno es esencial. Una estrategia muy personal que, además de permitirle recibir información de diversos ángulos, le facilitará imponerse en el mando, lo que sin duda marcó las directrices en la que fue la guerra más acaparadora de todos los tiempos. Hasta que gracias a los entrenamientos militares y al interés de los países aliados por enfrentarse a la invasión nazi, los nuevos comandos del SOE integrados por voluntarios civiles logran unos resultados inusitadamente buenos. Desde ese momento, Lisboa se convierte en el centro estratégico para la Inteligencia británica en el exterior. Estocolmo y Berna, antes las ciudades más activas de la Inteligencia aliada, se van desconectando forzosamente de Londres debido a las excesivas interferencias alemanas. De ahí que Madrid se transforme inesperadamente en un soporte neutral prioritario paralelo al de Lisboa. Una cuestión primordial británica que deberá pasar lo más desapercibida posible para el Gobierno español en una Europa enfrentada a Alemania. De esta manera, el recién creado SOE (*Special Operations Executive*) como complemento de Inteligencia en los proyectos bélicos, mostrará unos resultados excelentes. Esta renovada formación de la Inteligencia será altamente secreta por estar especializada en sabotear al enemigo desde dentro del país ocupado, y siempre bajo la estrecha dirección del MI5 desde la distancia británica, es decir, los Servicios de Seguridad. Unas organizaciones interrelacionadas a su vez con el *Secret*

Intelligence Service, SIS, o MI6 en el exterior, de donde derivan otras dependencias como el MI9 —sin duda la más activa en la neutral España—, encargado del rescate y evacuaciones clandestinas que serán quienes concentrarán los proyectos humanitarios entre España y Portugal a lo largo de la Segunda Guerra Mundial[5].

Mientras tanto, el general Franco no termina de concretar su participación en el conflicto internacional. No obstante, y temiendo que sus simpatías con el Führer puedan ir demasiado lejos, Winston Churchill decide infiltrar una intervención de Inteligencia en España similar a las de otros países invadidos. Las afinidades ideológicas y políticas de ambos dictadores eran un peligro latente de consecuencias imprevisibles. Los españoles podrían verse involucrados por sorpresa en una nueva guerra internacional de mayor calado que su reciente guerra civil, lo que desnivelaría aún más la balanza pro alemana en los enfrentamientos europeos. Estas circunstancias obligan por tanto a los británicos a rodear la política franquista. Un Churchill previsor quería guardarse las espaldas, como si realmente los españoles ya hubieran sido invadidos. La defensa del Mediterráneo y el peligro que corría Gibraltar tampoco eran asuntos secundarios.

Cuando se trataba de atender los temas confidenciales con sus estrechos colaboradores, el atareado Primer Ministro prefería recibirlos en su casa de Chartwell, en el condado de Kent, donde él se relajaba leyendo o escribiendo los famosos ensayos que le valieron el Premio Nobel de Literatura años después. Pero, sobre todo, pintando sus acuarelas. Al Premier le gustaba tratar los temas más sobresalientes junto al estanque natural, rodeado de sauces llorones y de un silencio inconcebible en aquellos días en Londres. En Chartwell

---

5   West, Nigel. *MI6 British Intelligence Service Operations.*1909-45.Widenfeld & Nicholson, Londres, 1983.

solo le molestaba el parloteo de los pájaros y el sonido de la lluvia cayendo suavemente sobre el césped. Entre tanto, una diligente y jovial Clementine, gran anfitriona, mucho más relajada también que en Downing Street, atendía a sus amigos sin ningún protocolo, o encendiéndole a su marido el invariable puro en la intimidad. Pero el principal cometido de Clementine era ahuyentarle los intrusos a la hora de la siesta, una costumbre poco británica que adoptó Churchill cuando comprobó sus beneficios terapéuticos siendo un joven oficial del Ejército en La Habana, lo que continuó haciendo el resto de su vida, y más durante la guerra, permitiéndole trabajar hasta altas horas de la madrugada.

Fue precisamente en la intimidad de este grato ambiente campestre donde el Premier prefirió recibir al agregado naval en Madrid, el capitán Alan Hillgarth, para proponerle un nuevo nombramiento.

—Me gusta cómo lleva usted los asuntos en España, capitán. No es fácil manejar la neutralidad bélica con un dictador tan afín al Führer, y que además acaba de pasar por tantas dificultades. Aunque John Godfrey no lo hubiera comentado, que, por cierto, me ha hablado muy bien de usted, yo ya le había considerado para mis planes españoles... —Sonrió el Primer Ministro, mirando al capitán directamente a los ojos—. Por sus resultados como vicecónsul en Palma de Mallorca se ve que se siente usted cómodo entre los españoles.

—En efecto, señor.

—También he comprobado que manejó usted muy bien las situaciones de crisis cuando aún estaba en el Almirantazgo. ¡Muy astutas sus estrategias con los *U-Boats*![6]

Volvió a sonreír Churchill, observándolo maliciosamente antes de proponer:

—¿Una taza de té?

---

6   Abreviatura de nave submarina.

–Solo con una gota de leche. Gracias.

Hillgarth permanecía sentado frente al Primer Ministro al borde de un confortable sofá chéster de cuero rojo, muy atento a sus palabras. Agradeciéndole su atención y sin apenas moverse del asiento, dejó que el criado, retirado discretamente de la conversación, le sirviera un té humeante recién hecho servido en un tetera de plata victoriana. Durante estas reuniones profesionales lady Clementine no aparecía, pero Rufus, el perro de lanas que seguía alegremente a su amo por todas partes, permanecía tumbado, muy confiado, a los pies del Premier.

–Por eso creo que no es mala idea, capitán, que alterne su actual destino en Madrid con otro asunto mucho más delicado y trascendental para nosotros ahora... –Y con su soltura de político profesional, Churchill se sentó aún más relajado y le expuso su plan.

–Nuestro colaborador Hamilton-Stokes ve demasiado complicado sustituir en asuntos de Inteligencia a Edward Renzy-Martin y ha renunciado al puesto de Madrid. La mirada fija en su interlocutor, observando su reacción al hablarle.

–Tal como se van desarrollando los acontecimientos, parece que esta guerra se va a prolongar. Mientras España permanezca neutral, Madrid será un enclave muy interesante. Para nosotros..., ejem, y sin duda también para el Führer... –Le volvió a mirar con malicia de reojo, sin soltar el puro displicente entre los dedos–. Y, por lo tanto, para nuestro débil Servicio Secreto destacado allí.

Hillgarth escuchaba al Primer Ministro con la máxima atención. Estos cambios le caían realmente por sorpresa. Intuyéndolo, Churchill prosiguió exponiendo su proyecto español y, seguro de la atención que le prestaba su interlocutor, se recostó plácidamente en su amplia butaca antes de proseguir.

—A la vista del buen resultado que están dando los resistentes en Francia y nuestros colaboradores del SOE en los países ocupados, habrá que ir organizando algo parecido en España. Por si acaso... ¡Quién sabe! Su participación en la guerra es aún incierta... ¡Humm! En cuyo caso no debería cogernos desprevenidos. Conociendo las simpatías nazis del general Franco, reforzadas con la participación de Mussolini, no podemos arriesgarnos a que la situación dé un giro insospechado. Su posible participación en la guerra es demasiado incierta..., y peligrosa. —El Primer Ministro acarició lentamente el lomo de Rufus a contrapelo y fue directo al grano:

—¿Cree usted, capitán, que con el apoyo necesario podría organizar nuestro SIS y el SOE en España?

Alan se quedó mudo. Sentado enfrente sin perder su compostura asintió tímidamente con la cabeza, mirando directamente a los ojos de Churchill. Un nudo en la garganta le impedía contestar. Este nombramiento, paralelo a su puesto oficial en la embajada británica de Madrid, era de una envergadura y una responsabilidad muy superiores al anterior como cónsul en Palma de Mallorca. La ocasión requería una meditación más reposada. Percibiéndolo, el anfitrión no le dejó hablar todavía y prosiguió con su convincente tono:

—Tendría usted todo nuestro apoyo desde Whitehall, del Ministerio de la Guerra y, por supuesto, del *Foreign Office*. En este momento necesitamos colaboradores con su preparación y su audacia... —Churchill sonrió levemente—; y con su identificación con los españoles, por supuesto. Se entiende bien con ellos, ¿no es verdad?

—Sí señor, muy bien.

El Primer Ministro continuó presentando su plan sin cambiar el tono de la conversación:

—Le ayudaremos a buscar el personal necesario. Godfrey conoce mis planes. Ya los hemos discutido detenidamente... –Volvió a mirarlo por el rabillo del ojo, mientras se deshacía de la ceniza del puro en el inmenso cenicero apoyado sobre el brazo del sillón. Con la otra mano Churchill seguía acariciando el lomo de Rufus.

–Si le parece bien, hablaré con Sam Hoare. Acabo de designarle a él embajador en Madrid.

Atónito ante el rumbo que habían tomado sus planes en España, y a pesar de la responsabilidad y el riesgo que conllevaba su nuevo nombramiento, el capitán Hillgarth no se lo pensó demasiado. Pidió un tiempo de reflexión, pero aceptó el nombramiento verbal para España y de John Godfrey en persona días después[7]. Desde ese momento, el capitán Alan Hillgarth sería el oficial de Inteligencia británica en la embajada en Madrid, en su doble cargo como agregado naval. Por tanto también responsable del control y la supervisión de las secretísimas y estratégicas operaciones de la Inteligencia británica en el sur de Europa y Tánger. Ocultas al Gobierno franquista y añadidas a sus funciones oficiales en la embajada británica en Madrid.

---

7   Aunque David Stafford describe ampliamente cómo se llevó a cabo el nombramiento del capitán Hillgarth, ha sido su hijo Jocelyn quien me detalló personalmente la recomendación del almirante Godfrey como oficial de Inteligencia para España.

IV. UNA NUEVA VIDA

Los recién casados hacían una bonita pareja. Los dos eran esbeltos y no muy altos. Ella, una atractiva joven risueña, de dentadura deslumbrante y mirada luminosa, era una joven soñadora de piernas bien formadas y una melena castaña que enmarcaba los pómulos y una nariz perfilada, lo que confirmaba su origen vasco por parte de padre.

Educada entre la *petite bourgoisie* gallega, por su madre, Moncha hablaba francés, bordaba primorosamente y tocaba el piano con esa habilidad propia del que tiene buen oído musical. Interpretaba con soltura y un gusto exquisito los valses de Chopin, matizando las cadencias sin dificultad, además de acompañar cualquier canción de moda con una cálida voz de *mezzo* sin desafinar una nota, unos detalles que la hacían destacar en la coral de las antiguas compañeras del colegio. Le encantaba bailar.

Él, a quien podríamos clasificar hoy como antihéroe por su físico y actitud ante la vida, tan alejado del estereotipo de los gallardos y corpulentos galanes de cine, se crió desde niño en Inglaterra, adonde llegaron por el destino de su padre, cónsul general de Uruguay en Glasgow y Liverpool. La adaptación de la numerosa prole Martínez Alonso al medio británico fue tan rápida y consistente que enseguida hablaron en inglés entre ellos, una costumbre que mantuvieron durante el resto de su vida, transmitiéndosela a sus hijos, estuvieran delante de quien estuvieran. Educado en la filosofía del sentido común y el sereno *fair play* sajón, que no distingue a los ganadores de los perdedores (participar equitativamente es lo que importa), acabado el colegio escocés Lalo estudió medicina entre Liverpool y Madrid, circunstancia que le marcó una perpetua y característica dualidad cultural de adulto. Sentía en inglés y disfrutaba en español.

De adolescencia deportista, jugador de rugby, se convirtió en un joven cosmopolita de aficiones variadas. La antesala natural de un hombre de mundo, liberal y progresista que acabó tocando múltiples y variadas teclas de la vida. Tanto desarrollo personal, en un entorno de ensalzamiento eminentemente masculino donde la opinión de las mujeres apenas contaba, no le restaba ternura. Lalo tenía esa sensibilidad masculina que realzaba sutilmente su hombría, con un tacto radicalmente opuesto al machismo. Nada que ver con los gallitos presumidos y mal estimulados por unas mujeres que alientan inconscientemente y por error una masculinidad equivocada, olvidándose de que esa altanería, precisamente, sustenta muchas renuncias femeninas.

Mi padre decía ser agnóstico y anticlerical, como algunos médicos que conocí de su generación, quienes como consecuencia devinieron en grandes humanistas. Es cierto que no hacía buenas migas con los curas, pero respetaba hasta el fervor a las monjas de los hospitales por su magnífica labor, eficiente y callada. «Sin ellas no existirían el orden ni la pulcritud en los quirófanos y andaría todo manga por hombro», solía comentar sobre aquellas que trataba a diario en el Hospital de la Cruz Roja en Madrid. Claro que al tratarse de mujeres –una de sus grandes debilidades– era más condescendiente con cualquier defecto. Inclinado a la melancolía soñadora, por suerte, divagaba a solas. Pero cuando estaba contento mi padre reía a carcajadas con una boca muy abierta, enseñando unos enormes dientes de lobo feroz apacible. De un parecido físico asombroso con su padre, usaba un bigote frondoso que se atusaba con la mano abierta hacia arriba, rozando la nariz. No sabemos bien si lo hacía por presunción, para mantenerlo firme y a su gusto, o si era un tic inconsciente. Él se justificaba diciendo: «Es que se me enredan los fideos en el bigote cuando tomo la sopa». Quizá. O sencillamente se reía de él mismo. Sin embargo, su mayor atractivo era su mirada tristona, color miel, a tono con el pelo. Por extraño que parezca, no había visto esa tonalidad de ojos en ninguna otra persona hasta que años después visité nuestros orígenes familiares en Xende, una aldea recóndita de la provincia de Pontevedra. Entonces comprobé en directo cuantos paisanos tenían sus mismos ojos.

Con un padre volandero de origen emigrante y nacido en Uruguay, como tantos gallegos de su tiempo, acentuado por una profesión movidita como la suya, el ancla viguesa le venía de madre. Guillermina Alonso, igualmente descendiente de emigrantes y nacida en Matanzas, Cuba, era la única hija de Antonio Alonso Santodomingo, un rico conservero nacido en Bayona y opuesto a que su rama femenina, frente a los hijos varones, participara en su negocio, al que le había puesto el rimbombante nombre de El Palacio de Oriente. Una industria próspera creada con los últimos adelantos a fines del siglo XIX y que remató su fructífera escapada migratoria a Cuba, cuando regresó vencedor, como una golondrina que extraña su primer nido. ¡Ay, era morriña! Mi bisabuelo Antonio pensaba con exagerado paternalismo que para favorecer a su única hija Guillermina y a sus once nietos era mejor alejarlos de un negocio que él consideraba eminentemente masculino, compensándola así con parte de su patrimonio. Una costumbre burguesa que copiaban algunos emigrantes afortunados como él y con la que la benefició al regalarle La Portela, en Redondela. A escasos kilómetros del centro habitual en Vigo, con granero, bodega, hórreo y establo de vacas, pegado al caserón, suficientemente grande para resguardar al familión y unos cuantos invitados más, La Portela tenía un gran atractivo añadido: la puerta que daba directamente al mar, lo que servía para que se recrearan durante las vacaciones, en sus idas y venidas entre Inglaterra y España. Así fue como el padre quiso mejorar a su hija: anclándola sutilmente a su tierra. Y a él.

Y volviendo ya a 1942, acabada la congoja de la iglesia en una boda católica tradicional, ensombrecida por el ambiente mustio de posguerra, mi madre seguía pesarosa por tener que ocultar a sus padres el peligro que la esperaba por la actividad paralela del marido. Muchos años después, ya anciana, me contó, sentadas frente al mar mediterráneo disfrutando de nuestros gintonics muy relajadas, cuánto padeció durante el resto de la celebración precisamente por eso. Porque también era una despedida. Aunque mal informada a propósito,

Moncha estaba obligada a callar las graves noticias que le iba transmitiendo su novio, impidiéndole exteriorizar una felicidad condicionada durante el fugaz festival familiar, aunque sí percibió el expresivo afecto de los invitados, disfrutó de los brindis y se emocionó al escuchar los breves discursos pronunciados por los hombres que más la quisieron desde niña. Los novios eran sin embargo los únicos que sabían que esta era además un adiós indefinido, aunque no lo supieran los oradores, la familia o los risueños invitados.

Lalo quiso pasar una breve luna de miel en La Portela después. El lugar de las felices reuniones, el de sus intimidades sentimentales y donde él le había declarado su amor a Moncha a la sombra de su nogal favorito en una apacible siesta el verano anterior. A los dos días salieron en el express para Madrid e iniciaron su vida de casados en un acogedor pisito del barrio de Salamanca. Ella no tuvo que preocuparse de organizar nada; la casa estaba en marcha y dispuesta para vivir con todo confort, incluida una pequeña consulta privada donde el recién casado ejercía su profesión. Ante la feliz perspectiva de compartir el resto de su vida, Moncha y Lalo se concentraron en disfrutar de un agradable futuro que ya había comenzado. Entonces fue cuando él quiso presentarle a sus amigos ingleses, como eran Margarita Taylor, la dueña del salón de té Embassy, y el resto de la colonia británica, que la acogió con la misma cordialidad que a Lalo.

El agregado naval, Alan Hillgarth, fue el primer anfitrión que los invitó a comer en su piso de la plaza de Rubén Darío. Este marino inglés, delgado, moreno y con aspecto español, algo de lo que se sentía muy orgulloso y achacaba a una lejana bisabuela española, tenía una mirada oscura, sagaz y directa, enmarcada por unas cejas tupidas, un físico equilibrado que delataba su despierta inteligencia. De paisano vestía unas impecables chaquetas cruzadas de lana fina en invierno, o de alpaca discreta en verano, hechas a medida por su sastre particular de Savile Row. De uniforme de capitán de la Armada Real solo iba en las ocasiones oficiales. Las pocas veces que sonreía lo hacía con una mueca casi burlona, apenas mostrando los dientes al entreabrir los labios. El capitán tenía una voz bronca de tenor bajo, algo socarrona. No se sabía cuándo hablaba en guasa o en serio. Era tan irónico que manejaba con una chispa inusitada cualquier tema sin diferenciar lo serio de lo risible, aunque curiosamente no recurriera al cinismo. Alan tenía el don de dirigirse a los demás con esa deferencia natural, firme y sin rodeos, que enseguida daba a entender su respeto por el interlocutor. Era realmente convincente, aunque también podía ser cálido y amigable cuando conseguía relajarse entre amigos en la intimidad.

En su primer encuentro, en cambio, a Moncha le pareció hosco y distante. Aunque aún no había cumplido los cuarenta, el agregado naval parecía mayor, más por su madurez mental que por su aspecto todavía juvenil. Ella intuyó enseguida, sin saber bien a qué achacárselo, que esta contradicción ocultaba algo serio. Era lógico que la guerra en Europa le tuviera preocupado con un cargo oficial como el suyo en Madrid, fue lo que pensó mi madre, pero no dijo nada. Novena generación de marinos de la Royal Navy por lado materno e hijo de un famoso médico de Harley Street, en Londres, sus ademanes estrictos de marino británico recalcitrante parecían innatos en él. Igual que la expresión inconsciente de una autodisciplina que le chocó a la recién casada, cuando aun sintiéndose entre amigos en su propia casa ese día, el capitán no aparecía relajado. A pesar del ambiente distendido de esa primera reunión, mi madre notó un algo indefinido. Intuía un mar de fondo que no terminaba de comprender. Al advertir su desconcierto en su mirada asustadiza, mi padre trató de tranquilizarla, susurrándole disimuladamente al oído:

–No te inquietes... Alan es un gran hombre y mejor amigo. Ahora está pasando por un momento personal delicado, pero terminarás congeniando con él. Ya lo verás.

Moncha no respondió. Tampoco le ayudaba no comprender el idioma, y aunque por deferencia a ella la comida transcurrió en español, se intercambiaron varias frases ininteligibles que la desconcertaron todavía más. Alan Hillgarth se vio en la obligación de advertirle disimuladamente a su amigo y colaborador, cuando logró retirarlo aparte tras la comida:

–Sería conveniente que preparases los pasaportes. En cualquier momento tendremos que ayudaros a salir del país. Se acabaron para ti las operaciones clandestinas. Ya te has arriesgado bastante. Te iré informando de lo que deberás hacer antes de marcharos.

En enero de 1942 las decisiones del general Franco sobre su intervención en la II Guerra Mundial eran tan ambiguas como su indecisión característica. Aún no se sabía si claudicaría ante los requerimientos del Führer, uniéndose al Eje, o permanecería neutral y sin definirse. Sin querer inmiscuirse en los acuerdos de La Haya sobre la ayuda humanitaria, entre los múltiples pactos hispano-alemanes que se firmaron en esos días, tampoco existía ninguno que encajara con los planes humanitarios de los aliados en España, esos en los que el doctor Martínez Alonso estaba involucrado hasta las cejas. En cualquier caso, de existir una futura intervención española, la delicada situación, por su vínculo con los británicos, aún le pondría en peor situación que durante la de neutralidad.

–¿Tú crees? –contestó Lalo imperturbable ante la advertencia del capitan Hillgarth.

–Desde luego. Es peligroso que continúes cooperando con nosotros. No conviene que te dejes ver demasiado con nuestro equipo. Cada vez está más claro que debes desaparecer hasta que sepamos a qué atenernos con respecto a los refugiados. Estás en el momento idóneo para salir del país sin levantar sospechas. Recién casado, cualquiera pensaría que necesitas un pasaporte para iros de viaje de novios. Hazme caso. No lo retrases demasiado –insistió Alan amistosamente con su firmeza característica–. A Moncha le puedes decir que os marcháis invitados a Lisboa. Lo de seguir luego hacia Londres está por confirmar. Cuanto menos le expliques, más la protegerás. No la asustes.

Hillgarth tampoco quería atemorizar a su amigo, pero tenía motivos para alarmarse. Sabía que existía una contra-parte franquista a su grupo de Inteligencia británica que cooperaba estrechamente con la Gestapo, y el puerto de Vigo era un punto clave de los observadores. Además, sus informantes extraoficiales en Galicia le habían comunicado que unos extraños individuos habían logrado entrar en La Portela en busca de los recién casados cuando ya estaban rumbo a Madrid en el tren. Pero Alan no se lo dijo, al menos en ese momento. Sospechaba que Lalo estaba en la lista negra de los indeseables anti-nazis, y eso ya era suficiente motivo para invitarle a salir de España. A pesar del éxito de los desvíos marítimos gallegos que remataban las rutas de evacuación europeas en los que él colaboraba, la Gestapo rondaba peligrosamente y cada vez estaban más próximos. Había llegado el momento de esquivar su intervención como fuera y zanjar esa vía de escape con su propia huida para evitar males mayores. Resultaba imposible ya que Lalo y Moncha reiniciaran juntos esa vida madrileña que tanto deseaban y habían previsto de novios. Se acababan también para él las íntimas esperanzas de continuar viviendo en Madrid, su ciudad favorita. El riesgo de caer en manos de la Gestapo era tal que no les quedaba más remedio que escabullirse. Cuanto antes mejor. Para no amargarle el resto de la comida, Alan eludió el tema y continuaron charlando animadamente de trivialidades. Un pacto tácito entre los anfitriones evitaba tocar temas desagradables en sus reuniones sociales, acostumbrados por su exquisita educación británica a allanar asperezas, aunque Hillgarth sabía de sobra que el nuevo matrimonio se convertiría muy pronto en otro de sus proyectos de salvamento.

Sintiéndose atrapado en una delicada situación entre los suyos y su temerario compromiso con las autoridades británicas, Lalo quiso verificar la gravedad de su situación con el embajador Hoare. Aunque las instrucciones de Alan eran razón suficiente para acatarlas, consideró oportuno visitarlo en su despacho de la embajada en Fernando el Santo 16. Samuel Hoare, sin más preámbulos, lo recibió inmediatamente.

—Siento confirmarle, doctor, que en efecto va a tener que marcharse. La Gestapo nos acecha constantemente. Ya han muerto cuatro de nuestros agentes en España y no puedo permitir que sea usted la quinta víctima. Me dicen que están enterados de sus actividades en esa vía de escape hacia Portugal y ni siquiera utilizando su propia finca estamos seguros de poder mantener el anonimato por más tiempo. —Mi padre le escuchaba sin pestañear.

—Aunque somos la única embajada aliada en España que ha logrado organizar estas ayudas humanitarias gracias a cooperantes de su calibre, no puedo seguir arriesgando su vida, ni poner en peligro nuestro prestigio —insistió Hoare con el ceño fruncido.

—Nuestra máxima prioridad ahora mismo es evitar que España entre en la guerra. Cualquier cuestión que pueda llegar a entorpecerla deberá evitarse. Sé que me entiende.

—Por supuesto, le comprendo muy bien —respondió Lalo sin inmutarse.

—No es mi intención desviar nuestra atención con problemas como el suyo. No obstante, quiero que sepa que estamos muy orgullosos de ustedes. Han creado un *corps d'élite* ejemplar..., aunque déjeme añadir que excesivamente osado.

Ejem... –El embajador sonrió de medio lado antes de añadir–: Prepárese para salir lo antes posible del país. Nosotros
le ayudaremos.

Mis padres prolongaron unas semanas más su salida,
amparados en unas disculpas personales improrrogables.
Aceptar su exilio, pero sobre todo tener que abandonar su
país adorado y sus ilusionadas previsiones de recién casados, confortablemente establecidos en su piso de Gurtubay,
era el mayor sacrificio que se les podía pedir. Pero había que
claudicar. Las instrucciones británicas eran determinantes y
Alan tenía razón. Quedarse era demasiado expuesto.

No era necesario que el diario de 1942, que tanto me
había alterado cuando apareció durante la mudanza de años
atrás, detallara los pormenores de la boda de mis padres.
Tampoco me chocaron algunas circunstancias adversas cuando lo fui desmenuzando. Algo sabía. No obstante, pensé que
quizá las memorias de mi padre, publicadas por Doubleday
en Nueva York en 1961, me ampliarían estas noticias. En efecto, ahí describe él lo ocurrido muy por encima; oculta detalles
importantes y tampoco especifica las funciones concretas entre los colaboradores gallegos o ingleses, que fui descubriendo
bastante después. Por otra parte, las memorias estaban escritas mucho antes de desclasificarse los documentos oficiales,
mientras los protagonistas aún vivían, y no tenía duda de que
mi padre evitaba perjudicarles con una confesión tan peligrosa. Cuando en el año 2005 se desclasificó su archivo oficial y
secreto en los *National Archives* de Londres comprendí mucho mejor por lo que habían pasado unos y otros. Pero ahora
prefería saber cómo lo juzgaba él mismo en directo.

*«Al comienzo de la Segunda Guerra Mundial, cada vez
avanzaban más personas para cruzar la frontera escapando
de los alemanes. Entre ellos, había soldados franceses,*

ingleses, polacos, canadienses, holandeses belgas y hasta árabes. También había familias judías, con y sin medios, que buscaban refugio en la España de Franco. Oficialmente se les dejaba hacer como quisieran, pero en realidad tenían que salir del país cuanto antes.

A los hombres de uniforme se les recluía en un campo de concentración que había en Miranda de Ebro, en Burgos. Originariamente servía para presos españoles durante la Guerra Civil, y los extranjeros permanecían allí antes de devolverlos a sus orígenes. Pero con las avalanchas de indocumentados que iban llegando, el campo empezaba a quedar pequeño. No tenía capacidad para más de quinientas personas, y en aquel momento ya albergaba a unas tres mil. Además, había otras personas por su cuenta que también se quedaban.

La embajada británica me había responsabilizado de la salud de los soldados británicos que fueran llegando al centro. Los Estados Unidos aún no habían entrado en la guerra, pero la embajada norteamericana era muy generosa al ayudar a los prisioneros. Cada fin de semana la Cruz Roja Americana unía sus donativos a los que ya aportaban los británicos, pero la situación iba empeorando conforme se iba llenando el lugar.

Todos los fines de semana, el agregado militar británico y yo íbamos a llevarles provisiones y a asegurarnos de la identidad de los presos. Lo que más me preocupaba es que pudiera haber un brote de tifus. Por eso repartimos planchas eléctricas, para que el calor abrasara los piojos de las costuras en la ropa, desde donde luego se alimentarían de la sangre de sus anfitriones.

De vez en cuando liberaban a unos cuantos prisioneros que posteriormente pasaban por la embajada en Madrid. Allí se les daba ropa nueva y documentación en regla, poniéndoles rumbo a su salvamento. Luego se les conducía a Gibraltar y de allí a sus lugares de origen. Llegó el momento desafortunado en que uno de los hombres contrajo el tifus y gracias a ello fue puesto en libertad. El hecho podría haber sido intrascendente, pero creí oportuno comentarlo con la persona adecuada[8].

Observé que no había motivo para que estos muchachos tuvieran que pasar tantas penalidades en Miranda de Ebro, con lo que se me ocurrió un plan bastante simple. Se podían aprovechar los enlaces de la Resistencia francesa que ya existían y de los que se valían para pasar clandestinamente a los perseguidos a través de los Pirineos. Así podríamos evitar que tuvieran que recabar siempre en Miranda. Lo mejor sería preparar una serie de puntos estratégicos en los pasos principales de los Pirineos españoles y recogerlos directamente allí.

Quiero aclarar que la situación era tan extrema y empeoraba con la avalancha de refugiados en busca de asilo, unida a la inesperada incorporación de los judíos escapando del genocidio nazi, que a los primeros fugitivos se les fue incorporando gente muy variada en estas rutas de evacuación centralizadas en la embajada británica en Madrid.

Con Michael Creswell, hoy embajador en Yugoslavia, recorrimos los pasos más convenientes de la zona pirenaica y acordamos con los posaderos, y hasta con los frailes en ciertos monasterios, que recibieran y acogieran a las personas. Les pedimos que nos avisaran cuando llegaran y estuvieran preparados para continuar viaje. Les entregamos dinero y ropa para que se lo facilitaran y esperamos resultados. Estos fueron excelentes y el sistema funcionó durante toda la II Guerra Mundial. Pero estas aventuras

---

8   El capitán Alan Hillgarth, como supimos después.

pronto terminarían para mí. El propio embajador, Samuel Hoare, me advirtió de que las operaciones deberían cesar y yo desaparecí»[9].

Esta es la única versión personal que existía de la colaboración de mi padre en los salvamentos altamente secretos con el MI6 hasta su marcha en 1942. Pero durante mis pesquisas posteriores en los *National Archives*[10] he ido descubriendo que hubo mucho más que esta aparentemente sencilla cooperación altruista.

A pesar de su valor y osadía, mi padre era un hombre ingenuo y confiado. Amigo de sus amigos y con un gran sentido de la solidaridad, algo obvio por otra parte entre médicos, su prioridad era socorrer al prójimo. Pero por muy buenas intenciones que tuvieran el SIS y el SOE, dirigidos por el MI5 desde Inglaterra, resultaba imposible abarcar con solo un par de amigos de la embajada británica, el ayudante del agregado militar, Alan Lubbock y Michael Creswell, como él cuenta, tanto recorrido peninsular. Los requisitos para atender y orientar a los perseguidos durante los trayectos de las evacuaciones, además de arriesgados necesitaban de un importante soporte económico y humano. No todo era cuestión de buscar y adecuar los enlaces. También necesitaban personas capaces y dispuestas a ayudar a las víctimas. Gente muy especial deseosa de arroparlos en techo seguro en su paso por España.

Cada vez me convenzo más de que el éxito de estas peligrosas operaciones estuvo en el respaldo del pequeño grupo de amigos hispano-británicos que describo, utilizando unos rudimentarios métodos de resistencia *underground* similares a los de los países ocupados. Unos amigos varia-

---

9   Martínez Alonso, E. *Memoirs of a Medico*. Doubleday, Nueva York, 1961.

10   Martínez Alonso, Dr. E. (Secret) Registry & Archives. File no. 22666/A (Nat. Archives).

dos, muy bien avenidos y con un alto sentido de la camaradería. Apoyándose mutuamente, entre todos llevaron a cabo su cometido con singular destreza y dedicación, utilizando al límite sus recursos. Sin embargo, por muy organizado que estuviera el enlace de la Resistencia francesa, igualmente respaldado por el MI5 y MI6, y aprovechando que las autoridades nacionales no les prestaban mucha atención, tanto la embajada en Madrid como la dirección desde Londres tenían necesariamente que ampararse en colaboradores de confianza. Gente discreta, eficiente, fiable, alejada de la intromisión alemana, e incluso simpatizantes del franquismo, para evitar sospechas. Personas sensibles, pero con carácter, capaces de improvisar y sacar adelante unas instrucciones altamente secretas y peligrosas como las descritas, sin mirar por ellos, sino priorizando la vida de aquellos que huían en unas circunstancias dramáticas, tras sortear infinidad de adversidades, olvidando casi el riesgo que ellos mismos corrían. *Amateurs* con muy buena voluntad, a los que se les trató (y actuaron) como profesionales, cuando en realidad eran solo unos idealistas de una sensibilidad muy particular. Cooperantes discretos y flexibles que no tuvieron ningún reparo en unir sus fuerzas para socorrer a los desfavorecidos, por la simple recompensa moral de ayudarlos como podían en tiempos de guerra. Sin más. Sin buscar ningún protagonismo, por pura generosidad. Dándolo todo de su parte a cambio de muy poco y sabiendo que cualquier desliz, o la mínima equivocación, podía costarles la vida. Idealistas íntegros y con ética sin inmiscuirse en política. Colaboradores responsables y de gran corazón que comprendían el alcance global de una participación tan expuesta sin reparar en el peligro de ayudar a los muy necesitados, relegando los escollos que pudieran surgir. Y sabiendo mantener con la mayor reserva el secreto completo el resto de sus vidas. Solo entre ellos.

V. EL TÉ DE LA LIBERTAD

Con el valeroso apoyo de su dueña, Margarita Taylor, una de las más destacadas cooperantes de este grupo de rescate aliado en España, el salón de té Embassy se convirtió en uno de los principales centros de acogida y reciclaje para los elegidos que la atravesaban clandestinamente de la mano del MI6 de principio a fin de la guerra. Comenzando por los indocumentados, militares desertores de los ejércitos caídos bajo dominio nazi, incluido judíos y apátridas europeos, además de los presos liberados de las cárceles y campos de concentración, no solo españoles, pasando por los fugitivos enlazados en los pasos pirenaicos ayudados por el SOE, en tránsito por Madrid, camino de Portugal o Gibraltar. Hasta los que se colaban como podían con el beneplácito británico. Miles de personas encontraron cobijo durante años en su piso situado sobre el salón de té en el Paseo de la Castellana 12. Margarita Taylor acogía sin rechistar a los perseguidos que le designaban, incapaces de conseguir documentos y visados de las autoridades. E incluso a aquellos que, aunque sí los tuvieran, preferían evitar su control.

En el ambiente ligero y frívolo del local que siguió siendo en plena postguerra española podían encontrarse las Ibarra de Bilbao con sus primas sevillanas a su paso por la capital cualquier tarde junto a la joven duquesa de Montoro en los mismos días en los que su padre, el duque de Alba, ejercía de embajador en Londres, sentadas con total cordialidad cerca de la marquesa de Llanzol, la amante del cuñadísimo Serrano-Suñer, en una charla tranquila con cualquier amiga, entre la variada clientela de la alta sociedad, ignorando qué ocurría por detrás, delante de ellas. El recinto se convirtió en una tapadera perfectamente manipulada por el equipo británico de rescate en las dependencias que la valerosa irlandesa puso a su disposición. Un acogimiento paralelo al de la embajada británica, tres calles más arriba, a su paso por Madrid. Actividades *underground* perfectamente disimuladas que se entremezclaban con toda naturalidad con los encuentros sociales de las elegantes del lugar luciendo discretos modelos de Balenciaga y otras modistas renombradas de alta costura parisina. De esas señoras que sabían dosificar el Madame Rochas o el Patou, dejando una imperceptible y agradable estela olorosa al pasar. El matrimonio Creswell, los Babington-Smith, Alan Lubbock (ayudante del agregado militar), el brigadier Torr, (agregado militar), David Thompson (jefe de pasaportes) y Clayton-Ray, entre otros altos funcionarios británicos destinados en la capital, se reunían tranquilamente en Embassy junto a la élite madrileña para respaldar, sin llamar la menor atención, la labor humanitaria encubierta de mi padre y Margarita Taylor.

Indiferentes a los murmullos de las charlatanas del fondo, departiendo con los *dandys* recién bañados, repeinados con brillantina y ligeramente rociados de Yardley, también participaban en estas funciones protectoras Juan Bourgignon (un holandés escapado de la invasión alemana y dueño de la famosa florería de Almagro 3), Ed Wainewright, Eddie Knoblaugh (corresponsal de Associated Press), Jimmy Morrison, Ben Wyatt y Walter Starkie, agregado cultural de la embajada y fundador del Instituto Británico por esa época. Más tarde se incorporó el matrimonio Loggie, de entre los nombres que he escuchado. Quizá hubo más cooperantes disimulados pro-británicos, no solo de la colonia en Madrid, pero no tengo constancia de sus nombres. En cuanto a la participación de españoles que estaban al tanto de lo ocurrido, aunque mi madre, todavía soltera y viviendo en Vigo, no asistía a estas reuniones, sí me mencionó al conde de Albiz (abogado de la embajada británica), o a la duquesa de Lécera, Rosario Silva, uno de los pilares fundadores de la Cruz Roja en España como dama de la reina Victoria Eugenia, así como alguien muy cercano a mi padre, el ginecólogo Francisco Luque, durante décadas director del Hospital de la Cruz Roja en Madrid. Otro estrecho colaborador de los británicos, no solo por facilitar las ambulancias que se utilizaron para rescatar a los presos del campo de concentración de Miranda de Ebro.

Estos amigos tapadera se turnaban para encontrarse socialmente en Embassy alternando con toda naturalidad con los clientes ignorantes de estas operaciones, y entre bromas y veras respaldaban a Margarita Taylor mientras ella encubría a los refugiados. Siempre bajo la distante dirección del agregado naval, el capitán Alan Hillgarth, disimulaban el intercambio de ideas y proyectos en este original ambiente mundano y distendido. Y, entre risas y *cocktails*, los compañeros escuchaban las sugerencias informales que los británicos, mucho más formales, recibían a su vez directamente desde Whitehall. Todos ellos de procedencias variadas e inexpertos en estos asuntos, improvisaban unas tácticas de auténticos profesionales, guiados por su buena fe, su intuición y las sugerencias diplomáticas. Alternaban métodos ingenuos y rudimentarios, pero eficientes, con estrategias de resistencia militar, de forma que entre todos facilitaban el paso de los fugitivos camino de su evasión hacia la frontera.

Cuenta mi padre en sus memorias que en un principio el acogimiento y el proceso de transformación de los evacuados ocurría en la misma embajada británica, en Fernando el Santo 16, pero debido a la avalancha de gente tuvieron, no solo que añadir un ala supletoria al ya reducido edificio, sino que fue necesario ampliar otras soluciones extra oficiales, como era el piso de Margarita Taylor, o el de algunos diplomáticos. Para preservar la seguridad de los infiltrados, algunos tenían que evitar su paso por el recinto oficial, constantemente vigilado por mirones subvencionados y falangistas gritones incitados por los alemanes. De ahí que se tuviera que repartir a los hombres por los domicilios-tapadera de otros cooperantes de buena voluntad. Por los documentos que se han desclasificado a partir del 2005, ahora sabemos que estos refugiados que recaían en España no dejaron de aumentar; por lo tanto este reparto humano se extendió por pensiones discretas, no solo en Madrid, sino por gran parte de España. Pero para entonces mis padres ya habían tenido huido a Londres.

Colin Creswell, el hijo de Elizabeth y Michael, quienes acompañaron a mis padres en su despedida de solteros viguesa, me informó que meses después sus padres alquilaron la Quinta de los Ángeles, un amplio chalet con jardín al final de la Avda. de Reina Victoria. La finalidad era alojar a los pilotos y militares de los países invadidos de paso por Madrid. Incluso para aquellos que no tuvieran problema de documentación, las esperas por los visados oficiales eran tan largas que no podían mantenerse tanto tiempo retenidos sin ejercitarse. De ahí el amplio espacio elegido. Algunos se dirigían después a la casa de la familia Creswell en Campamento, a las puertas de Gibraltar, antes de embarcarlos desde allí a Portugal o Inglaterra. En el piso de Margarita Taylor, encima del local de Embassy, por su reducido tamaño las estancias eran más cortas, como lo eran también en el último tramo de nuestra casa en Redondela. En el caso de los heridos o enfermos, mi padre los alojaba en su piso de la calle Gurtubay. Hospitalizarlos sin documentos era imposible, ni siquiera con el beneplácito del Dr. Luque en el Hospital de la Cruz Roja, por lo vigilados que estaban los ingresos. Así que en el salón de té se centralizaban las reuniones informales de los organizadores, de donde salían gran parte de las conexiones posteriores.

Este singular equipo de rescate se dispersaba entre un público sofisticado en el inusitado reducto del Madrid cosmopolita, tomando un té y curioseando desde las mesitas situadas en ángulos diferentes. También apoyados en la barra, de pie, a la hora del aperitivo –la consumición solo dependía de la hora del día– saboreando un Tío Pepe, como si quisieran admirar el garbo de las clientas luciendo sus trajes sastre de tweed de Flora Villareal o Asunción Bastida, bien conjuntados con guantes de *wolscalf* rematados con los exquisitos zapatos de los Pequeños Suizos. Mientras tanto los cooperantes disfrutaban del ambiente social como cualquier otro cliente. Intercalados entre el público, los amigos amparaban la actuación de Margarita Taylor en la trastienda aprovechando el bullicio encubridor de un público lógicamente ajeno a lo que les rodeaba. Un método natural y desconcertante, pero que evitaba levantar sospechas entre los posibles observadores ajenos al proyecto. Sin saberlo, los mismos clientes eran la mejor coartada protectora si el enemigo llegara a enterarse, a todo esto con la embajada alemana a un paso en el Paseo de la Castellana 5. En fin, un método abierto a los posibles observadores, similar al de mi familia en Galicia con los excursionistas que visitaban La Portela.

Acompañado por cualquiera del grupo, el refugiado podía llegar a horas intempestivas, procedente de Miranda de Ebro, hasta el portal del Paseo de la Castellana 12, pegado al establecimiento. Allí Margarita Taylor los acogía amistosamente en su vivienda, transmitiéndoles la confianza necesaria para que descansaran cómodamente. Entonces los aprovisionaba de ropa, comida y dinero facilitado por la Cruz Roja Británica, ligada a la norteamericana y en asociación directa con el Comité de Caridad organizado por la esposa del embajador Hoare. Un fondo de ayuda que llegó a recaudar siete mil libras que ella administraba[11]. Durante este trance se les proporcionaba lo necesario para continuar viaje, mientras trataban de levantarles la moral y cambiarles el humor. Lo principal en esta parte del proceso era acogerlos con esa atención humana de la que carecieron durante su fuga, algo de un valor incalculable en semejantes circunstancias.

Apenas se cruzaban algunos comentarios para resguardarse mutuamente en el anonimato, y por no saber polaco, checo o el idioma del rescatado. Entre los británicos y franceses la comunicación era más fácil, aunque ninguno pudiera esconder sus temores, aún sabiéndose a salvo entre los desinteresados simpatizantes en territorio neutral. Jamás oí hablar a mi padre de estas peripecias; era como si se hubieran borrado de su memoria o se avergonzara de contármelas. Tampoco sabía yo nada de aquello en mi juventud, por lo que el asunto de los rescates no existía. No fue hasta muchos años después que pude averiguarlo. Al reescribir estos hechos en el año 2020 he sabido que existía una conspiración de silencio –como la que menciona Primo Levy– para que ni unos

------

11   Hoare, S. *Ambassador on Special Mission*. Collins, Londres, 1946, pág. 227.

ni otros pudieran difundir sus experiencias. Los cooperantes por obvias razones de seguridad, y a los rescatados se les rogaba que una vez a salvo, ya lejos del campo de acción, no contaran nunca en qué consistieron los métodos utilizados. Demasiadas vidas estaban en peligro, lo que era lógico entonces, y tanto o más durante el prolongado franquismo, o con media Europa después sometida al comunismo. También es lógico pensar que ninguno quisiera rememorar tan dolorosa.

El único salvamento que conseguí sonsacarle a mi madre, ya anciana, sesenta años después de ocurrido, es el que se refiere al profesor Harris. O así se hacía él llamar entonces.

—Muy próximos a casarnos, un día llegué a La Portela y tu padre me presentó a un invitado desconocido que llevaba unos días viviendo con ellos. Lógicamente estaban tu abuela y más familia, además de algún que otro vecino. Era normal que con todos los que eran nos sentáramos a comer diez personas en aquella casa. Enseguida intuí que Harris no era un invitado cualquiera por la forma en que mi novio me advirtió: «Tú a este no le has visto». —Con los mismos ojos asustados de entonces, al reproducir la escena, mi madre continuó.

—Sospeché que era alguien en apuros a quien querían ayudar. Lo que no sabía aún era cómo. En efecto, en la siguiente visita a La Portela el misterioso invitado había desaparecido. No lo volví a ver, ni pregunté por él, hasta que unos meses después nos encontramos socialmente en Londres, ya casados —las imágenes claras, precisas en su memoria—. Tampoco me dieron entonces ninguna explicación. Cómo había llegado hasta allí, en qué consistía su salvamento desde Galicia. N-A-D-A. Aunque una vez en Londres ya estábamos fuera de peligro, las consignas de silencio seguían en pie. En plena guerra, y quizá utilizando los mismos métodos de rescate con otros desafortunados que le siguieron, era incuestionable levantar la liebre. Los fugitivos acarreaban unas secuelas tan terroríficas y algunos quedaban tan traumados que al verse libres se evitaban los comentarios alusivos a su desgracia. Por supuesto, tampoco tu padre me dio jamás más explicaciones.

No sabemos si Harris era su apellido o un nombre de guerra inventado para su evacuación. Al no ser un apellido judío, dudamos. Harris fue, sin embargo, uno de los últimos que logró escapar a través de la finca de La Portela en el verano de 1941 y el único fugitivo que mi madre vio antes y después de su rescate. Hubo muchas más personas camufladas como invitados, pero ni siquiera en nuestras charlas relajadas años después ella quiso contármelo. En las reuniones veraniegas de La Portela todo se reducía al trato familiar y vecinal. Sin embargo, se conserva una foto de Moncha y Lalo con el Sr. Harris en un parque londinense meses después, rematada la aventura española. De cualquier manera, Harris no debía ser cualquier refugiado cuando el segundo de a bordo del SIS en España, Togo McLaurin (posteriormente director en Lisboa), que aparece en otra foto con él y su mujer en La Portela, lo escoltó muy de cerca en su tránsito gallego.

Harris había llegado a Redondela desde el enlace de Embassy. De cara y nariz afilada, demacrado, muy delgado, tembloroso y temeroso, había pasado anteriormente por casa de Margarita Taylor, quizá desde Miranda de Ebro o de cualquier otro trayecto similar. No lo sabemos exactamente. Ya en lugar seguro, trataba de sobreponerse a los sinsabores del camino, asustado, sentado a la mesa de la cocina frente a un buen plato de sopa recién hecha, escapando de sus horrores, milagrosamente rescatado entre los caritativos resistentes franceses y españoles hasta llegar al Paseo de la Castellana 12. Ya a salvo, era incapaz de relajarse para saborear una comida hogareña expresamente hecha para él, fruncidas las entrañas por el pavor y las privaciones. La emoción callada y hermética del encuentro salvador en un entorno fiable, aunque desconocido, tenía conmovido a este hombre excesivamente delgado y afectado por las penurias. Comía sobrecogido, pausado pero ansioso, mientras Margarita permanecía sentada a su lado observándole amorosamente. Al tratar de transmitirle algo de confianza con su mirada apacible, apenas comprendiéndose entre ellos, a él se le llenaron los ojos de lágrimas. No había acabado de rebañar el plato cuando tuvo que salir corriendo hacia el cuarto de baño. Vomitó. Tras meses de interminables penalidades padeciendo y presenciando con impotencia demasiadas desgracias de su alrededor, era difícil verse a salvo entre gente amigable y considerada, asumir la calurosa sencillez con que Margarita Taylor le ofrecía un plato de sopa preparada con amor.

Descansado y emocionalmente renovado, tanto este judío como los demás indocumentados que recibían la misma atención a su paso por estas dependencias y según el tiempo disponible bajaban por la escalera común del edificio, conectada con la cocina del local. Entera y sin flaquear ni un instante, Margarita Taylor los despedía en la puerta con su acostumbrado «*God bless you*». Ya en la trastienda del establecimiento los refugiados quedaban a la espera de que algún cómplice los colara en el salón de té para unirlos a los demás amigos, estratégicamente mezclados entre el público. Haciendo bromas y unos chistes que seguramente no comprendían porque solo hablaban polaco, los filtraban en el grupo como a uno más. Si durante este proceso algún forastero se ponía más nervioso de la cuenta, cosa bastante común, acordaban servirles unas copas de alcohol para quitarles el miedo. Todo se hacía con la mayor naturalidad y sin perder la serenidad. Al igual que en Redondela se preparaban sencillas excursiones diurnas entre amigos por la ría delante del vecindario para encubrir el peligroso traslado nocturno, en Embassy se utilizaban unas tácticas sociales similares, y siempre de cara al público, dentro del proceso de salvamento. Unos y otros resguardaban a las víctimas como en cualquier reunión amistosa. Claro que los encubridores indirectos, como los vecinos de Redondela o los inocentes clientes del salón de té madrileño, jamás podrían imaginarse que formaban parte de las peligrosas estrategias bélicas del MI6 en territorio nacional. Y así lo he podido confirmar con alguno de mis tíos presentes en estas reuniones en más de una ocasión. Ninguno sabía que fueron cómplices indirectos de la labor de aquellos ingleses tan sociables hasta que leyeron este texto ¡sesenta años después!

En el momento oportuno sacaban al protegido como si fuera un cliente cualquiera por la entrada del establecimiento, junto al portal por el que había entrado la noche anterior al domicilio de la Sra. Taylor. Con su aplomo característico, pero actuando ligeros como en las películas de gángsters del Chicago de los años 20, lo metían en un coche con matrícula diplomática camino de la frontera. Dios sabe cuántas dificultades se evitarían al utilizar este método con los controles de la Guardia Civil hasta conseguir salvarlo. Un soporte bélico intercalado de frivolidad, no menos arriesgado que caminar a oscuras por un campo de minas en pleno frente europeo.

Como el establecimiento recibía personal y carga por la puerta de servicio a través del portal, en alguna ocasión se colaba a los hombres vestidos de mono azul saliendo de un furgón tapándose la cara con una caja para entrar directos a la cocina. Una vez allí, aprovechando el ajetreo de las bandejas y el trasiego de las comandas, impresionados por el exquisito aroma de los dulces horneados, se operaba la transformación. Documentación, dinero, ropa nueva, instrucciones de traslado y demás necesidades para rematar su huida antes de pasarlos al salón agilizaban el cambalache completo. Refrescado físicamente y sin darle tiempo a pensar, confundían al fugitivo una vez más entre el público. Copa, sandwich y animada charla con un hombre que apenas disimulaba su desconcierto, en escasas horas se remataba la operación completa. Así, y sin perder el ritmo distendido del ambiente, se proseguía con el plan previsto hasta dirigirse hacia la frontera.

En la embajada británica, sitiada normalmente por un exceso de merodeadores desconocidos y poco disimulados tres calles más arriba, cada día se ponía más difícil alojar al aluvión de recién llegados o facilitarles la documentación a los que dieran la cara, atascados en sus dependencias por no cumplir los requisitos de salida exigidos por las autoridades locales. Exceptuando la eficiencia de un Sr. Pan de Soraluce en Asuntos Exteriores (como menciona Samuel Hoare), la lentitud y las instrucciones imprecisas del Gobierno español traían de cabeza a los funcionarios de la embajada. Al solicitar los visados en Gobernación como refugiados o prisioneros de guerra tenían que probar que no eran «rojos» (anti franquistas o comunistas), y no siempre tenían esa información. El asunto judío no contaba aquí, aunque algún que otro agente de la Gestapo próximo supervisara el papeleo. En todo caso, las víctimas habían entrado en el país como indocumentados, lo que ya era un obstáculo, sin tener en cuenta las penalidades sufridas durante la huida. Escabullirse ilegalmente de un país invadido por Hitler era cuestión de vida o muerte para miles de personas, un asunto que por otra parte no tenía que ver con las autoridades españolas; de ahí su impasibilidad y las demoras. Tampoco se anteponía ningún derecho humanitario basado en el Convenio de la Haya, una ley internacional que quedó sin ejercer en España durante la II Guerra Mundial. Por lo tanto, ante una situación tan compleja y apremiante había que encontrar alternativas, agobiados además por la presión de transportar y alojar en su trance español a los que corrían más riesgo de persecución. Disimular su estancia y movilidad con el aspecto que debían traer, superadas las infinitas penalidades del camino, era otra intrincada tarea que añadir al proceso. Así surgió la necesidad de desviarlos y ampararlos con la cooperación de los héroes anónimos de Embassy.

Un médico soltero viviendo solo en Madrid, como mi padre, podía entrar y salir de cualquier parte a cualquier hora del día o de la noche sin despertar excesivas sospechas, aunque lo supieran vigilado, como de hecho lo estaba. Los amigos de Embassy se protegían entre ellos. Alan Lubbock, adjunto al agregado militar y también soltero, algunas noches acompañaba a mi padre para ayudarle con el recién llegado y, al igual que Margarita Taylor, lo ocultaban mientras fuera necesario. Si en ciertas ocasiones además había señoritas de dudosa reputación para disimular, pues mejor; y no dudo que las hubiera más de una vez. Los que llegaban enfermos, o heridos, mucho antes de que existiera el Hospital Hispano Inglés, por razones obvias se quedaban en el piso de mi padre, quien los atendía hasta que estaban en condiciones de viajar. En esos casos, el proceso se prolongaba, pero el apoyo moral y la recuperación física eran prioritarios. Hospitalizarlos era impensable. En tal condición, y sin documentos, se considerarían inmediatamente sospechosos, incluso en el Hospital de la Cruz Roja Española donde ejercía mi padre. Tendría que dar demasiadas explicaciones oficiales a riesgo propio y del paciente, quien podría incluso terminar en prisión, además de levantar sospechas sobre otros casos similares. Los cobijos personalizados eran lo único seguro, evitándose un sinfín de explicaciones a las autoridades, además de saltarse innumerables obstáculos innecesarios, mientras se solucionaban los prioritarios problemas humanos. Cuando el doctor creía que el enfermo encubierto estaba en condiciones físicas para proseguir, se repetía el reciclaje: entrega de ropa, documentos (falsos muchas veces), dinero, pasaporte (confeccionado por Michael Thomspon en la propia embajada británica) y acompañamiento a la frontera. Un sistema que en la primera etapa de este proyecto enlazaba con nuestra casa en Galicia, o directamente con Portugal o Gibraltar por otras vías. Desde luego que para quien pudiera estar vigilando no sería fácil llegar a una conclusión, entre el trasiego del piso de Gurtubay 6 y los camuflajes en la vivienda de Margarita, directamente conectados con el salón de Embassy. Ellos se sabían observados por los alemanes en la embajada de enfrente y debían extremar las precauciones.

Embassy continuó siendo un centro de acogida y cooperación hasta el final de la guerra. Por allí pasaron miles de judíos y refugiados de distintas clases y orígenes durante años, siempre bajo el amparo de nuestra amiga en asociación con el MI6 en Madrid, sin que ella bajara la guardia nunca en su intensa labor de ayuda. Pero, desgraciadamente, carezco de información de primera mano desde que desaparecieron mis padres de Madrid en 1942 y no podría afirmar cómo continuaron operando después. El embajador británico, Samuel Hoare, sí confirmaba en sus memorias publicadas en 1946, pese a tantas quejas, a su breve *corps d'élite* local, «logramos librar a todos los prisioneros británicos que pudieron escapar a través de España, junto a miles de personal aliado. Ninguno fue capturado por los alemanes»[12].

Es todo lo que puedo afirmar aunque entre la documentación que he ido revisando nunca se menciona a Margarita Taylor. Ni se especifican los medios utilizados en estas fugas. Lo que escribo aquí me lo han contado de palabra. Aún habiendo puesto tanta carne en el asador, me consta que nuestra amiga inglesa jamás hizo alusión, pública o privada, a su valor, ni sobre el riesgo que suponía poner su local y su domicilio a disposición del MI6 para socorrer a los perseguidos más necesitados, sin darle ninguna importancia a su colaboración y sin que nadie, fuera de su círculo más íntimo, estu-

---

12   Ídem, pág. 78.

viera enterado de su ejemplar labor. La misma entereza que la sostuvo en las circunstancias más difíciles a lo largo de toda su vida, la mantuvo en silencio siempre. Como el resto de los amigos, Margarita Taylor actuaba con la audacia del sentido común, su coraje y el convencimiento de cumplir con su deber.

Poco a poco se ha ido descubriendo que hubo más salvamentos ilegales por España a lo largo de toda la II Guerra Mundial, gracias a la colaboración desinteresada de la población civil que los ayudó, en lo que el Estado de Israel luego ha denominado «Casas de Vida» y de las que se van teniendo noticias esporádicas sobre otros españoles que también escondieron en sus hogares a unos prófugos desesperados, aliviándolos como se podía en una angustiosa espera indefinida. Una situación admirable y oculta durante demasiado tiempo, intuida y silenciada años y años, cuando en realidad tenía el valor enriquecido del bálsamo humano. Como un legado esperanzador que muestra la solidaridad que equilibra la balanza de muchas guerras en oposición a las tragedias en las trincheras, lo que me gustaría definir como «el lado amable de la guerra», el que salva la vida.

También había especialistas *underground* independientes que cobraban grandes sumas de dinero utilizando visados y documentación falsos y que colaban a los prófugos burlando a las autoridades. Así lo contaba Leonardo Sahagún, un antiguo militar republicano y organizador de otros salvamentos fronterizos paralelos a los británicos, junto a sus compañeros Pedro Galindo, Ángel Álvarez y José Gistán. Un grupo independiente que acabó uniéndose a los maquis perseguidos por el franquismo. Conocedores de la región, ayudaban a cruzar los Pirineos a gente encubierta, con unos fines muy diferentes a los del grupo de Embassy y una clara tendencia políticamente izquierdista, aunque no por ello. Con unas intenciones y unos resultados humanitarios muy valiosos. Aunque unos y otros eran anti nazis declarados y pudieran estar fichados por la Policía por motivos diversos, e incluso vigilados por la Gestapo en España (como mi padre), sí hubo unos cuantos colaboradores de estas fugas perseguidos por el franquismo que pagaron con la vida esta intrépida ayuda. Por sus circunstancias personales, actuando por libre y casi a la intemperie, es lógico que no pudieran mantener el temple sin un soporte tan consistente como el de los respaldados por la embajada británica en Madrid. Así y todo, este grupo de antiguos republicanos ya establecidos en Francia crean la Unión Nacional. Declarada la II Guerra Mundial, algunos se alistaron en el Ejército francés, incapaces de regresar a España. De modo que se vieron atrapados entre dos situaciones insalvables: o regresaban a la cárcel y a la muerte o se quedaban a luchar en las trincheras extranjeras. Muchos continuaron exilados en Francia, pero los que cayeron prisioneros terminaron en campos de concentración franceses o extraditados a Alemania, muriendo entre el exterminio judío y el antibolchevique, al ser considerados por el Gobierno español «indeseables de izquierdas» sin derecho a la extradición. Argèles, Saint Cyprien o Gurs reunieron cerca de 300.000 españoles. Mathaussen, otro de los tétricos campos de concentración alemanes, retuvo a 8.000 españoles, utilizados como mano de obra esclava. Miles de ellos murieron en las cámaras de gas, despreciados como a los judíos, gitanos, homosexuales y comunistas europeos, aún viniendo de un país neutral, pero cuyo Gobierno no hizo nada por reclamarlos.

Transcurridos los cincuenta años reglamentarios para desclasificar los documentos secretos, ahora vamos sabiendo adónde fueron a parar muchos seres ignorados entre aquel millón de muertos de la posguerra civil. En apariencia, otra injusticia más del Führer fue en realidad un convenio político hispano-alemán de septiembre de 1940, que se ajustaba a uno de tantos pactos silenciados con los países del Eje. En pleno idilio entre el autócrata de la cruz gamada y el general Franco, al ministro de Asuntos Exteriores Ramón Serrano-Súñer no le tembló la mano al firmar la aprobación de las ejecuciones de unos «indeseables» que no tenían cabida en la nueva España fascista, sin que en su propio país tuvieran noticias de ello. Sesenta años después, un decrépito y centenario Ramón Serrano-Súñer dormía en su cama tranquilamente todas las noches mientras yo escribía estas líneas, cuando tantos españoles mucho más jóvenes e indefensos sufrieron una sanguinaria persecución extranjera autorizada con la excusa de una guerra ajena. Igual que los que quedaron bajo tierra para siempre creyendo que esa era decisión del Führer, sin imaginar que se seguían las órdenes desaprensivas de un poderoso y cruel paisano. El rigor de la censura franquista, respaldada por el pavor de las familias a cualquier represalia ligada a sus presos y a sus muertos caídos del lado incorrecto, hizo que lo dejaran estar por temor a que se recrudeciera su limitada situación. En su incertidumbre tampoco tenían dónde, o a quién, reclamar justicia, mientras los gobernantes se escudaban en el conflicto europeo para tapar sus antiguos crímenes sin importarles que unos cuantos «indeseables» se pudrieran en el olvido y una muerte de incógnito. La obcecación oficial fascista los confinó a un destierro eterno sin derecho a una defensa digna, tratándolos como proscritos y olvidándose de que eran ante todo españoles.

VI. ENTRE ASUNTOS EXTERIORES Y GOBERNACIÓN

L isardo Álvarez Pérez acababa de ser nombrado comisario general político-social del Ministerio de la Gobernación, en la Dirección General de Seguridad en Madrid después de ejercer varios años como jefe de fronteras en el puerto de Vigo. Estamos en el otoño de 1941. Su habilidad y mano izquierda al final de la Guerra Civil le habían granjeado numerosas simpatías por sus afinidades ideológicas con el «Glorioso Movimiento Nacional», una conquista personal ganada a pulso que lo situó en un lugar aventajado en cuanto aquello acabó. Indiscutiblemente afín al régimen franquista, Álvarez supo manejar esta tendencia con sagacidad, aplicándola a una ascendente carrera política que acababa de situarlo en Madrid como alto funcionario. Sin embargo, nada más tomar posesión del cargo se encontró con un asunto escabroso sobre la mesa. Dadas la circunstancias, y a pesar de su inexperiencia, tuvo que poner en práctica una inaudita capacidad de decisión en un asunto delicado relacionado con la compañía naviera Trasmediterránea. Un puñado de judíos centroeuropeos intentaban huir a La Habana y Estados Unidos utilizando confiadamente los barcos de esta naviera española al resguardo de su neutralidad bélica. Sabiendo lo que esto podría significar para un cargo directamente asociado con Asuntos Exteriores, Álvarez no dudó en consultarlo con el subsecretario correspondiente y decidió visitarlo en su despacho del Palacio de Santa Cruz.

Sin escolta alguna, Álvarez salió discretamente y temprano por una puerta lateral de la Puerta del Sol 1. Ya en la calle, se subió instintivamente el cuello del abrigo al azotarle un cuchillo helado en la nuca. Necesitaba dar un rodeo para meditar despacio la conversación que tenía en mente con el subsecretario de Exteriores. Antes de eso era imprescindible tomarse su acostumbrado café con leche, con la habitual ración de churros, en un bar de paso. Después acortó el trayecto por la calle Correo, esquivando a la castañera de la esquina, acurrucada frente a las ascuas del humilde negocio recién encendido al resguardo de un edificio contiguo. Álvarez siguió adelante entremezclado con los escasos madrugadores que fluían dispersos por la boca del metro de Sol, apretando el paso para llegar al trabajo. Aún tenía el cierre echado la camisería con los mortecinos maniquíes de cartón piedra iguales a las peponas inexpresivas y los caballos infantiles. Tampoco estaba abierta la sombrerería Ramírez Hermanos, con sus paraguas, abanicos y boinas forradas de seda roja, intercalados con los sombreros de fieltro con anchas cintas de groguén, desperdigados por la tienda para disimular la escasez. Colgados a la andaluza sin ningún garbo, en la pared al fondo unos floridos mantones de Manila remataban el decorado inconfundiblemente nacional. Imposible mostrar algo diferente sin desentonar en un comercio de clientela típicamente nativa. Hacia el final de la cuesta, la ortopedia Viuda de Evaristo García exhibía abiertamente, en unos escaparates ribeteados de madera despintada y tan añejos como los contiguos, fajas ajustables para disimular las hernias inguinales, ceñidores emballenados para varones de vientres prominentes, espalderas, rodilleras, coderas elásticas y aros de goma hinchables con un agujero en medio para alivio de las hemorroides al sentarse. Unos artilugios antiestéticos que los colegiales contemplaban diariamente en el camino a la escuela sin salir de su asombro por no comprender el uso que tendrían aquellos artefactos estrafalarios.

Álvarez caminaba ligero y encorvado por el frío al sortear a unos discretos pedigüeños pasmados en medio de la calle con la mano extendida con cautela. Ni los miró. Al terminar la cuesta, giró levemente a la derecha hacia el Palacio de Santa Cruz, saludando apenas. Los guardias, al ver su carné identificativo, cuchichearon entre ellos antes de consultar al bedel recóndito del chiscón oscurecido detrás. Este salió de su agujero impecablemente vestido de librea marrón y negra, con botones dorados, ajustándose los guantes blancos de algodón. El anónimo empleado saludó al comisario con una leve inclinación de cabeza, señorial y servil, y extendió el brazo displicente, indicando el camino con un índice enguantado, murmurando por lo bajo la dirección a tomar. El sosiego imperturbable e ilustre del palacio convertido en ministerio parecía incrustado en las paredes. Álvarez se estiró al bajarse la solapa del abrigo, se palpó ligeramente el bolsillo y subió decidido por la solemne escalera principal. Pisando una mullida alfombra de la Real Fábrica de Tapices diseño de Livinio Stuyck en un albero y castaño desvaídos, recorrió un largo camino hasta el despacho del subsecretario, situado frente a tres enormes tapices flamencos pegados unos a otros, con alusiones al Antiguo Testamento. Los discretos apliques de hierro y cristal tallados dispersos por la pared iluminaban tenuemente el trecho que faltaba antes de llegar a la antesala de visita.

–El director general de Comunicaciones Marítimas del Ministerio de Industria y Comercio, señor subsecretario, se ha puesto en contacto conmigo. Me informa de que ciertas navieras españolas reciben repetidas solicitudes de transporte a Estados Unidos para un número considerable de judíos europeos huidos por culpa de la guerra –presentó de corrido y casi sin respirar un Álvarez taimado que quería aparentar seguridad–. Con el fin de conseguir divisas para nuestras mermadas arcas del Tesoro Nacional, la Dirección de Comunicaciones Marítimas autorizó varios viajes, sin ver ningún peligro en ello –continuó explicando, ahora algo más pausado, midiendo lentamente unas palabras muy estudiadas de antemano.

–Sí, ya estoy enterado –contestó en tono monocorde el subsecretario.

–Pero se da el caso de que cuando llegan a América, estos desalmados judíos solicitan de los tribunales norteamericanos unas injustificadas indemnizaciones, según ellos, por lo que les han arrebatado en sus países al obligarlos a escapar dejando sus bienes atrás. ¡Fíjese usted hasta dónde llegan! –El comisario, a punto de perder el control, alzó la voz para continuar–: ¡Que aquellos jueces americanos, protestantes, enemigos de nuestra Patria y de nuestra Fe, acepten las quejas de unos judíos europeos que no tienen nada que ver con España! –Tomó aliento y siguió–: Y no solo eso... ¡Además se atreven a tomar la justicia por su mano y embargan nuestros barcos en los puertos americanos! ¡Como rehenes!

–¡Qué desfachatez!

–Imagínese... Y no solo eso. ¡El perjuicio que están causando a los accionistas de la Trasmediterránea! Don Juan March, el socio mayoritario de la naviera, como usted sabe, no para de reclamar. —Entonces Álvarez se colocó de medio lado, mirando de reojo hacia la puerta, para añadirle al oído, ofuscado—: Aquí, entre usted y yo, señor subsecretario, el señor March nos tiene mareados. Por eso vengo personalmente a contárselo y tratar de encontrar una solución. Reconozco que no sé a qué atenerme.

—En efecto, Álvarez, ya sabía algo de esto —carraspeó el subsecretario—. Pero ¿ha hablado con Mayalde?

—Todavía no. Antes quería saber su opinión.

—Pues no deje de hacerlo. Al fin y al cabo, él es el director general de Seguridad y como su superior debería consultarle. Ejem... Pero esté tranquilo. Dada la magnitud del problema, ya se han hecho las consultas pertinentes y tomaremos las medidas oportunas para evitar que se repita semejante atrocidad —quiso tranquilizarle el subsecretario, entre pomposo y sosegado—. Sabrá usted que hace apenas dos días hemos prohibido tajantemente vender pasajes a los judíos que deseen embarcar en la Isla de Tenerife de la citada Compañía Trasmediterránea. Así se lo he notificado al director general de Comunicaciones Marítimas. Se tomarán medidas tajantes, no lo dude. —Un subsecretario de voz ahora más atiplada, desentonando con un empaque fortachón de cantante lírico, ralentizó su discurso, midiendo y escuchándose sus propias palabras.

—Es más, para que el asunto no prospere, los cónsules de España tienen instrucciones expresas de Asuntos Exteriores y Gobernación, ministerios que, como usted sabe, comparte el «cuñadísimo» Serrano-Suñer, de no extender ningún visado de tránsito en territorio español a los judíos que viajen como tales. A Ramón Serrano-Súñer, buen conocedor de nuestras leyes y mejor estratega político aún, no se le pasa por alto que estos barcos son territorio español. Así que ahí no embarca nadie sin la aceptación de entrada en el puerto de atraque correspondiente.

–¡Menos mal! –exclamó espontáneamente Lisardo Álvarez respirando hondo–. Me quita usted un gran peso de encima. No sabe cuánto se lo agradezco. O sea que ya se están tomando medidas para evitar abusos y que estos judíos extranjeros no se aprovechen de nosotros. –Y volvió a levantar la voz involuntariamente–: ¡¡No tenemos por qué responsabilizarnos de lo que a ellos les ocurra en su guerra!! Lo primero es defender lo nuestro. –Álvarez abrió los ojos espantado.

–¡Allá ellos con lo suyo!

–¡Sin duda, Álvarez! –respondió su interlocutor, alzando la voz influenciado por su visitante

–Pero tranquilícese, amigo... –El subsecretario se acercó a la mesa para coger un sobre lacrado recién abierto y extrajo de él un papel escueto para añadir:

–Fuentes fidedignas me informan de que estas medidas se respetarán. Así me lo confirma por escrito el mismísimo embajador en Lisboa, don Nicolás Franco, el hermano de Su Excelencia. Se lo leo: «No se ha vendido ni un solo pasaje para La Habana, o Nueva York, de la compañía naviera Trasmediterránea a ningún judío que lo haya solicitado desde ese puerto portugués... –Tomó aire y prosiguió: –Queda prohibida la venta de pasajes a los judíos europeos desde Portugal en barcos españoles[13].

Confortado de repetir ampulosamente la sentenciosa frase oficial, el subsecretario aspiró sonoramente por la nariz y, mirando fijamente a su interlocutor al expulsar el aire, concluyó:

–Me consta que estas medidas se cumplirán a rajatabla, viniendo de quien vienen, como se puede imaginar. Creo que de momento no podemos hacer más. Está todo dicho y e-s-c-r-i-t-o –deletreó con voz afectada–. Y a buen entende-

---

13   Archivo del Ministerio de AA.EE. Madrid, Registro de salida 93900 del 28.10.1941.

dor... ¿eh? No se olvide, amigo mío, que este es un asunto que debemos tratar con mucho tiento. Esperemos que este gesto favorezca nuestras relaciones con el Führer en esta desagradable contienda internacional, en la que no tenemos por qué intervenir, desde luego; pero si arrimamos el ascua al molino... ya se sabe.

—¡Ojalá!

—Álvarez, como digo, hay que obrar con tacto. —El subsecretario levantó el mentón para observarle con mirada de camello distante y prosiguió: —Aún somos neutrales en esta indeseada guerra gracias al buen hacer de nuestro Caudillo. ¡Nunca sabremos agradecerle suficientemente lo que está haciendo hoy por los españoles! Pero la Historia hará justicia. No le quepa duda, comisario. No lo verán nuestros ojos, quizá, pero algún día..., nuestros hijos entenderán el valor inconmensurable de su legado. —Y añadió, con la voz entrecortada por la emoción—: Espero que ellos entiendan la habilidad política de este extraordinario hombre de Estado que los españoles ni nos merecemos. El Generalísimo es un auténtico estratega —remató el subsecretario solemnemente, convencido del significado de sus palabras. Acto seguido, como si despertara de una leve ensoñación, se sacudió el hombro izquierdo y giró suavemente en redondo sobre sus talones, miró a Álvarez de medio lado y por encima del hombro para sentenciar:

—Aquí no nos queda más remedio que templar gaitas con unos y otros; pero escúcheme bien, Álvarez... El cuerpo diplomático tiene que demostrar con su comportamiento y —recalcó— su discreción, nuestra beligerancia en esta guerra. No nos olvidemos: somos neutrales, le pese a quien le pese. Claro que hay casos y casos. Sobre todo cuando cumplimos con las indicaciones de un ministro tan directamente ligado a Su Excelencia hasta en lo personal. Eso es impepinable.

—Le comprendo perfectamente. —Lisardo Álvarez recapacitó más relajando—: Concuerdo con Vd., subsecretario. Y entiendo perfectamente que la labor del Generalísimo, como la de su cuñado Serrano-Súñer, es insuperable. Estamos de acuerdo. Por eso mismo necesito que me confirme por favor: ¿me autoriza usted a que se prohíba el embarque de tan indeseables sujetos en los buques que ostenten la bandera española? ¿Puedo anunciarlo así al Excelentísimo ministro de Industria y Comercio?

—En efecto..., sí claro. Pero no se me olvide de Mayalde, ¡eh! También él tiene que estar informado. Aunque parezca una bobería requeté sabida, hay que velar ante todo por los intereses españoles. Y, reconózcalo Álvarez, don Juan March tampoco es un español cualquiera.

—¿Será necesario, inclusive, insistir para regular la entrada también y evitar la permanencia de los semitas en territorio nacional? —recalcó el comisario.

—Que no le quepa la menor duda, caballero —respondió el subsecretario con una ligera sonrisa y manteniendo la voz engolada

—Si es así, le agradecería me envíe por escrito las instrucciones que juzgue pertinentes. Por encima de todo, mi deseo es acatar las normas de Su Excelencia con celeridad. Pero también comprenderá usted que necesito tener constancia de ello para llevar a efecto el proyecto.

—Sí, sí, claro, hombre. ¡Cómo no! Enseguida le digo a mi secretario que se ponga a ello. Hay que evitar a toda costa cualquier exigencia de unos semitas que ni nos van ni nos vienen. No le quepa duda. Aunque todavía no tengamos una ley de razas tan severa como la alemana, ni siquiera semejante a la italiana, mucho más tolerante desde luego que la del Führer, parece que en España no se aplicará, de momento... ¡Ah!, pero... —El subsecretario agitó el brazo, levantándolo en un rápido gesto instintivo para añadir:

–Ojo, amigo. Tampoco se me olvide de los sefarditas. Si lo vemos detenidamente, también son españoles. Por ahí se ha colado una antigua ley algo rebuscada que les puede dar luz verde. Así que habrá que ir sorteando los vericuetos legales según vayan apareciendo. En fin. Cuanto más lo pienso, más creo que don Juan March tiene razón... ¡Qué caramba! Solo faltaba que los americanos se quedaran con sus barcos por ayudar a unos judíos desconocidos. ¡Allá se las compongan los que están metidos en esa guerra que ni nos va, ni nos viene! Bastante tenemos ya con lo nuestro...

Para disimular que se le habían subido los humos, el subsecretario se giró disimuladamente hacia la derecha, luego se volvió hacia el otro lado a pasitos cortos contoneándose rápidamente, evitando mirar al comisario de frente y prosiguió:

–Recuerde esto, Álvarez: aún somos neutrales, y mientras tengamos al Caudillo al frente, aquí nadie se atreverá a invadirnos –dijo, escuchándose a sí mismo–: Y todo gracias a esa capacidad política descomunal de nuestro jefe de Estado. Cuanto más lo compruebo, más me admira, créame... Je, je. –Quiso hacerse el simpático el subsecretario para descargar la tensión marcada en el rictus de Álvarez.

–Es asombroso cómo Su Excelencia puede hacer frente a tantos y tan delicadísimos problemas en pleno conflicto internacional. Cuánta carga sobre sus hombros, sin una queja, sin un ¡ay! Realmente admirable. Un auténtico soldado al servicio de España, capaz de resolver múltiples asuntos bajo su exclusiva responsabilidad. Y no solo en Asuntos Exteriores, créame; yo sé lo que me digo. En infinidad de conflictos trascendentales para nuestra patria...

Al dejar de dar vueltas, el subsecretario apoyó dos dedos en el borde de la mesa recién barnizada y siguió girando de izquierda a derecha.

–Asuntos que no difundimos por las delicadas circunstancias actuales, pero sobre todo para no abrumar más a los españoles. ¡Con todo lo que venimos arrastrando desde atrás!

–¡Si lo sabré yo! –respondió el comisario con una media sonrisa de satisfacción.

–Le aseguro que en esta casa ya no damos abasto. Hacemos verdaderos juegos malabares para sortear tantos problemas ajenos. No digamos ya ante los representantes diplomáticos enfrentados ahí por Europa. Estamos obligados a esquivar situaciones inverosímiles por culpa de las fricciones entre los enemigos –aseveró el subsecretario, gesticulando cada palabra con precisión.

Sin haber llegado a cumplir el tiempo de audiencia solicitada la semana anterior, el subsecretario de Exteriores decidió que ya le había dedicado tiempo suficiente a este personaje, a quien no había invitado a sentarse para acelerar la visita. Insinuándose para darla por finalizada, se pinzó el nudo de la corbata con dos dedos, estiró los puños de la camisa y, ante la indiferencia del interlocutor, dobló el codo para acariciarse los gemelos que le sobresalían de la chaqueta en señal de que el tiempo había concluido. Pero como comprendió que Álvarez no entendía su indirecta, seguidamente lo abrazó por un hombro con una sonrisa radiante y, sin venir a cuento, le dio una palmadita en la espalda, le tendió la otra mano para estrechársela enérgicamente, y, sin disimular las ganas de quitárselo de encima, lo encaminó hacia la puerta del despacho. Ya con un pie en el pasillo, Lisardo Álvarez le soltó la mano que no dejaba de estrechar y regresó por los interminables vericuetos del Palacio de Santa Cruz hasta dar con la entrada, por la que salió sin mirar (ni saludar) al elegante bedel estirado que le había recibido previamente, antes de regresar caminando apresuradamente al n. 1 de la Puerta del Sol.

El recientemente nombrado comisario general político-social del Ministerio de la Gobernación, mientras ejercía como jefe de fronteras en Vigo se trataba con frecuencia con el Dr. Martín de Vicente, mi abuelo materno. Compartían el aperitivo en el Derby o una partida de chamelo en el casino algunas tardes mientras disfrutaban de las tertulias de la sobremesa. Incluso tenían trato esporádico con sus esposas: los bailes en fin de año en el Club Náutico y el Blanco y Negro en verano. Pero poco más. Álvarez era un orensano, franquista declarado, que presumía con orgullo de su vieja camisa azul de falangista. Un fascista irreprochable, características que no le impedían jugar bien al dominó y al tute, la base primordial de su amistad con el padre de Moncha. Una vieja y crucial relación para los proyectos inmediatos de mis padres, recién instalados en Madrid. Siguiendo las instrucciones de Alan Hillgarth visitaron a Lisardo Alvárez para solicitar los pasaportes y escapar lo antes posible.

Una mañana de invierno cualquiera, la pareja entró confiada en la Puerta del Sol 1 para visitarlo, cosa de la que él estaba al tanto. El orondo comisario general, repeinado marcadamente hacia atrás, se repasaba el pelo todas las mañanas con fijador Lucky, que aunque le acentuaba unas entradas prominentes le disimulaba mejor su calva trasera. Ese día vestía traje color chocolate de paño grueso con camisa y corbata anodinas a juego con los calcetines claros. Álvarez los recibió enseguida en su amplio y recién estrenado despacho de la Dirección General de Seguridad. Al ponerse en pie para recibirlos con un beso y un abrazo, respectivamente, destacaba el brillo acharolado de sus zapatos de cordones, que pulía a diario un limpiabotas enfrente de su despacho. Mientras Álvarez leía el Arriba despreocupado, un hombrecillo arrodillado a sus pies se los frotaba con ahínco y reafirmaba el brillo con su larga bayeta grasienta, deslizándola a sonoros trazos, cortos y firmes.

–Lisardiño, ¿cómo estás? –le saludó Moncha con familiaridad–. Venimos para que nos hagas los pasaportes. Aquí tienes las fotos. Ya sabes que nos acabamos de casar y queremos salir de viaje de novios. –Se adelantó ella a hablar, con la confianza y la seguridad de conseguir su propósito.

Un Álvarez magníficamente instalado en su hermoso despacho de la Puerta del Sol estrenaba con su cargo una gran mesa tallada en madera oscura, imitación del Renacimiento, cuidadosamente centrada entre la espléndida foto oficial de un Francisco Franco vestido de general del Ejército de Tierra, con capote militar de campaña y gran cuello de piel, y del otro lado, un austero crucifijo de madera oscura, el único decorado en la inmensa pared encalada de altísimos techos monacales. Sin más palabras, tras un cariñoso recibimiento el comisario sacó un par de libritos verdes de su impresionante mesa y avisó a un subordinado.

–Oye, prepárame estos pasaportes a nombre de Eduardo Martínez Alonso y de su señora, Ramona De Vicente y Núñez, que se van de viaje de novios.

Álvarez no titubeó al mencionar los nombres. Hacía años que se los sabía de sobra. El funcionario salió del despacho y regresó enseguida con los libritos verdes abiertos y a medio rellenar. No tuvieron que esperar ni media hora para que los documentos estuvieran listos. Sin moverse de las incómodas butacas frailunas, la pareja les entregó las fotos que el mismo Lisardo Álvarez pegó en el correspondiente recuadro. Imprimieron las huellas dactilares empapadas en un tampón de tinta parduzca allí mismo, firmaron con la Parker de capuchón dorado que les pasó Lisardo al pie del librito y los documentos estuvieron listos en un santiamén.

Antes del mediodía, con un fuerte apretón de manos y un beso, los tres amigos se despidieron tan contentos.

VII. UNA LUNA DE MIEL
SIN RETORNO

Limpiándose el índice y el pulgar con un algodoncito impregnado en alcohol, impresas las huellas dactilares y las sucesivas firmas en distintos cartoncillos, Moncha y Lalo salieron del despacho encantados y con los flamantes pasaportes en el bolsillo.

—¡Ya podemos irnos cuando quieran! —comentó el marido con alivio al pasar tranquilamente por Lhardy encaminándose por la Carrera de San Jerónimo hacia Neptuno, envueltos en gruesos abrigos de paño.

—Entonces ya puedo avisar a mis padres... —pensó Moncha en alto.

—¡Ni hablar! —le gritó él sin pudor—. Aún no... —reafirmó nervioso, bajando la voz al percatarse de que estaban en plena calle—. Tenemos que actuar con naturalidad, sin levantar la mínima sospecha, pero tampoco pregonar nuestros planes. Ya me encargaré de avisar a tus padres, no te preocupes –remató el esposo, más sosegado, apretándole cariñosamente la mano a su mujer para tranquilizarse más que ella.

Zanjada la cuestión legal, mis padres siguieron las instrucciones británicas de despistar como pudieran a la Gestapo haciendo su vida. A la espera de que los avisaran para marcharse sin alertar a nadie, disfrutaron de una corta luna de miel madrileña indiferentes a las contrariedades que pudieran avecinarse. La misma ignorancia los protegía. De cualquier forma, tampoco convenía que Lalo apareciera mucho por Embassy. Tan solo una breve visita de cortesía para que mi madre conociera a Margarita Taylor, y ni siquiera se quedaron a departir con los amigos que solían acompañarla en los rescates furtivos desde cualquier mesa a la hora del té. De manera que los recién casados fueron al teatro a ver a Conchita Piquer, y una mañana de sol, Lalo llevó a su mujer paseando hasta el Museo del Prado, dando un rodeo por El Retiro para recrearse junto a ella en sus Goyas favoritos, y lo que más disfrutaba él mismo: las tiendecitas de antigüedades en la calle del Prado. Por Chicote pasaron de largo, no fuera a ser que más de una antigua cara conocida los pusiera en un aprieto. El domingo por la mañana se escabulleron por el Rastro, siempre atentos a las últimas antigüedades recibidas, olvidando que ante una escapatoria inminente no era el momento de pensar en semejantes aficiones. Otra noche fueron a bailar a la Parrilla del Rex, en la Gran Vía, después de cenar en Villa Rosa, donde admiraron a Manolo Caracol y su cuadro flamenco (poco antes de unirse a Lola Flores), rodeados de ingleses curiosos, turistas desconcertados y borrachines asiduos. A pesar de los malos tiempos, la vida nocturna en el Madrid de la posguerra, resguardada por los prudentes serenos a cargo del ayuntamiento, para algunos privilegiados era ajetreada. Las diferencias sociales y económicas, alentadas por la estricta moralidad de una influyente Iglesia católica, toleraba a los estraperlistas y encarcelaba a los idealistas. En el país que aspiraba a convertirse en la «reserva espiritual» de Occidente y rezaba por la conversión de Rusia prevalecían unos reparos morales asfixiados por una censura acomodaticia, lo que obligaba a los españoles a manejar los hilos del decoro con un tacto muy particular: guardar las apariencias era prioritario. Valía más ser hipócrita y ocultar cualquier desliz, por inocente que fuera, que destacar por la osadía de airearlo. Las consecuencias eran imprevisibles. El que no se ajustara a las normas de esta ética contradictoria corría el riesgo de caer en desgracia y hundirse para siempre. Porque en la época de Franco todo era para siempre. Con unas leyes que culpaban al individuo por principio, mientras no demostrara lo contrario, unos errores que hoy pasarían desapercibidos tenían entonces unas repercusiones ilimitadas para los involucrados.

Durante los primeros años 40 de reconocida escasez y estrecheces económicas, una descarada desigualdad clasista desafiaba con insolencia «el tanto tienes, tanto vales». La opulencia de los de cuño reciente se aceptaba con regocijo, por ser de derechas y haber rematado la Guerra Civil del lado afortunado, aunque solo fuera en la forma, olvidando el fondo. Mientras, se pasaban por alto penalidades por las que atravesaban millones de españoles, tan víctimas por la falta de medios económicos como a causa de una ambigua moralidad, abiertamente injusta. Así y todo, nunca faltaron los clientes dispuestos a divertirse en los ambientes de lujo. En contraste con el racionamiento hasta de un ínfimo pan negro, el estraperlo y el hambre (literal) de muchos españoles, las salas de espectáculos con diversiones caras, gente bien vestida y señoras alardeando de su aventajada situación estaban repletas de clientes con aspecto desahogado. Las calamidades generalizadas parecían indiferentes a un público que fusionaba con significativa apatía a los de la nueva abundancia, de dudosa procedencia, con los adinerados tradicionales. Aunque no era un lugar adecuado para llevar a una joven recién casada, una noche mis padres quisieron visitar a su amigo alemán Walter Jurghans[14], el dueño de la sala de fiestas Erika en la calle Desengaño, y también del Suevia, la sala de espectáculos paralela en Vigo, donde acudían a bailar de solteros. Walter era un viejo amigo común.

–¡Qué alegría veros! –Un par de besos a ella, un ruidoso abrazo a él–. Ya sé que os habéis casado. Me tienen informado desde Vigo. ¿Qué queréis tomar? Esto hay que celebrarlo. –Walter se giró ligeramente y, medio abrazado aún a Lalo, llamó con el índice a un camarero y pidió–: ¡Una botella de champán, rápido!

–Acabamos de llegar y aún no hemos salido de viaje de novios...

Con el entusiasmo propio de cualquier enamorado, dieron excesivas explicaciones a Walter sobre sus planes sin recordar la consigna de evitarlo. En esos momentos las paredes oían. Cualquier desliz podía servir de excusa a un agente enemigo cercano, y más junto a un alemán bien establecido en Madrid y con importantes vínculos vigueses como él. Conocidos desde hacía tiempo, Walter y Lalo coincidían con frecuencia en los mismos círculos sociales, algo que a esas alturas no pasaba desapercibido a ciertos fisgones, si además se era un personaje escurridizo como el doctor. Era evidente que las salas de espectáculos de Walter atraían a muchos simpatizantes del Eje en ambas ciudades y aunque entre los tres existiera una antigua y auténtica amistad, la Gestapo y los agentes encubiertos de la SS instalados en Madrid y Vigo paseaban su arrogancia haciéndose notar, algo indudable por su inconfundible aspecto. Moverse con tanta confianza en ese medio germano, para un anglófilo descarado como

---

14   Irujo, José M. *La lista negra*. Aguilar, Madrid, 2003, pp. 48 y 223.

Lalo era una provocación que, sin embargo, pasó por alto la feliz pareja, absorta en su amor recién estrenado.

Entretenidos con diversas distracciones, descubriendo de forma amable su vida en común, la pareja se concentró en disfrutar el momento, conociendo la inestabilidad de su futuro. Hasta que una tarde, ya confirmada una paella en Riscal con Camorra para el día siguiente, casi les extrañó la visita imprevista de David Babington-Smith.

—Estad listos mañana temprano. Vendremos a buscaros para salir a Portugal a primera hora. Llevad poco equipaje para no levantar sospechas. Que parezca que os acompañamos a un corto viaje de novios.

Madrid amaneció ese día con una luz velazqueña, traslúcida, y el suelo escarchado. El aire gélido y seco, directo de un Guadarrama nevado y con temperaturas bajo cero, se respiraba transparente. Los escasos automóviles aparcados a la vuelta de Gurtubay tenían los techos cubiertos con una funda cristalina, incrustada hasta el deshielo del medio día cuando comenzaban a desentumecerse, también, las puntas de los dedos. Poco después de pasar el trapero, tirando de un carro desvencijado que arrastraba el paso lánguido de una mulilla basurera, y antes de que el barrendero insistiera con el chorro de la manguera por los bordes de las aceras, David Babington-Smith y su mujer aparecieron en un Bentley luciendo visiblemente una banderita británica. La tácita consigna para moverse con libertad por todo el país sin temor a los parones de la Guardia Civil, igual que en los rescates de los refugiados que habían compartido otras veces. El escaso equipaje estaba listo en el hall, y Lalo y Moncha, inquietos por la marcha, no se hicieron esperar. Solo acudió a despedirlos María, la mujer de su compañero de facultad, Alfonso Peña, los únicos amigos que sabían qué escondía realmente esa aparente luna de miel. Y el abrazo ligero de Casilda, la cocinera, a la que no le dieron muchas explicaciones para que tampoco sospechara que se iban indefinidamente. El piso quedaba impecable, como si fueran a regresar en unas semanas, sin desenvolver aún varios regalos de boda esparcidos en cajas desordenadas, a medio abrir, en una habitación al final del pasillo. Y un par de sombreros nuevos que Moncha no usó jamás. Pasadas las primeras tensiones de la fuga, los compañeros se encargarían de desmontar el piso. Ahora todo quedaba como estaba.

La espontaneidad de la marcha no les dejó tiempo para pensar, ni podían imaginar que los allí reunidos no se volverían a ver en años. Al atravesar el umbral del piso del barrio de Salamanca, en aquella gélida y radiante mañana de enero, ninguno de ellos volvería a ser jamás quien era minutos antes. Pero todavía no lo sabían. Con la mano en el picaporte, preparado para dirigir la pequeña comitiva, David dio un último vistazo rápido y dijo:

—Vámonos.

—¿Traes los salvoconductos y los visados? —preguntó Lalo intranquilo.

—Claro, para librarnos de preguntas y ahorrar esperas —contestó David.

—Menos mal. Así evitaremos los controles policiales y aligeraremos la marcha —se reconfortó Lalo a sí mismo.

Como visitantes regulares a La Portela para cubrir otras fugas similares, las parejas estaban acostumbradas a divertirse juntos; así que, relajada la tensión del primer momento, ya en la carretera repusieron animadamente el coraje de unos viajes furtivos similares. Seguros de que los recién casados estaban más vigilados de lo que ellos suponían, David y Joan, aleccionados por el MI6, querían aparentar que compartían otra excursión más. Pero el matrimonio inglés solo se encargó de abrirles la vía de escape a Portugal hasta depositarlos en lugar seguro; después regresarían solos. El resto ocurrió muy deprisa. Protegidos por la matrícula diplomática se saltaron todos los controles de la Guardia Civil que exigían salvoconducto entre provincias, hasta llegar sin dificultad a Ciudad Rodrigo atravesando la Castilla mortecina de bombilla de veinte vatios. Los cuatro disimulaban mal una preocupación innegable, y el miedo a lo desconocido, aunque no lo demostraran al atravesar el desamparo de los campos y esa pobreza desvaída del interminable abandono de posguerra, agravada por la falta de alegría de unos brazos sanos que labraran la tierra. Apenas repararon al pasar en los escasos habitantes de los pueblos, enfrentados a la difícil recuperación de sus desventuras, las mismas que mantenían hundido al resto del país.

En las calles mal asfaltadas bordeadas por unos monumentos históricos desvencijados correteaban los niños desenfadados, junto a un corro de niñas pálidas de risas tristonas, sobradamente crecidas para sus ropas, que saltaban a la pata coja y se abrían de piernas, alternadamente, arrastrando una piedrita sobre una rayuela pintada con tiza en el suelo. De pasada, distinguieron a los ancianos sentados en los bancos de las plazas, que miraban sin ver, ni fijarse en ninguna parte, o cabizbajos, sujetando la boina doblada y apoyada en el mango de las garrochas erectas entre las piernas. Nadie hacía caso a los perros callejeros que no esperaban ninguna caricia. Las mujeres aparte, formando un círculo de bordadoras parlanchinas y sentadas incómodas en sus sillas de enea, charlaban entre ellas encorvadas sobre sus modestos bastidores a la puerta de su casa, aprovechando el sol tibio invernal. Vestían de negro profundo de pies a cabeza, en contraste con sus casas de adobe, en cuyos bajos desconchados la prolongada humedad desdibujaba aún los viejos manchones de esos hogares que aún quedaban en pie. Porque muchos edificios desmoronados, deshabitados y sin rehabilitar, o a medio derrumbar, aún conservaban los agujeros de las balas que nadie se había preocupado de tapar desde la Guerra Civil.

No pararon en ninguno de estos pueblos olvidados hasta que se detuvieron a tomar un café en un bullicioso albergue, uniéndose a unos camioneros que bebían y charlaban de pie junto al brasero. Al entrar, un par de hombres se restregaban las manos delante del fuego, justo cuando un guardia civil de servicio se les acercó provocando una revolera espontánea al airear su amplio capote verde. Templados los ánimos y el cuerpo durante la reconfortante parada, repostaron gasolina en el esquelético surtidor de Campsa y prosiguieron camino hacia la frontera portuguesa.

–Yo no tenía miedo realmente. Me protegían la ignorancia, mi ingenuidad y la esperanza en el proyecto humanitario que me contaba Lalo. Y también la ilusión de viajar por primera vez al extranjero con el marido que adoraba. A pesar de las dificultades, para mí era de verdad un viaje de novios, feliz de compartirlo con el compañero recién estrenado –me comentaba, muchos años después, la entonces recién casada.

–No niego que nuestra aventura no fuera arriesgada, pero las implicaciones al hacerlo casada con Lalo superaban la trascendencia de esa correría pasajera, en comparación con nuestro futuro indefinido juntos. Ignoraba, sin embargo, el gran peligro en el que estábamos metidos, porque nadie me explicaba nada. Tampoco sé cómo habría reaccionado en ese caso –me sonrió tristona mi madre al contármelo muchos años después–. Los amigos ingleses estaban igual de relajados que en Redondela, cuando venían a casa de tu abuela haciendo lo mismo con otros fugitivos. Y, mira tú, ahora nos tocaba a nosotros repetir la experiencia. Ninguno parecía preocupado o nervioso, y charlando por el camino, Lalo tampoco aludía a ningún peligro. Tanto, que me convencí de que íbamos a divertirnos. Con veintidós años todo me resultaba nuevo y, sinceramente, aún no percibía tanto peligro.

»Era sobre todo el comienzo ilusionado de nuestra vida en pareja. No podía pensar que fuera a ocurrirnos nada espantoso, y mucho menos que nos pudieran matar. Eso ni se mencionaba. Imposible imaginar hasta qué punto nos jugábamos la vida. Buff, ¡qué inconscientes!... Solo me informaron, así por encima, de que formábamos parte de un plan muy secreto del Gobierno británico, estrechamente relacionado con la guerra. Que si los refugiados, que si los rescates. En fin... que era mejor que desapareciéramos de momento y ya. Tampoco yo hacía preguntas. Estaba educada para ser discreta, dúctil. Era en mi marido en quien recaía toda la responsabilidad de conducirme por la vida después de casados. Y yo callaba.

Enfocando la mirada hacia otra parte, pensativa, en una agradable tarde otoñal de la costa mediterránea, cuando al fin pude empezar a tirarle de la lengua tras mucha insistencia, mi madre organizaba sus recuerdos juveniles como si hablara sola, a veces olvidándose de que me tenía enfrente. Pero yo estaba contenta. Al fin había logrado desinhibirla de unos temores incrustados en su memoria desde que encontré el diario de mi padre en el pasillo de casa durante la mudanza madrileña, algo que entonces le impedía contarme su versión de los hechos. Hasta que decidí sentarme a escribir esta historia reuniendo sus datos y mis recuerdos. Tampoco contaba con mucho más al comienzo, pero en ese momento, mano a mano, en la tranquilidad de nuestro piso en la playa, al fin conseguía sonsacarle lo que hacía años venía dándome vueltas. Con una lucidez envidiable, cumplidos los ochenta años, y sesenta después de casada, Moncha rememoraba sus experiencias juveniles como si fuera ayer.

—Pasaportes, por favor.

Haciendo gala de su experiencia en estos temas, David abrió con desgana los documentos y los entregó junto con los visados británicos al encargado de la aduana en Ciudad Rodrigo. La comitiva estuvo detenida un buen rato, algo sospechoso. Como nadie les explicaba nada, prefirieron pasar a una sala contigua, donde otros viajeros como ellos esperaban indefinidamente en una situación parecida. Aunque Lalo no quiso dar la impresión de estar excesivamente preocupado, encendía un Craven A tras otro, charlando animadamente, pero su mujer sabía que tragaba quina. Cuando me lo contó, mi madre no podía precisar el tiempo que les tuvieron retenidos, pero a ella se le hizo eterno.

Ya con el enorme cenicero de cerámica de Águeda rebosante de colillas en la única mesita que había en aquella habitación heladora, y cuando comenzaban a impacientarse por la tardanza, apareció como por arte de magia un risueño funcionario portugués, uniformado en un traje gris pardo anodino cruzado por gruesas correas de cuero en el pecho. Agitaba en su mano los cuatro pasaportes sellados, que entregó ceremonioso con excesivas excusas por el atraso. Las dos parejas regresaron al coche sin rechistar y en cuanto cruzaron la frontera, alegres y relajados, fuera de peligro, los Babington-Smith y mis padres se abrazaron a saltos entre carcajadas nerviosas. Antes de recolocarse en el coche, David sacó una petaca de plata del bolsillo que había tenido la buena idea de llevar escondida y la pasaron de uno a otro para brindar por el éxito con whisky escocés. Vilar Formoso confirmaba su libertad. Después, una agradable travesía del Alentexo les abrió el paso a Lisboa, adonde mis padres llegaron cansados y confundidos, pero sin mirar atrás.

—Casilda, es mejor que usted evite hablar si le hacen preguntas —le aconsejó alguien a la cocinera que aún permanecía en Gurtubay 6, al día siguiente de salir el matrimonio—. Le hemos dicho al portero que el doctor y su mujer han tenido un accidente de coche y que han muerto en la carretera. Pero no lo crea, ellos están bien.

Le aclararon a la empleada que la noticia constituía solo una cortina de humo que era mejor no difundir. La pareja estaba a salvo; sencillamente prolongarían su estancia en el extranjero más de lo planeado. Aunque brusco, era el método más eficaz de despistar y hacer correr la voz para que la noticia llegase a los oídos deseados. Pero no coló. La Gestapo insistía sobre la pista de los salvamentos gallegos encubiertos, posiblemente informados ya de diversas rutas clandestinas españolas por las que se trasportaba a los fugitivos desde los Pirineos a Portugal, y como les había advertido Alan Hillgarth, estaban informados de las salidas por Redondela. Sospechaban, con fundamento pero sin excesivas pruebas, que el Dr. Martínez Alonso colaboraba con el MI6, y no querían dejar escapar al escurridizo aventurero. Además, no se tenían noticias de ningún accidente de tráfico con matrícula extranjera en las carreteras hacia el oeste, y tampoco aparecía ningún cadáver sin identificar en ninguno de los trayectos españoles.

Los recién casados se habían esfumado misteriosamente.

VIII. LA ESCALA PORTUGUESA

V arios meses después de su estudiada desaparición, su amigo y colega, el doctor Fernando Rico escribió a mi padre a Londres contando lo que había ocurrido inmediatamente después de su marcha.

«La Gestapo irrumpió en tu casa sin más aviso; se llevó a Carmen Zafra, tu enfermera, y la tuvieron incomunicada varios días. Al no revelar nada que ellos no supieran ya, la dejaron marchar, con un pánico enorme, como te puedes imaginar. Ella vino personalmente a contármelo, toda asustada. Hemos descubierto que los alemanes tenían una oficina en Gurtubay, enfrente de vuestra casa. Por eso se

entiende cómo estaban tan bien informados de tus pasos.

Extrañados de que no regresarais del viaje, del que estaban al corriente desde que os vieron salir tan temprano en el coche de la embajada, siguieron a Carmen y por eso la detuvieron al entrar en el portal. Casilda, que se enteró enseguida, también me avisó, sin que por suerte la importunaran. No sabíamos bien qué actitud tomar, así que decidí instalarme en tu piso, por si acaso volvían. Quería darles un escarmiento. ¡Menudo susto se llevaron los funcionarios de la SS cuando regresaron a averiguar de nuevo qué pasaba contigo y los recibí con el uniforme de capitán del Ejército español! El que usé durante la Guerra Civil. No me pidieron más explicaciones y yo solo les advertí que no estabas, sin más. ¡Ya no volvieron!».

Al leer las noticias, Lalo quedó estupefacto. «¡Si se lo hubieran llevado a él, en lugar de a su enfermera... no habría ni podido leer esta carta! Alan Hillgarth tenía razón, nos hemos escapado por los pelos», caviló mentalmente.

Con los pulmones ensanchados, Moncha y Lalo se sintieron relajados en suelo firme portugués, todavía ignorantes de lo ocurrido en su casa al salir. Pasaron una luna de miel apaciguados en Lisboa, alojados en un pequeño y céntrico hotel lleno de ingleses, como un verdadero viaje de novios, invitados por el Gobierno británico. Avisaron finalmente a sus padres de que estaban muy bien, sin más explicaciones, y tuvieron encuentros sociales con viejos amigos que los recibieron con la característica cortesía portuguesa. El mal tiempo no impidió que pasearan por las calles retorcidas y caprichosas, a distintos niveles, de La Alfama; o que bromearan despreocupados bajo la lluvia intermitente recorriendo el Barrio Alto, evitando los charcos de las callejuelas empinadas sobre el Tajo, obligados a esquivar los adoquines sobresalientes. Al caminar distraída, Moncha tropezó con las largas sábanas tendidas entre los balcones de los empobrecidos edificios señoriales, desconchados por la humedad y el abandono. Queriéndola atrapar, Lalo abrazó su figura fantasmagórica, riéndose al estrujarla amorosamente. Cansados de andar, se sentaron en la terraza acristalada de un barcito en la Praça do Comercio, fascinados al contemplar el ir y venir de los vaporcitos que cruzaban pausadamente la desembocadura del Tajo entre orilla y orilla. Felizmente enlazados del brazo y encantados de descubrir juntos la ciudad que simbolizaba su libertad, solo se preocupaban de disfrutarla y de susurrarse intimidades al oído, evitando hablar por encima del ensordecedor traqueteo de los tranvías amarillos, iguales a los de Berlín.

Por la tarde, Lalo le sugirió a su mujer que se subieran al *comboio*, el trenecito costero a Cascáis para merodear por el casino de Estoril. Estas eran en realidad las primeras vacaciones para Lalo desde que acabó la guerra en España tres años atrás y tenía ganas de respirar otros aires y el aroma penetrante de la elegancia clásica y austera de esa costa portuguesa. Un paralelo similar al de Casablanca, en Marruecos, otro refugio de aristócratas descolgados y europeos de paso a no se sabía dónde; de tahúres tentando la suerte para conseguirse fondos y un visado a Argentina o a Canadá, escapados de unos horrores tan traumáticos que ni se mencionaban. Jugadores deambulando entre ruletas, dados y fichas esparcidas por las mesas de juego de las grandes salas, resignados a esperar a que concluyera un dramatismo bélico que poco tenía que ver con ellos. A la pareja, en cambio, el trenecito ribeteando el Atlántico los llevó a añorar otros paseos románticos en un tranvía, no tan lejano, entre Vigo y Bayona. La mirada triste repentina de su mujer provocó una carantoña improvisada del marido. Con mirarse a los ojos sabían en qué pensaba el otro, aunque ninguno quiso reavivar la nostalgia, ni comentar el desgarro emocional que sentían ante su incierto futuro durante el corto trayecto portugués. ¡Qué circunstancias tan diferentes de las de aquellos recorridos gallegos del pasado verano!

Al anochecer, de regreso al hotel, el conserje les entregó una nota escrita a mano.

—Mañana cenamos con José María Gil-Robles y un grupo de exiliados españoles. Aquí dice dónde nos esperan —leyó el marido despreocupado en alto, sabiendo que a ella le divertiría el plan.

Mi madre se apresuró a arreglarse lo mejor que pudo con el escaso vestuario de recién casada que tenía, adivinando si desentonaría entre sus anfitriones, para encontrarse con que las esposas españolas iban excesivamente atildadas para la ocasión. Sobre todo la más pizpireta, que presumía de una breve estola de zorritos blancos besándose anillados y planchados sobre su hombro, con ojos de cristal, orejitas y colas auténticas. «Una prenda absurda», pensó Moncha al notar que se le escurría incómoda por el escote, asomando lo que no debía, mientras ella no tenía ni un mal sombrero que estrenar, incapaz de incluirlo en su reducido equipaje de fugitiva emboscada de recién casada. Y se acordó del par de ellos que quedaron para siempre en su piso madrileño.

Unas guitarras lánguidas, escondidas a media luz, sonaban arrinconadas cerca de una mesa estratégica, en un típico restaurante de la Alfama próximo al Tajo. Cenaron un exquisito bacalao y abundante vinho verde, obligados a subir la voz para entenderse, ignorando las canciones tristes en portugués. Evadiéndose a ratos de tanta palabrería, sin dejar de mirarse tiernamente, ni prestar excesiva atención a los borbotones de vocablos que los cercaban, la pareja mal pudo atender como hubiera querido a un par de fadistas vestidas de negro de arriba abajo, que agitaban los largos flecos de su chal entre las acaloradas conversaciones políticas. A pesar de las dificultades para escuchar la música de fondo, desde ese día Moncha y Lalo se aficionaron a los fados para el resto de sus vidas.

> *... quien se agarra mucho a un sueño,*
> *ve, en el reverso de la vida,*
> *los movimientos de un beso...*

–Tenemos que hacernos fuertes y enfrentarnos de una vez a esos fascistas que no dejan de ganar terreno –comentó alguien.

–Pues no le digo nada si llegan a unirse a los países del Eje. Sería un desastre. Nos acorralarán hasta ahogarnos. Adiós a la legalidad de los partidos políticos. Olvidarse de renovar los sindicatos; se acabaron las elecciones democráticas. ¡Desastre! Los españoles no nos lo merecemos.

Fuera de su círculo habitual, los exiliados, sabiéndose a salvo, despotricaban del franquismo a sus anchas. No todos serían republicanos, ni les unía una misma tendencia política, pero se identificaban con un marcado anti franquismo común. Sus esposas, intercaladas entre ellos alrededor de la mesa, permanecían sentadas en las incómodas sillas de madera y escuchaban a los maridos sin intervenir, más ocupadas en observar su entorno, y unas a otras sin dirigirse la palabra. Estaban acostumbradas a comportarse como un adorno de lujo pasivo sin opinar, ni añadir más motivos de enfrentamiento a los comentarios de los maridos. Ante la duda, Moncha se unió a su callada discreción. Tampoco entendía de qué iba la conversación y ella no opinaba jamás de política.

–Para mí, el retorno de la monarquía sigue siendo la mejor solución –dijo alguien.

–Eso esperamos –recalcó José María Gil-Robles–. Es indudable que el regreso de don Juan de Borbón, observando el panorama europeo desde la discreta distancia de Estoril, sería lo más acertado para España.

Como consejero privado del conde de Barcelona residente en Estoril, Gil-Robles era ya un político con peso propio, aunque esa noche no ejerciera como tal. Ministro de la Guerra con el presidente Lerroux, dirigente de Acción Popular y creador de la CEDA en su día, hoy seguía siendo un conservador moderado y simpatizante de la Iglesia, aunque se clasificara a sí mismo de antifascista acérrimo. Esa noche, sin embargo, su prometedora trayectoria anterior estaba en entredicho, desde que la Guerra Civil española le sorprendió como jefe de la oposición del Frente Popular. Sin embargo, más relajado en su exilio portugués y viendo los toros desde la barrera, no disimulaba su interés por sustituir en el poder al general Franco por una monarquía parlamentaria a favor de don Juan de Borbón.

—Antes habrá que observar cómo se desarrollan los acontecimientos en Europa, y después decidir en consecuencia. Restablecer la monarquía es la salida más digna que nos queda. Eso si no pereceremos antes entre las imposiciones dictatoriales del generalito y lo que nos depare esta guerra internacional.

—Sería conveniente formar un consejo político y comenzar a reorganizarnos desde aquí... ¿No le parece a usted, don José María? —saltó el asturiano del grupo—. Se podría preparar sin prisa, pero sin pausa, la vuelta al trono del rey.

—Desde luego. Esa sería la mejor opción para hacerle frente a ese militarcito gallego de tres al cuarto —intervino otro interlocutor—. Pero seamos realistas: con los republicanos dispersos y su Ejército desmantelado, ya no podemos contar... Los pocos que quedan no tienen más remedio que arrimarse a Franco. Así que, de momento, ni soñar con la restauración de los partidos políticos. ¿Y de los sindicatos, qué me dicen? Totalmente desmembrados. Una pena. Además de devastada, España está desintegrada. —Y, regodeándose en su monólogo, el exiliado español continuó:

—Pero ojo. No perdamos de vista a los militares liberales que aún rodean al gallego en su pedestal. Kindelán, por ejemplo. Ni dejar de lado al general Aranda... —Gil-Robles miró fija e intencionadamente a Lalo, sin que este entendiera bien por qué, antes de continuar—: Con el tiempo pueden llegar a sernos útiles. ¡Ya veremos! —Suspiró y se sirvió media copa de vino. Mi padre no abrió la boca. Realmente estaba ahí para escuchar, y la política no era su cometido. Esa noche él era un invitado social, no político, y tampoco quería arriesgarse a decir lo que pensaba por si hubiera algún observador inoportuno que se fuera de la boca. Lalo se sabía desprotegido y en una situación personal frágil en su disfraz de recién casado.

—No cabe duda de que a esos militares les apoyarían los británicos. Lo sé de buena tinta, pero mientras el generalito siga mostrándose tan a favor de Alemania, hay que ser cautos.

—En efecto. La situación es dramática, con la familia real dividida y diseminada. Muerto Alfonso XIII en Roma, la reina Victoria Eugenia se aísla junto a su familia en Inglaterra. Ella sabe muy bien que no debe regresar a lo de antes, y mucho menos con los hijos enfrentados. Aunque los conflictos bélicos difuminan la atención que se les pueda prestar, tampoco los españoles están por ellos, ni mucho menos. En fin, no podemos negar que de momento no hay un asidero firme al que agarrarse.

José M.ª Gil-Robles cambió de postura en la incómoda silla de madera, aún sin prestar atención a la fadista, ni a las guitarras del fondo, y clavando la mirada en los invitados, uno a uno, quiso asegurarse de que lo miraban para proseguir. Retomó su antigua pose de orador con tablas, juntó las palmas de las manos abiertas y, meciendo lentamente las puntas de los dedos unidas, siguió hablando con parsimonia.

—Las dificultades se agravan mientras dure la guerra europea. Esa es la realidad. Así todo, necesitamos unirnos para enfrentarnos a Franco, sea cual sea nuestra tendencia. De lo contrario estaremos eternamente sometidos a esta dictadura militar de pacotilla. ¡Una ruina! —remató, elevando el tono de voz.

—¡Y nuestra desgracia! —respondió otro.

El resto de la comitiva permaneció callada, pensativa y observándose entre sí. El público que les rodeaba tampoco les prestaba atención.

—¿Se han fijado Vds. cómo se maneja el generalito en el poder? Eso ni es política, ni es nada. Se comporta como en la intendencia de un cuartel africano, que es lo suyo —rio a carcajadas el último de los republicanos que intervino.

Indiferente ante tanta elocuencia, Moncha seguía la conversación de refilón, más atenta a la música mal oída y a los mensajes secretos que le transmitía su enamorado con la mirada que a los demagogos políticos. Su opinión personal podría contar —si se la hubieran pedido—, pero tampoco encajaba. Estaba claro que a aquellos exilados no les interesaban más comentarios que los propios. Los problemas humanitarios de esa guerra lejana que tanto discutían, y por los que Moncha y Lalo tuvieron que escapar de España, eran irrelevantes. Algo que mi padre tampoco podía mencionar, ni nadie se preocupó de preguntarle a la pareja el motivo real de su visita portuguesa. Aunque Lalo traía una carta personal de Alan Hillgarth para entregar al mismo Gil Robles previamente, los demás daban por hecho que aquella pareja despistada estaba sencillamente de viaje de novios pero lo que más atraía a aquella comitiva aislada de su mundo español era el cotilleo fresco y el último chisme que podían escuchar sobre una sociedad en la que ya no encajaban. Por eso les habían invitado a cenar. Aunque de verdad lo que realmente les interesaba a los políticos exilados era escucharse a sí mismos.

Cómodamente instalados en Lisboa, chapurreando ya un portugués agallegado al que los nativos preferían contestar en un español mucho más inteligible para mayor comodidad interpretativa de ambas partes, temprano, una mañana, un par de semanas después, alguien llamó a su puerta:

—Estén preparados para las 11:30 h. Hoy salen para Inglaterra.

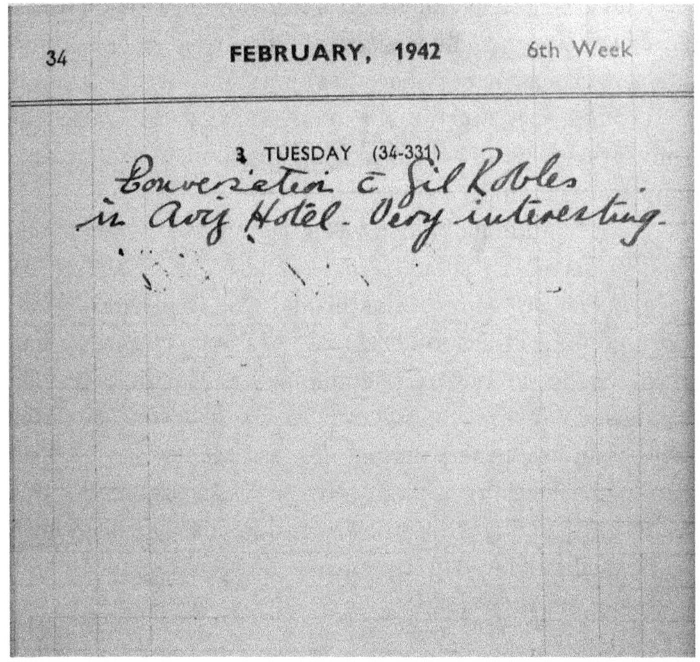

–¿Don Martín de Vicente Sasiaín, por favor?

–Sí, aquí es. ¿De parte de quién?

–El comisario general político-social del Ministerio de la Gobernación. Le llamamos de la Dirección de Seguridad en Madrid. Se lo paso.

–¡Hola, Lisardo! ¿Qué tal? ¿Cómo estás?

–Bien, Martín –contestó el comisario, cortante y en un tono grave. Recortando los preámbulos amistosos, prefirió ir directo al grano

–Te llamo por un asunto muy serio. Estuvo aquí Monchita... lo sabes, ¿no?

–Sí, sí, me lo comentó. Que le habías facilitado los pasaportes, a Lalo y a ella. Muchas gracias, Lisardo. Eres un estupendo amigo. Nos llamaron desde Lisboa en viaje de novios. Ya nos contaron de la visita que te hicieron en la Dirección General de Seguridad y cómo les facilitaste los documentos. Eres un gran amigo. Muchas gracias. Aún no he tenido tiempo de ponerte unas líneas para agradecértelo, así que aprovecho esta ocasión para hacerlo ahora.

–Pues bien, Martín, el asunto es muy serio –recalcó el comisario general político-social, manteniendo el mismo tono grave del inicio.

–Tu hija me ha puesto en un compromiso... –cortó en seco su discurso y subió la voz–: Quiero que sepas que ese Lalo, bueno, su marido, tu yerno es... Que su marido y Monchita me han utilizado con unos fines poco claros. Se han aprovechado de nuestra buena amistad, Martín. Monchita ha abusado de mi confianza, que ya sé que la conozco desde niña, y de mi buena voluntad. Por eso me usó para conseguir lo que querían: los pasaportes para escaparse de España como unos fugitivos. ¡Con esos mismos pasaportes que yo les he facilitado!... –Hizo una pausa. Respiró hondo y soltó a borbotón, bajando el tono:

—Martín, no sé si sabrás que Monchita se ha casado con un... con un espía...

—¿Pero qué me dices, Lisardo?

—Lo que oyes.

»Y encima se han fugado, ¡gracias a mí...! Con los documentos en regla que yo mismo les entregué... Yo, yo, personalmente. —La voz alzada exageradamente para modularla en tono paternalista

—¡Pero, hombre de Dios, Martín...! ¿Cómo no me lo advertiste?

—No hace falta que me grites así, Lisardo. Te oigo perfectamente. Pero te juro que no sé de qué estás hablando. Te pido disculpas en nombre de mi hija y de su marido si te han podido ofender, pero no pienses que tengo nada que ver con esto. No sé nada de este asunto, ni qué proyectos extraños pudiera tener mi yerno al salir de España. Créeme que no entiendo de qué me estás hablando. No dudo de tu palabra, pero debe haber alguna equivocación. Estoy seguro de que no fue la intención de Lalo, y menos aún de Moncha, ponerte en ningún aprieto. Seguro, segurísimo... —Martín respiró hondo—. Pero piensa también que si tú les entregaste los pasaportes, al fin y al cabo ese es tu cometido. Nunca he sabido que mi hija se tuviera que fugar ilegalmente de ninguna parte, y mucho menos con su marido.

—Pues agudiza el olfato, Martín, y entérate de lo que te rodea —repuso un Lisardo chulesco—. Lalo ha tenido que huir deprisa y corriendo por su estrecha relación con la Inteligencia británica. No es un simple simpatizante de los aliados, no te creas. Es mucho más que eso: un cooperante. Y tú sin enterarte. ¡Válgame Dios! Este es un asunto muy, muy grave para cualquier español. ¿Lo comprendes, Martín? Roza con la ilegalidad, merece un juicio sumarísimo. Y, si me apuras, hasta el destierro. Por eso se han marchado al extranjero. ¡Fugados! No tenían más remedio. Nada de viajecito de novios... Eso es un cuento. ¡Eh!, se han escapado porque él es un perseguido de la justicia en España! ¿Me oyes? Y ya no podrán volver. Nunca. Jamás... –recalcó más alto todavía.

Mi abuelo le escuchaba paralizado, sin saber qué contestar.

–Olvídate de volverlos a ver por aquí, Martín, si quieren que Lalo se libre de la cárcel... o de algo peor.

Martín seguía mudo, hasta que se sintió obligado a rebatir las denuncias de su antiguo amigo. Confundido por lo que acababa de oír, colgó el teléfono de su despacho sin siquiera despedirse y entró cabizbajo en el gabinete contiguo para contárselo a su mujer.

–¡Es imposible! Moncha se ha casado sabiendo lo que hacía. A Lalo lo conocemos de toda la vida. ¡Pero si la política le importa un bledo!... –dijo a media voz, con un nudo en la garganta–. ¿Qué iba a hacer él colaborando con la Inteligencia británica? ¿Espía? ¿Y a favor de quién?

Aturdido por la noticia, mi abuelo no hacía más que dar vueltas por la habitación.

«¿Qué está pasando? ¿De qué justicia anda escapando? Moncha no puede estar en peligro. Tiene que haber un malentendido», caviló mentalmente.

Y ahí se terminó la amistad de café, copa y puro de mi abuelo con el amigo fascista.

Las siete colinas de Lisboa amanecieron ese día cubiertas por una antipática panza de burra entre unas nubes algodonadas y tupidas que se deslizaban lentamente hacia la desembocadura del río. Revuelto y embarrado por unas mareas bravas recientes, un Tajo turbio irradiaba la pena grisácea del cielo. En una mañana tristona que no acababa de despejar, una hora después, un rayo de sol medroso se esforzaba por abrirse camino al entornar la esporádica luz natural. A intervalos, una llovizna ligera oscurecía un ambiente mustio, añadiendo melancolía a la despedida indefinida. *Saudade*, *morriña*: dos mensajes que unen pena y lejanía de unos vecinos muy parecidos. Más despejado el cielo al mediodía, tampoco el sol no era tan concreto como el de Madrid antes de salir de viaje. La luminosidad castellana no era comparable a la luz amortiguada de la Lisboa invernal.

Como les habían anunciado, un funcionario inexpresivo de la embajada británica los recogió en el hotel para conducirlos en un Austin crujiente por una carretera secundaria a un recóndito aeropuerto militar en Sintra. El cuero desgastado de los asientos rechinaba en cada bote al rozar contra las puertas forradas de caoba claro ultrabrillante. Escondido entre unos pinos romanos, redondos y frondosos, alejado del mar, mis padres llegaron hasta allí dando tumbos por unos laberintos de baches endémicos en aquel vehículo destartalado. Allí les esperaba el avión de la Oficina de Guerra británica preparado para transportarlos a Inglaterra. La pareja salía de Portugal entre un buen número de refugiados y fugitivos, igual que ellos, de distintas procedencias europeas, huyendo de su íntimo horror. Se les notaba en sus miradas perdidas. Entre ellos quizá alguno de los que Lalo acababa de ayudar a escapar no hacía mucho a través de España, irreconocibles en su nueva situación. Como tantos perseguidos inconfesados, todos trataban de protegerse donde quisieran recibirlos. Como si buscaran un amparo inconsciente, se apelotonaban alrededor de la puerta de salida en una sala amplia y medio vacía junto a los hangares, inquietos por su futuro incierto. Unos estirándose para observar mejor la pista de aterrizaje a través del gran ventanal, otros inmóviles, absortos en su condolencia, la mirada ida, desolada, sin fijarse siquiera en el vecino, sentados sobre su ligero equipaje, el último asidero de un pasado del que no se querían desprender. Un par de ellos, gabardinas en brazo, paseaban fumando nerviosos, girando sobre sus talones, limitados por el espacio, tratando de encubrir su tensión y la del ambiente. Todos compartían la misma incertidumbre: despegar hacia lo desconocido y volar a la intemperie sorteando bombas enemigas para aterrizar en medio de una guerra auténtica y sobrecogedora. Después, cada cual debería enfrentarse a la incógnita de viajar a una Inglaterra atacada ferozmente y a diario por los alemanes.

Lalo no quiso confesarle a su mujer que desaparecer entre tantos dilemas, ignorando cuándo regresarían a España, le encogía el corazón. La pena se le notaba en el rictus desencajado que le acentuaba los pómulos, ya marcados de por sí, proporcionándole un brillo opaco a un rostro más afilado de lo usual. Tristón y con la mirada perdida, mi padre disimulaba fumando nervioso abrazando a Moncha por los hombros, arropándose mutuamente. Tener que huir así, sin saber cuándo volverían e ignorando qué se encontrarían al bajar del avión, le consternaba. En ese momento él era incapaz de centrarse en la felicidad compartida con su mujer, en quien proyectaba las mismas dudas, abatido por las incógnitas que aún le quedaban por enfrentar. Su enamoramiento no le restaba realismo, aunque disimulara sonriéndole de vez en cuando. Ponerle distancia a la realidad pasada no obstante le ayudó a tomar conciencia de su osadía. El ritmo acelerado de la clandestinidad en el último par de años le había impedido recapacitar con serenidad durante los meses previos a la boda. Enfocándose en ese pasado no tan lejano, ahora reconocía el peligro del que escapaban en España para meterse en otro igual, o aún peor, en Inglaterra. Lalo lamentaba profunda e inconfesablemente cuánto podía perjudicar a Moncha, sin atreverse siquiera a mencionárselo. Le podía tanto su orgullo como la vergüenza. Pero él se negaba a aceptar su marcha como una derrota, porque tampoco lo era, sin vanagloriarse nunca de sus hazañas y menos aún de las vidas que había logrado salvar con su audacia. Lo cierto es que hoy, curiosamente, se sentía impotente ante una culpabilidad indeterminada. Lejos del escenario español, su participación con el MI6 no se tendría en cuenta; pero tampoco podía reivindicar nada, ni tenía derecho a quejarse, y menos aún, a reclamar. Todo había resultado muy distinto a como lo había previsto el día que se presentó en la embajada en Madrid para alistarse como voluntario con su mejor voluntad. Esa había sido su decisión y nadie le había obligado a meterse en semejante berenjenal. Cierto. En fin. Pero si se hubiera imaginado entonces en qué acabaría aquello…, quizá lo hubiera pensado más despacio. Al menos ahora sus amigos ingleses le habían dado la oportunidad de marcharse junto a su gran amor. Sin embargo le mortificaba dejar atrás otros amores importantes: su familia, los amigos, una profesión encarrilada, el sol, los toros, el vino tinto, Madrid, Galicia. Su mundo.

Acurrucada en el asiento de al lado, enroscada cariñosamente en su brazo, entre fascinada y temerosa por el primer vuelo de su vida, Moncha lo animaba espontáneamente con su sonrisa radiante, disimulando su pesar y concentrada en disfrutar del momento. No quería tener miedo…, aunque ignoraba lo que él sentía.

Nevaba cuando los recién casados aterrizaron en el aeropuerto militar de Bristol en febrero de 1942 como un presagio revelador de lo que se les venía encima. Las dificultades no terminaban ahí. Comenzaban. Compartir aquel Londres bombardeado no era la forma ideal de emprender una nueva vida. No todo se limitaba a ser felices juntos. Necesitarían poner mucho de su parte para enfrentarse a la dura realidad de otra guerra internacional, con todas sus incógnitas, y tratar de salir adelante sin secuelas. La experiencia de Lalo como médico en campaña con la Cruz Roja durante la Guerra Civil aún estaba fresca, los malos recuerdos seguían latentes, pero el enigma sobre su futuro británico le impedía sopesarlos. ¿O había sido precisamente aquella experiencia directa en el campo de batalla español la qué le impulsó a involucrarse en la causa humanitaria en España junto a su amigo Alan Hillgarth olvidando el riesgo que suponía participar en los proyectos secretos del MI6?

IX. LA SOMBRA ALARGADA DEL TERCER REICH

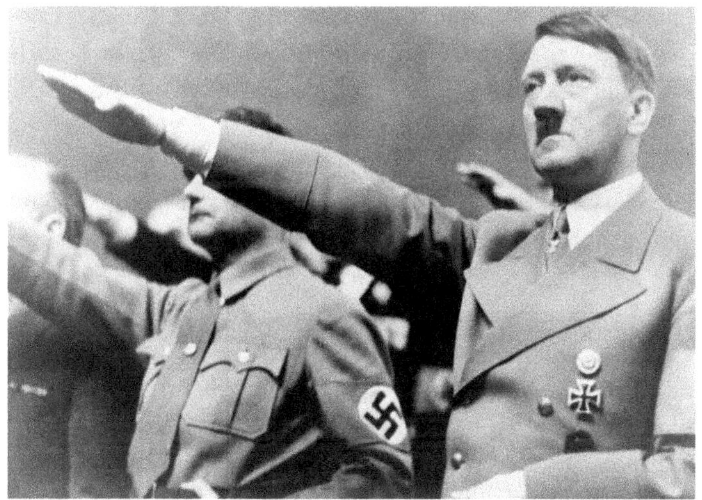

Una de las personalidades más controvertidas del siglo XX es sin duda Adolf Hitler. Un personaje difícil de juzgar con objetividad por las nefastas secuelas humanas e históricas que dejó atrás. Sus biógrafos coinciden en clasificarlo como un tirano perezoso, desorganizado, indisciplinado e histérico, hasta cuando trataba de relajarse oyendo a Wagner. Una imagen negativa difuminada en la intimidad y que él se cuidaba mucho de evitar en público. Y aunque no lo pareciera, el Führer no era nada meticuloso en su trabajo, en la elaboración de sus estrategias, o en el estudio de esos documentos secretos que tanto preocupaban a su gran enemigo, Winston S. Churchill. Hitler era un noctámbulo que odiaba madrugar y se divertía siempre que podía en los saraos que le ofrecía la alta sociedad berlinesa, flirteando con las elegantes invitadas, normalmente actrices de moda y admiradoras políticas, hasta altas horas de la madrugada. Tampoco era un gran conversador en las distancias cortas, tan diferente a su oratoria pública. Socialmente, el Führer era más bien insulso y aburrido, a no ser que se tocaran sus temas favoritos y le dejaran tomar la palabra. Entonces podía hablar sin parar, obligando a sus invitados a escucharle sin rechistar. Los comunicados altamente secretos del MI6, escritos en 1943 y que se conservan en los *National Archives* en Londres[15], alegan que el Führer detestaba a los intelectuales, y tampoco le gustaba intercambiar impresiones con los interlocutores que destacaran más que él en temas que no dominaba. Prefería rodearse de seguidores adeptos, y mediocres a ser posible, de físico atractivo y que ensalzaran los rasgos típicos de la pureza aria. Endiosado y con un ansia de poder ilimitado, hasta el punto de unir la hegemonía dictatorial del partido nazi con la del Estado alemán, su paranoia autoritaria revertía en unos cambios explosivos de humor, no exentos de frecuentes altibajos depresivos. Un padecimiento que no solo le dejaba agotado, sino que obligaba a su colaborador, Bormann, a incumplir unas órdenes jamás ejecutadas, puesto que una vez transmitidas a Hitler podían olvidársele.

Los documentos secretos desclasificados de principios de los años 1940 no se atreven a definir este desorden como una psicopatía, un diagnóstico privado que permaneció oculto entre su círculo más íntimo. Es indudable que esos altibajos de humor revirtieron en un combinado explosivo de nefastas consecuencias en el entramado incoherente del Gobierno nazi. Sin embargo, no fue hasta bastante después que se reconoció la inestabilidad psíquica del Führer, aun cuando los padecimientos eran tan reales como sus desa-

---

15   *National Archives*. Ref. WO 208/447.

fortunadas consecuencias, lo que sabemos que derivó en un doloroso caos internacional. Su diréctor de prensa, Otto Dietrich, comentó que en sus doce años de trato, Hitler ocasionó la mayor confusión de gobierno que existió en la segunda mitad del siglo XX. Un resultado muy acorde con esa psicosis, que según parece se debía a una extraña patología que provenía, quizá, de una frustrada experiencia juvenil en Viena, cuando fracasan sus primeros intentos de convertirse en pintor. Es decir, la del estudiante que no asimiló el rechazo a entrar en la Academia de Bellas Artes, muy a su pesar, y a quien una cadena de casualidades bélicas de la II Guerra Mundial lo convirtió en militar a partir de entonces. Así fue cómo Hitler logró encumbrarse sin tener la disciplina ni la formación académica necesarias.

Ya se sabe que una de las grandes frustraciones de Adolf Hitler era que comparasen la Revolución bolchevique con el nazismo, rechazando a los ministros que pretendieran equiparar su visión política con la de Stalin, aun despúes del Pacto de No Agresión. Las severas amenazas de Himmler a sus subordinados con liquidarlos por traidores al referirse a ese agravio comparativo estaban en realidad instigadas por el propio Führer. Una provocación estratégica que solo pretendía contentar al dictador nazi, aunque ya sabemos que las diferencias derivaron en la guerra declarada a Rusia, su primer gran fracaso político. Haciendo un uso omnipotente de su megalomanía patológica, del frustrado visceral, endiosado en su egocentrismo como fue Adolf Hitler, al final solo logró escribir las rayas torcidas de ese dramático capítulo de la historia contemporánea de Europa. Pues nadie niega que él cambió su curso desde que apareció en escena. Es curioso, así y todo, que a pesar de tanta incoherencia y desorden interno, ante el mundo, el Gobierno del Tercer Reich todavía no mostraba ningún desorden. Más bien lo contrario. Pero eso fue gracias a un competente equipo de propaganda que se encargó de crear y divulgar su imagen carismática. No obstante, la complejidad de los problemas que presentaba el enemigo alemán para los británicos era mayor que la agilidad con la que se encuentran soluciones, de ahí la necesidad de reactivar los equipos de Inteligencia. Era imprescindible llegar al fondo en unas averiguaciones más precisas ante la superioridad armamentista alemana. Tanta complejidad, por lo tanto, obliga al Gobierno de Churchill a improvisar unas decisiones no siempre acertadas, mientras se observa la gravedad del antisemitismo paralelo a la incoherente política bélica del Führer.

Gracias a su curiosidad personal por analizar las noticias enviadas por los agentes secretos de los países invadidos desde que Hitler llegara al poder, el Primer Ministro británico estaba informado de las atrocidades que ocurrían con los judíos años antes del comienzo de la guerra en Polonia en septiembre de 1939. Algo que se ha tardado más de cincuenta años en confirmar a través de los documentos secretos que conservaba Churchill. Incluso se supo que Goering, uno de los máximos exponentes del partido nazi dentro del exclusivo círculo hitleriano, seis años antes de declararse la guerra, ya en 1933, había mandado construir dos campos de concentración en Papenburg y Oranienburg-Sachsenhausen, donde recalaban los adversarios políticos del Tercer Reich y comenzaban a enviar a los primeros judíos antes de saberse perseguidos. La oportuna cortina de humo que coincide con la II Guerra Mundial permitirá encubrir los arrestos en masa y las incautaciones de bienes judíos con una impunidad impensable en tiempos de paz. Una política de terror sagazmente entreverada con la bélica que por eso mismo tardó algún tiempo en saberse, pero que acabó extendiéndose desde Austria hasta Hungría entre 1938 y 1944, de principio a fin de la movilización.

No sería difícil imaginar, por lo tanto, que el ensalzamiento de la raza aria que emerge en Alemania, emparejada

al obsesivo antisemitismo, se extendería a los países sojuz-
gados, como así ocurrió. Allí donde llegó el Ejército alemán,
aislaban a las comunidades judías en los guetos más humi-
llantes y empobrecidos de las ciudades ocupadas. Acorralados en su desinformación, no todos podrán escapar, y menos
aún hacer frente a los invasores. De forma que entre las noticias confusas y sin medios para defenderse, los arrestados
irán partiendo escalonadamente entre engaños hacia los
campos de trabajo y exterminio. O sencillamente fusilados a
la puerta de su casa.

Así comienza el Holocausto.

Era obvio que semejante manipulación de la política de
terror, y no solo para los prisioneros de guerra, tuviera inevitables repercusiones, además de consecuencias sociales y
económicas, hasta que poco a poco se convierte en un secreto
a voces que los nazis someten, castigan, encarcelan y matan
a los comunistas, homosexuales, gitanos o judíos encubiertos por la II Guerra Mundial. Unos crímenes paralelos a las
luchas bélicas. Los detenidos judíos, engañados con diversas
disculpas, desaparecían en unos misteriosos aislamientos
en sórdidos campos de trabajo durante tiempo indefinido y
de donde la gran mayoría no regresaba. Como mucho se les
explicaba que los necesitaban como mano de obra para la industria de la guerra, cuando realmente se ocultaba la patética
excusa de que eran presos raciales. Puesto que ningún judío
regresaba para contar lo que realmente ocurría, era prácticamente imposible enterarse. Hasta que se van infiltrando las
noticias y poco a poco se conoce lo que ocurre en Auschwitz,
Belec, Belsen, Buchenwald, Chelmo, Sohibur Saxen Hausen,
Treblinka... Es decir, en los centros de trabajo creados para es-
clavizar a los judíos y a los enemigos del Tercer Reich antes de
aplicarles la solución final.

Por su parte, la Gestapo, o Servicios Secretos del Tercer
Reich, dentro de sus objetivos bélicos utilizan unas tácticas

totalmente opuestas a las británicas. Aunque por la agresividad y eficacia de sus resultados parecían tener agentes en todas partes (como creía el embajador Hoare que ocurría en España), lo que hacían era valerse de informantes civiles repartidos en distintos sectores de la población. Será a través de estos cooperantes que ampliarán el cerco, acaparador muchas veces, para conseguir sus objetivos. El extraño comportamiento del vecino indeseado, hasta los rasgos semíticos de otro, eran disculpas suficientes para observarlos de cerca y prolongar su investigación posterior. Apellidos indeterminados, comportamientos poco comunes, rutinas extrañas, orígenes dudosos de lejanas y posibles conexiones semíticas, hasta en tercer grado, les obligan a muchos de ellos a alterar u omitir sus orígenes para evitar su persecución. El trato entre empleados en una empresa, las relaciones entre los administrativos en un banco, cualquier tema ligado al círculo personal del sospechoso que les sirviera para sus propósitos podía situarlo frente a sus detractores en los países ocupados. Se llevaba cuenta puntual y escrita de todos los cambios y movimientos, incluidos los de los mismos observadores.

Fuera de los campos de batalla, el 80% de los crímenes políticos estaban basados en información facilitada por la población civil, que no tenía por qué pertenecer al partido nazi[16]. Aún cuando su máximo exponente, el Führer, tuviera una mente peligrosa, sus subalternos también manejaban con una siniestra habilidad sus retorcidos fines criminales asistidos por el fanatismo popular, hábilmente coordinado por una excepcional propaganda política. Una estrategia maquiavélica, sustentada a su vez por los grupos de élite de la SS y reafirmada con los policías locales de los países invadidos. Apoyándose mutuamente, de paso contribuían a transmitir la imagen carismática del Führer, desfigurando la auténtica

---

16   *The Nazis*. BBC, Londres, 1997, R. Rees.

política de terror. Así fue como el nazismo consiguió confundir maliciosamente una ideología antimarxista oportuna y de oscuros propósitos políticos con un antisemitismo ensalzador de la raza aria. Todo ello astutamente encubierto con su paralelo bélico. Esta planificación, en principio asociada al pueblo alemán, se extendió por la Europa ocupada en un par de años. Una situación confusa que logró aunar como enemigos acérrimos, y sin ninguna lógica aparente, a judíos y bolcheviques dentro de un mismo criterio anti alemán, y sobre quienes recaía conjuntamente la culpa de los problemas económicos que arrastraba Alemania desde el Tratado de Versalles de 1918. Teniendo en cuenta estos elementos, se entiende mejor el éxito arrollador de un Adolf Hitler reivindicativo de los derechos de los alemanes desde que en 1933 su partido nazi lo presentara como el héroe esperanzador que iba a solucionar los problemas arrastrados desde los desfavorables acuerdos de la Gran Guerra.

Dos años después de haber sido elegido Führer en unas elecciones libres y democráticas durante el VII Congreso del Partido Nacionalsocialista en 1935, se dieron a conocer las Leyes de Nüremberg, circunstancia con la que se logra separar a los judíos del resto de los alemanes por ley. Se les excluye de la comunidad del Estado con la disculpa de proteger «el honor de los alemanes» y preservar la pureza de la raza aria, un criterio distorsionado por el abuso de poder que irá en aumento al compás de la guerra en Europa. Seguirán agresiones físicas y morales de un descarado totalitarismo concentrado en un antisemitismo que coarta la defensa y la libertad de las comunidades judías una vez despojadas estas de sus bienes. Se les acusa de una culpabilidad indeterminada de la que la nueva ley les impedirá defenderse ante un tribunal. A continuación los judíos serán despedidos de sus puestos de trabajo, recluidos e incomunicados en sus casas antes de ser conducidos a los campos de concentración sin demasiadas explicaciones. Desde ese momento se les confiscan las cuentas bancarias y unos bienes a los que no volverán a tener acceso. Entretanto, rebuscando formas de humillarlos, deberán barrer las calles de Viena los domingos, y en los demás países ocupados los semitas se identificarán con una estrella de David visible y amarilla cosida a la ropa. Prohibido viajar en tranvía o en metro, o hacer uso del correo o el teléfono, son las injustificadas normas que preceden a los que aún se van librando de la reclusión definitiva. En menos de tres años se logra confiscar los pasaportes de los judíos alemanes hasta expulsar a diecisiete mil del país. El racismo del Führer parece no tocar fondo. Son famosas las anécdotas de sus manejos para negarse a felicitar a los ganadores de color durante las Olimpiadas de Berlín en 1936. Cualquier oportunidad servía para alardear de su desprecio racial.

Finalmente, en 1938 salta el primer chispazo internacional que confirmará el indudable antisemitismo del Führer y ratificará la intransigencia ideológica del nazismo. Tras el asesinato a manos de un judío de un secretario de la embajada de Alemania en París, el teniente general de la SS y jefe de seguridad, Reinhard Heydrich, ordenó como represalia la destrucción de todos los comercios judíos e incendiar y demoler las sinagogas en Alemania y Austria. La tristemente conocida como la «Noche de los cristales rotos», cuando se descorrió definitivamente el telón del odio declarado del Gobierno alemán a los judíos a los ojos del mundo.

Volviendo a la relación de mi padre con la embajada británica de Madrid, para situarlo frente a un problema semita aún desconocido entre los españoles, es imprescindible, considerar que Franco y su Gobierno estaban abiertamente inclinados hacia los países del Eje cuando comienza la guerra. Condicionados por estas simpatías e influenciados por la prensa nacional –claramente afín a la propaganda alemana–, se deja creer a los españoles que viven más como espectadores que como participantes de un conflicto lejano. Pero, como afirma el historiador Antonio Marquina:

«En España se reafirmó una hostilidad manipulada hacia los judíos, (comunidades inexistentes o desconocidas en el país), sin saber bien por qué. El Gobierno confunde a la opinión pública, equiparando a los semitas con la masonería como culpables de la devastación recién concluida contra los rojos. Dejándose manipular por los esbirros del Tercer Reich infiltrados en sus ministerios, el Gobierno franquista copia y adapta los métodos propagandísticos alemanes y agrupa a los que consideran enemigos (del nazismo) como un todo, acusándolos de los innumerables desastres que sufren los españoles, particularmente los económicos, uniéndolos a los que impiden la recuperación del país desde la Guerra Civil. Una adaptación muy oportuna de las simpatías pro alemanas y que, como es costumbre, culpa a los demás de las repercusiones sociales de cualquier guerra y especialmente de los problemas de difícil solución»[17].

Así lo insinuaba el general Franco públicamente en el discurso de fin de año de 1939 que, según parece, volvió a repetir en agosto de 1942:

«Ahora comprenderéis los motivos que nos han llevado a distintas naciones a combatir y alejar de sus actividades a aquellas razas en que la codicia y el interés es el estigma que las caracteriza..., el peligro para el logro de su destino histórico. Nosotros, que por la gracia de Dios y la clara visión de los Reyes Católicos hace siglos nos libramos de esa pesada carga, no podemos parecer indiferentes ante esta nueva flotación de espíritus codiciosos y egoístas tan

---

17   Marquina, A., y Ospino, G. *Los judíos en la España del siglo XX.* Espasa Univ. Madrid, 1987.

apegados a los bienes terrenos»[18].

Discurso pronunciado desde una indudable óptica nazi, bajo el manto simpatizante de Falange. De ahí que se autorice la entrada indiscriminada al país a los agentes de la SS y la Gestapo prácticamente desde el inicio de la guerra en Europa. Una influencia siniestra a la que no se puso objeciones, al irse afirmando las relaciones hispano-alemanas desde 1940, de tal forma que la política nacional se ve sometida cada vez más a las exigencias del Tercer Reich. Las idas y venidas de Ramón Serrano-Súñer (cuyas iniciales coinciden de forma macabra con las de sus admiradas SS) a Alemania en este período se corresponden con diversas visitas de políticos alemanes a España. Himmler llega a Madrid en octubre, pocos días antes del famoso encuentro de Hendaya entre Franco y Hitler, con amplias sesiones de trabajo en Gobernación y varias reuniones con el responsable de la Dirección General de Seguridad, el conde de Mayalde. Se actualizan antiguos acuerdos hispano-alemanes en Interior y, sobre todo, se revisan las prerrogativas de los agentes de la Gestapo en España, a quienes, ente otras funciones, se les permite actuar como funcionarios de seguridad en su embajada y consulados, bajo la estrecha observación de Paul Winzer, el comisario de la Policía política, igualmente establecido en Madrid. Para entonces había 5.000 «funcionarios» registrados en la embajada alemana en Madrid, frente a los veinticinco diplomáticos británicos situados tres calles más arriba. Solamente este desequilibrio de personal nos da idea de las pavorosas diferencias con las que se tenían que enfrentar los diplomáticos establecidos en España. Con estos acuerdos oficiales, tan del gusto de Serrano-Súñer, se trataba de equiparar los ministerios franquistas con la política del Tercer Reich, forzando a

---

18   Ídem. Sacado del diario Arriba, 1.1.1940.

estimular sus relaciones bajo la supervisión de una Gestapo claramente dominante incluso entre los propios españoles.

Además de los escalofriantes acuerdos de represión, se firma un intercambio de investigación y entrega con Alemania de personas no afectas al régimen, lo que resultó en miles de víctimas procedentes de la Guerra Civil, muertas en los campos de concentración extranjeros. O en las cárceles españolas, de las que no se fueron ampliando noticias hasta pasados cincuenta años, además del intercambio de comunistas y anarquistas que cayeron presos bajo esa ayuda mutua en la labor de investigación fuera del territorio español y alemán, asistidos por los militares y policías extranjeros. A menor escala, puesto que tampoco participaba en la guerra, el Gobierno español trata de imitar una represión paralela a la germana. Y eso que se alternaba la neutralidad con la no beligerancia, presentándole una cara muy diferente, no solo a los españoles, sino también a los aliados.

El primer resultado de estos pactos hispano-alemanes se refleja en la oficina de pasaportes de Gobernación, algo de lo que obviamente tenía que estar al corriente Alan Hillgarth, como responsable de la Inteligencia británica, que fue quien más insistió a mis padres para que tuvieran listos los documentos para salir del país legalmente, conociendo la delicada situación de Lalo por su colaboración en los salvamentos humanitarios. Esta aventura, no exenta de una cierta ironía, debía concluir frente al propio comisario de Gobernación, Lisardo Álvarez, viejo amigo de la familia De Vicente desde que ejerció como jefe de fronteras del puerto de Vigo y quien les entregara a mis padres sin reparos los documentos redentores antes de su viaje de novios a Portugal. Una operación muy restringida a cualquier español (mi padre tenía el pasaporte numero 52 y mi madre el 53 del año 1942), mientras los visados para el extranjero se miraban con lupa. Todo muy acorde con el autoritarismo reinante. El permiso para los judíos, en su mayoría apátridas o indocumentados, es rechazado indiscutiblemente con la excusa precisamente de su falta de documentación de origen. Este tira y afloja de las negociaciones hispano-alemanas duraría hasta fines de 1942, cuando toda Francia cae ya bajo jurisdicción alemana y se recrudece el cierre de las fronteras.

Décadas después de que ocurriera al fin comenzaba a comprender por qué ese pequeño grupo de amigos pro-aliados y centralizados en Madrid tuvieron que arriesgarse tanto para ayudar a los refugiados en un territorio neutral, obligados a moverse en una seudo clandestinidad. Que fuera tan peligroso llevar a cabo las ayudas humanitarias si España no había entrado en la II Guerra Mundial. Por extraño que parezca, la amenaza alemana superaba a la propia franquista. El embajador Hoare insiste en sus memorias en que fue la postura indeterminada de la administración española, como vemos, supervisada muy de cerca por la política nazi, la que puso contra las cuerdas las funciones que debían cumplir los británicos, obligándoles a buscar alternativas para ayudar a los refugiados sometidos al nazismo en sus países de origen. No solo a cruzar las fronteras, sino también a moverse por la Península ibérica. Aunque para 1946 –cuando publica sus memorias, ya acabada la guerra–, el embajador Hoare no aclara que la finalidad de ese proyecto humanitario –además de otros tanto o más trascendentales que iré mostrando– derivara en los salvamentos clandestinos aquí referidos:

«Una responsabilidad que debería haber recaído en la Cruz Roja u otras asociaciones humanitarias aliadas, pero las condiciones particulares en las que tuvimos que operar lo hicieron imposible. Los trabajos de salvamento y evacuación estaban tan estrechamente conectados con la maquinaria civil y militar española que hubo que concentrarlo en la embajada británica. Tanto mi equipo como yo teníamos

que intervenir a cada momento[19]*. [...] Los gobiernos de los Países Bajos, Bélgica, Yugoslavia, Grecia, Polonia y Checoslovaquia y parte de Francia –exceptuando Vichy– no estaban reconocidos por el Gobierno español, y de ahí que tuviéramos que ocuparnos de todos ellos... Aunque solo deberíamos responsabilizarnos de los refugiados británicos, tuvimos que ampliarlo a refugiados de todo tipo. Miles de austriacos, particularmente judíos, llegaban sin que se aceptaran sus documentos. Nuestra batalla contra la Gestapo era interminable*[20].

Una situación inexplicable, de donde procedía la lucha soterrada entre los diplomáticos británicos y los funcionarios de los Ministerios del Ejército, Asuntos Exteriores e Interior, al tratar de suavizar las restricciones españolas. No nos extrañe pues que estos abusos concluyeran con la creación de la Carta de los Derechos Humanos al terminar la II Guerra Mundial.

En marzo de 1942 se concluye la primera etapa de autorizaciones legales a los refugiados judíos que atravesarán España hacia Portugal. Pero muchos perseguidos más en situaciones difíciles y confusas y no siempre con los documentos en regla se ven obligados a huir por diversos conductos europeos hasta llegar a las fronteras pirenaicas, en su mayoría traspasando las montañas hacia España de las formas más peregrinas por temor precisamente a ser devueltos a sus orígenes.

Pero para entonces el nuevo matrimonio ya vivía en Londres y mi padre no tuvo que seguir arriesgando la vida en su propio país para salvar las de unos refugiados que recalaban allí a cargo de las autoridades aliadas.

---

19   Hoare, S., pág. 226.

20   Ídem, pág. 227/229. *Ambassador on Special Mission.*

X. OSCURAS PRESIONES

—**S**eñor comisario, ha vuelto ese capitán Hans Vogel.

—¿El mismo alemán de ayer...? ¿Pero no te he dicho que le digas que no estoy?

—Ya sé, señor comisario, pero no quiere marcharse. Está muy enfadado. Dice que se quedará ahí fuera hasta que usted le reciba para...

El subalterno de Lisardo Álvarez no había terminado de decir la frase cuando la puerta de su despacho se abrió por sorpresa y entró formalmente vestido de calle el capitán de las SS Hans Vogel. Destinado en Madrid recientemente, el día anterior había esperado casi una hora ante el despacho del comisario general político-social de la Dirección General de Seguridad, marchándose enfurecido por no conseguir su propósito, así que hoy no estaba dispuesto a que se repitiera la ofensa. Empujó la puerta airadamente y se coló con determinación. En un español claro, de fuerte acento alemán, el oficial no disimuló su ira:

—¿Cuánto tiempo tenía pensado dejarme esperando hoy, comisario?

—Perdone, capitán, pero estoy ocupado. Ahora no le puedo atender... Por favor, Samuel, ¿le puedes indicar la salida al...?

—Ninguna salida, señor Álvarez —cortó el teutón con el ceño fruncido—. De eso nada. Hoy no me muevo de aquí hasta que usted me atienda. ¡Y escúcheme bien! —exclamó fuerte y claro—. Ha sido usted el que me ha obligado volver hoy por su falta de consideración ayer. Así que me va a recibir. Inmediatamente. ¿Está claro?

—Está bien, está bien, Vogel. Tampoco necesita decírmelo a gritos. Le concederé un momento —claudicó Lisardo amablemente al ponerse de pie, mirándole de frente.

—Hablaremos durante el tiempo que sea necesario —precisó su interlocutor—; ¿me entiende?

—De acuerdo, de acuerdo, Vogel... Cuénteme qué le preocupa tanto esta vez.

—Mire, comisario... Estoy muy descontento con lo que está ocurriendo en estas dependencias. Ustedes no están cumpliendo con lo establecido entre su patria y la mía. Y esto no puede seguir así.

—¿A qué se refiere Vd.?

—Sabe muy bien a lo que me refiero... A cumplir con nuestros pactos. Y más concretamente con el Pacto de Acero firmado entre España y los países del Eje.

Lisardo le observaba desconcertado.

—Además de otros acuerdos bilaterales entre España y Alemania que usted debe conocer de sobra y, según los cuales un enemigo de Alemania también lo es de España.

—En efecto, capitán. Y de Italia también... Y, si me apura, hasta de Abisinia... —Sonrió con desgana el comisario—. Pero de acuerdo con su guerra. Y que yo sepa, España aún no se la ha declarado a nadie.

—No quiera interpretarlo a su modo, comisario. Vd. sabe muy bien a qué me refiero. Nuestros acuerdos de 1940 han de cumplirse, entre o no España en la guerra, aparte de otros convenios comerciales pre-establecidos entre el general Franco y el Führer. ¿O ya se le ha olvidado todo lo que hicimos los alemanes por ustedes para que ganaran la guerra los nacionales? ¡Eh! Los suyos. Su Generalísimo Franco.

—Desde luego que no, capitán. Pero también reconocerá que nosotros les correspondemos con un trato preferente. Y no solo en las relaciones comerciales... ¿Qué me dice de nuestro apoyo humano? Ahí tienen a mis compañeros de la División Azul. Dieciocho mil españoles luchando en Rusia, codo con codo con su Ejército. ¿No le parece un buen respaldo? Tampoco se olvide usted de eso.

—Claro que no nos olvidamos —respondió Vogel tajante, sin soltar el tono insolente con el que había comenzado la conversación

—Eso mismo refuerza nuestra unión. Al Tercer Reich y a su Gobierno, señor Álvarez, nos unen además otros intereses comunes. Por eso mantenemos las mejores relaciones a todos los niveles. Como por ejemplo preservar la pureza de sangre aria y no cejar en la lucha antibolchevique... —El SS bajó algo la voz para añadir:

—Pero ahora no me estoy refiriendo a estos casos... Usted sabe a qué he venido, ¿no es así? —remató seco y mal encarado.

—Me lo imagino. A algún tema de visados, de pasaportes, o algo parecido.

—No exactamente.

—Pues ese es mi principal cometido en esta casa. Y si no se trata de eso, deberá ir Vd. al negociado correspondiente. Así que antes de que siga, Vogel, ya le tengo advertido de que no todos los casos que ustedes nos imputan nos competen. Muchos dependen de Asuntos Exteriores, incluso del Ministerio del Ejército. Hace dos años que no paramos de firmar unos acuerdos entre su país y el mío que no dejan de ampliarse constantemente ¿A cuál se ellos se refiere usted ahora?

Sin poder contener su furia, el capitán Vogel atacó directamente.

—¿Quién le ha dado permiso para concederle un pasaporte a ese mediquillo medio inglés?

—No le entiendo... ¿Qué pasaporte y a qué médico se refiere? ¿Inglés?

—Por favor, Álvarez... sabe muy bien a quién me refiero. Usted mismo ha extendido y firmado el pasaporte que le permitió salir de España a ese indeseable de Martínez Alonso por la frontera de Ciudad Rodrigo, para que encima se escapara tranquilamente por Vilar Formoso a Portugal. ¡Y todo eso con un pasaporte legal en la mano! Ese que Vd le facilitó.

—Oiga usted..., Vogel —le cortó Lisardo Alvarez aún más alterado—, ese mediquillo al que se refiere es un gran médico español. De inglés o de indeseable nada. Es bien español, e igual que su mujer, a quien conozco desde niña, tiene derecho a un pasaporte para salir y entrar del país cuando quiera.

—No si está fichado.

—¿Fichado? —El comisario no pudo disimular su perplejidad.

—¿Por quién, y aquí en esta Dirección General de Seguridad? Están ustedes muy equivocados. A mí no me consta.

—Pues a mí sí. ¡Ustedes tienen las listas de nombres de nuestros indeseables! —gritó estrepitosamente el alemán, intercalando frases en su idioma para que le pudiera oír algún paisano próximo.

—Nosotros mismos se la hemos facilitado. Y si consta como nuestro enemigo, también lo es suyo. ¡Por eso tenía que haberle detenido! En este momento ese doctor que Vd. encubre, no entiendo por qué, debería estar detenido, y no paseando tranquilamente por Lisboa, siendo un... —Enrojecido de furia, Hans Vogel trató de controlarse y obligar al comisario a que recapacitara, pero se contuvo.

—Usted sabe muy bien que era su obligación avisarnos cuando solicitó el documento. Evitar que se escapara... —Arrastrando aún más las erres, Vogel siguió apabullando al comisario.

—Se lo venía advirtiendo, Álvarez, hace meses. Lo traje por escrito incluso. Todos sus datos, nombre y demás. Usted no cumple lo pactado. Interpreta los códigos a su modo. ¡Y Alemania no puede aceptarlo! Le facilitó a ese tal Martínez un pasaporte en regla..., porque a Vd le ha dado la gana, y claro, lógicamente se ha escapado... Así de fácil. ¿Qué pasa entonces con nuestros acuerdos, con nuestras instrucciones, con nuestros enemigos comunes?

—Mire, er... capitán, con todos los respetos, hablemos claro —respondió Álvarez más tranquilo al sentarse de nuevo en su butaca—. Ningún extranjero va a venir a enmendarme la plana en mi propia casa por un asunto de mi competencia. Ni por muchos pactos que hayamos firmado —se defendió Lisardo Álvarez en el tono más chulesco que pudo—. Yo expido cientos de documentos a la semana. Visados, salvoconductos, pasaportes y muchos papeles más a súbditos españoles, de lo que no tengo por qué darle a usted explicaciones. Es mi trabajo, y también mi deber. ¿Cree usted que no tengo bastante con controlar lo nuestro? ¿Cómo voy a revisar, además, los nombres que me proporciona la Gestapo?

–Porque es su obligación. Está pactado y por eso tiene Vd. que ajustarse a los acuerdos escritos. Son leyes. Y vigentes. Estaba usted advertido, muchas veces, hacía tiempo. Esta es una negligencia por su parte, así que tomaremos medidas. Usted conoce perfectamente a nuestros enemigos. Quiénes son los españoles que entorpecen nuestra labor y por qué estamos obligados a reprenderlos. Y este médico inglés, o gallego si prefiere, es un subversivo. Tenemos pruebas de su deslealtad... Ese hombre es un traidor a su patria... un impost...

–¡Chiss! Un momento, un momento, amigo. Mida usted sus palabras. Está usted hablando de un súbdito español que tiene derecho a actuar libremente en su territorio, que es el nuestro: España, no en el de ustedes. Y, si me permite decirle, añadiré además que es un héroe de nuestra cruzada.

–¡Bah! –exclamó despectivo el SS–. Un héroe... lo que me faltaba por oír. Un héroe... dice. ¿Así clasifica usted a un individuo que luchó con los rojos y cuando le convino se pasó con los nacionales? A cualquier cosa le llama usted héroe. Quizá no sea bolchevique o anarquista, pero estuvo de ese lado. ¡Con los rojos! Y, en cualquier caso, ¿está seguro de que no es masón? No pisa una iglesia. Es anticlerical. Tenemos su ficha. Vive rodeado de extranjeros. De ingleses para más señas. Vd. sabe muy bien que tenemos pruebas.

–¿Qué pruebas? Demuéstrelas... ¿En qué basa sus acusaciones?

–En las que me remiten mis subordinados y les hemos enviado a esta oficina por escrito reiteradas veces.

–¡Tiene bemoles que un extranjero venga aquí, a mi propia casa, a cantarme las cuarenta! –estalló Lisardo sin disimular una ira insolente.

–¡Escúcheme bien, capitán Vogel! No existe ni una sola prueba de la deslealtad del doctor Martínez Alonso a su patria, ni siquiera al Caudillo. No trate de buscarle tres pies al gato. Colarse así, en mi despacho, a pedirme explicaciones de algo que no le incumbe... de un honorable súbdito español. Ustedes son los que no tienen vergüenza.

El de la SS no daba crédito a lo que escuchaba.

–¡Oiga, Álvarez, un respeto! –exigió el alemán apretando los dientes con los puños cerrados y arrimado ya al borde de la mesa que los separaba.

–Es que me tienen harto, caramba. Tantas exigencias, tantas exigencias. Pues si tanto sabe sobre ese doctor, como dice, entonces sabrá también que estuvo en los dos frentes, efectivamente, durante nuestra cruzada. Pero ojo, no por chaquetero, sino como médico en campaña con la Cruz Roja; nada de política y ajustándose a sus obligaciones profesionales. Colaboró con el cuerpo neutral más digno que sirvió a las dos Españas por igual. Aunque solo fuera por eso, por arriesgar su vida durante casi tres años para ayudar a sus compatriotas en las trincheras directamente, debería hablar de él con respeto. –Y más templado, mirándole de frente, en pie de nuevo y apoyados a cada lado de la mesa que los separa, Álvarez quiso aclarar:

–Me consta que Martínez Alonso es un hombre de bien. Y no lo digo yo solo. Lo era cuando lo conocí en Vigo y también cuando ejercía en Madrid, y será igual donde quiera que esté ahora. Eso en estas dependencias lo sabemos. Por lo mismo no teníamos nada en su contra, ni ningún otro motivo para negarle un pasaporte, como a tantos españoles de bien. Insisto: no existe ninguna denuncia interna contra él, ni por lo tanto razón para detenerlo... –Y, levantando la voz sin poderlo remediar, exclamó:

–¡Y de rojo, nada! No confunda usted los términos. Ni siquiera es republicano. Nada de eso. Dentro de su discreción, Martínez Alonso nunca ha negado que fuera monárquico. Conozco muy bien a su familia y me consta que él es un caballero honorable. Claramente conservador. Un profesional que nunca se ha metido en líos. Ni políticos ni de ninguna clase. Es más; sabrá Vd. que está condecorado por sus méritos con los Nacionales. Lo sé de muy buena tinta... ¿Me entiende? Y lo afirmo porque lo conozco personalmente... –Álvarez hizo una mueca sarcástica, se miró las uñas displicente, luego fijamente a Vogel y sin poder contener la furia le espetó:

–Que se queda en casa cuando su familia va a misa, ¿y qué? ¿Sabe Vd. cuántos hombres decentes hay en este país que hacen lo mismo? Por lo menos no es hipócrita, como muchos a los que prefiero no señalar. ¿Y eso le hace traidor a su patria?

–A su patria puede que no, pero a la España tradicional sí.

–Ande, ande, ya... No me haga reír, Vogel, por favor... –Sonrió Álvarez, irónico, abriendo los brazos en interrogante–. Con ese criterio tendríamos que apresar a media España, y le aseguro que ya no tenemos cárceles ni calabozos donde meter a tantos.

La arrogancia, una característica de por sí muy española, añadida a la soberbia recrudecida de aquellos funcionarios totalitarios en un Estado militarista y policial que defendía su postura ante un alemán excesivamente entrometido, tenía sus matices. Como sabemos, pocos días antes de este incidente y desde ese mismo despacho, Lisardo Álvarez Pérez efectivamente se había enfrentado por teléfono con mi abuelo, Martín De Vicente Sasiaín, para reclamarle que su yerno le había utilizado para fugarse del país, jugándose sus años de amistad en Vigo. Pero cuando le achacó a voz en grito su indirecta complicidad en la fuga de su hija, el comisario conocía de sobra los movimientos de su yerno con los aliados por el puesto que ocupaba en Gobernación. Y se lo guardó para él porque sabía muy bien de quién se trataba y por qué colaboraba con los ingleses. Pero no la armó desde la intimidad de su despacho gritando por teléfono a mi abuelo hasta que no estuvo seguro de que la pareja estaba a salvo en Portugal, convencido, seguro, de que el suegro ignoraba el motivo de sus acusaciones. En aquel momento Lisardo Álvarez tenía próximo (igual que en la escena anterior) a algún oficial de la SS, merodeando por los despachos. Por eso había que hacer el paripé sobre un hecho insalvable facilitado por él mismo.

Lejos de tener una relación directa con el MI6, aunque estuviera indirectamente informado por otros lazos policiales internos, el comisario general político-social del Ministerio de la Gobernación fue quien, de todos los que proyectaron la fuga de mis padres, más medios e influencia tenía para favorecerla. Nadie como él conocía los pasos de cualquier súbdito español, y con mayor motivo los de un perseguido de la Gestapo. Protegidos bajo su ala invisible, desde el momento en que les entregó los pasaportes a Moncha y a Lalo, al comisario no le resultó difícil atar cabos sobre lo que vendría después. Nadie de ese entorno oficial conocía mejor a la pareja que Lisardo Álvarez desde que ejercía como jefe de fronteras en Vigo años atrás. Y nadie mejor que él sabía que no había motivo de sospecha militar, política o policial española contra el Dr. Martínez Alonso o su mujer, aunque estuviera al corriente de sus simpatías aliadófilas.

Si Álvarez hubiera querido podría haber buscado cualquier disculpa para detener e incluso encarcelar a mi padre. Por menos lo estuvieron muchos. Pero los informantes de la Secreta, que tenían sus propias vías de información, ya le habían confirmado que la colaboración de Lalo no era desde luego criminal, ni siquiera ideológica, sino humanitaria. Un concepto que se les había pasado por alto concretar entre los acuerdos hispano-alemanes al estallar la guerra, ignorando ese capítulo bien establecido en el Convenio de La Haya a su modo... Una delicada situación política y humana que las autoridades nacionales trataron como quisieron. O pudieron. Es obvio que en Gobernación estuvieran mejor informados de lo que el mismo MI6 sospechaba sobre las actividades clandestinas de Lalo entre el salón de té Embassy en Madrid, su casa en Redondela, y desde luego en el campo de concentración de Miranda de Ebro. Por eso Lisardo, en un puesto oficial clave y conociéndolos desde hacía muchos años, hizo lo que pudo para ayudarles a escapar del asedio nazi, y no confundirlos con perseguidos políticos del franquismo. Nada que ver con eso.

El comisario actuó con la dureza propia de cualquier alto funcionario ejerciendo en 1942 al recibir la llamada desde la frontera de Ciudad Rodrigo pidiéndole autorización de salida de esa pareja española con los pasaportes número 52 y 53 firmados por él, mientras mis padres esperaban intranquilos, ignorando de quién dependía esa respuesta, junto a Joan y David Babington-Smith. Los confundidos aduaneros estaban obligados a contrastar su firma de los pasaportes con las listas entregadas por la Gestapo, donde destacaba el apellido Martínez Alonso que les impedía pasar. Cosa que por otro lado también sabía Alan Hillgarth. El comisario aprobó su salida a Portugal con el beneplácito inconfesado y oculto de esos oficiales de la Gestapo que merodeaban por Gobernación, verdaderos rastreadores de la pareja. Por lo tanto, mis padres podían salir tranquilamente de viaje de novios. De todas formas, Álvarez tenía razón cuando le armó la marimorena a mi abuelo, vociferando por teléfono que los recién casados habían huido gracias a él. Que sin los pasaportes en regla su yerno podría haber pagado muy cara su colaboración de buena fe con los británicos. Eso fue verdad. Pero, como buen gallego, Álvarez tampoco aclaró por qué armó semejante escándalo. Solo le pasó la noticia a medias para que le escucharan los secuaces alemanes próximos. Si en su calidad de comisario general político-social no llega a tergiversar las ordenanzas extranjeras impuestas, manipulando su poder con toda la arrogancia patriótica de la que podía hacer gala, la Gestapo habría apresado sin discusión a mis padres, incluso antes de llegar a la frontera, con unas consecuencias imprevisibles. Por eso Álvarez manejó los hilos como pudo al controlar al dedillo los entresijos de los múltiples pasos fronterizos entre España y Portugal –legales e ilegales– para beneficiar a los recién casados. Por eso su plan funcionó.

Superado el delicado trance de escapar por la frontera de Ciudad Rodrigo, cobijados en un coche oficial de la embajada británica, Lisardo Álvarez sencillamente se calló. Y para cuando los agentes de la Gestapo notaron su falta en el piso de Gurtubay 6, a los pocos días, hizo creer a los que merodeaban por su despacho que en un descuido de los controles de aduanas la pareja se había colado a Portugal con sus flamantes documentos. Por otro lado, con todo el derecho y como lo que eran: unos españoles más en viaje de novios.

Entre tantos acuerdos hispano-alemanes, firmados y rubricados por los más altos cargos de ambos países, no se tuvo en cuenta algo esencial entre aquellos españoles recién salidos de su dramático conflicto bélico: el poder vinculante de la amistad, si además va unida a la patria chica. El empeño que se puede llegar a poner para defender a un paisano frente a un extranjero, solo por el hecho de serlo, y más cuando este se encuentra en una situación extrema. Una sutileza característica del orgullo español. Por muchos acuerdos bilaterales que existieran entre España y Alemania, no existía ninguna orden que impidiese a un gallego como Lisardo Álvarez aplicar su criterio personal para proteger a unos paisanos perseguidos del nazismo en España desde un puesto oficial tan clave.

Una delicada situación que no se volvió a discutir jamás a mi alrededor y que quedó colgando, indefinida, como una de tantas anécdotas familiares dejada al olvido, entre otros acontecimientos desagradables de las guerras que vivió mi familia y que saco a la luz por primera vez. Pero no me cabe la menor duda de que dentro de esta cadena de coincidencias, amparos inesperados y conflictos repentinos, la actuación de Lisardo Álvarez fue esencial en la fuga de mis padres. Él fue quien realmente les salvó la vida. Esto matiza además una parte de por sí poco conocida de las relaciones hispano-alemanas en los difíciles años 1940.

Siendo esta una anécdota crucial de nuestro pasado familiar y que tanto influyó indirectamente en mi futuro, he meditado mucho sobre lo ocurrido y el cúmulo de dificultades y ventajas indirectas que determinaron el desenlace final. Ese que obligó a un médico español a vivir en el extranjero cuatro años por intentar salvar cientos de vidas ilegalmente en su propio país. Por eso nunca he dudado de que además de Lisardo Álvarez había más personas, como por ejemplo el conde de Mayalde, entonces director general de Seguridad, que sabían muy bien quién era en realidad el Dr. Eduardo Martínez Alonso y a qué se dedicaba, dentro y fuera de su consulta médica. De ahí que tampoco tuviera reparo en facilitar su salida indirectamente. Mi padre entraba y salía de la embajada británica libremente, por ser médico allí y por tratarse con la mayoría de los diplomáticos. No digamos ya como asiduo cliente de Embassy, con el local repleto de extranjeros y simpatizantes aliados, departiendo frente a la embajada alemana, sin sospechar que de paso encubrían la labor solidaria de su dueña, Margarita Taylor. Además, el doctor Martínez Alonso aparecía con regularidad en las listas de invitados de diversas celebraciones (que casualmente recalaban en alguna mesa clave de Interior). Y, por si fuera poco, su primera mujer era una inglesa de quien se había divorciado durante la República, mientras su padre, mi abuelo Eduardo, todavía ejercía como cónsul general de Uruguay en Liverpool. Con estas características, no era un personaje difícil de identificar, ni era extraño que su tendencia natural fuera pro-aliada. Por lo tanto, nada que le hiciera traidor a España. Lalo podía ser un sospechoso de difícil identificación, un espía indeterminado, como decían los rumores por Vigo, pero su labor humanitaria y clandestina estaba directamente relacionada con el ejercicio de su profesión. No existía ningún tinte político por ninguna parte.

Aún sabiéndose vigilado en sus movimientos diarios, Lalo no recibió ningún aviso, ni se le aproximó nadie amenazante, y mucho menos se sintió coaccionado o perjudicado en otras facetas de su vida por la Policía o la Gestapo. Aunque apresaran a Carmen Zafra, su enfermera, para interrogarla mientras la pareja salía camino de Ciudad Rodrigo y se escaparan de milagro. Pero sus rastreadores eran alemanes. El Gobierno español no intervino, ni siquiera en un periodo de ideologías confusas. Entonces sí habrían sido mucho más efectivos a la hora de impedirles el paso, si lo hubieran considerado oportuno.

De todo ello saco la conclusión de que a pesar de lo mucho que se arriesgó mi padre jugándose la vida continuamente al colaborar con los británicos, al Gobierno español nunca le faltaron medios para profundizar en cualquier sospecha. Por lo tanto sabían que aún con su descarada participación con los ingleses, Eduardo Martínez Alonso nunca actuó en contra de su país. Ni siquiera contra la dictadura fascista. Entonces la reacción en Gobernación, con o sin amiguismo, habría sido muy diferente. Él era un médico conservador que pertenecía a la clase social mejor aceptada del momento y que se había casado como Dios manda (por la Iglesia, quiero decir), con una joven sin antecedentes. Aunque él no fuera a misa. Por eso le dejaron estar. El Dr. Martínez Alonso era sencillamente un gallego romántico, apolítico y muy apegado a sus gustos británicos por sentimentalismo. Un español que ante tanto caos bélico intentaba aportar su granito de arena benefactor como mejor sabía. Además de concluir la contienda civil del lado correcto. Un idealista solidario aficionado a cantar en gallego, que soñaba en inglés y disfrutaba en español no podía ser tan sospechoso, aunque viviera al filo de la justicia por ayudar a los demás.

Franco utilizó la neutralidad bélica como mejor le convino, y si le llegaban rumores sobre las dudosas actividades de un idealista suelto, aunque estuviera respaldado por las embajadas aliadas (una garantía en sí), no había necesidad de ir más allá. Las autoridades españolas se lavaban las manos y hacían que dejaban a los nazis el campo libre mientras manipulaban otros problemas internos a su manera. O les paraban los pies cuando convenía.

Unos y otros creían burlar al contrario y eran burlados a su vez.

Impasibles ante los acuerdos internacionales en temas humanitarios, exceptuando en un par de ocasiones, como cuenta el embajador Hoare, en que hubo canje de prisioneros en Barcelona, ya en 1944, las autoridades nacionales hicieron la vista gorda a este sector aparentemente inofensivo del MI6, quizá también por sus estrechos vínculos con la Cruz Roja. Sencillamente los ignoraban, cosa que no hubieran hecho, seguro, si cualquier colaborador hubiera sido contrario al Régimen, como les ocurrió a tantos. Las cárceles españolas y el exilio estaban repletos de estas víctimas en los años 1940. No olvidemos que el Gobierno estaba condicionado a unos acuerdos hispano-alemanes excesivos para un país neutral, proyectados para los países sometidos y no para los observadores que aparentaban ser. Los asesinatos impunes y la persecución encarnizada se centraban en los indeseables, contra los cuales aprovechaban cualquier disculpa (o la buscaban) para someterlos sin misericordia. Algo que Winston S. Churchill y el propio Alan Hillgarth sabían muy bien al seleccionar a sus colaboradores, y de lo que Lalo quedaba excluido por su trayectoria personal. Otra cosa era el riesgo que corría frente a la Gestapo.

Tampoco me consta que Margarita Taylor tuviera que enfrentarse a nadie, oficial u oficiosamente, ni que llegaran a clausurarle Embassy por ningún motivo, aunque su condición de extranjera la protegía. Eso mismo, precisamente, podía ser motivo para ponerla despiadadamente en la frontera por indicación de la Gestapo, y no lo hicieron. ¿Sabía realmente el Gobierno español a qué se dedicaba la Sra. Taylor en sus salones madrileños en plena guerra mundial, además de a servirles el té a los europeos más elegantes a su paso por Madrid? Eso queda por descubrir aún. Margarita vivió dignamente desde 1929 hasta el fin de sus días en Madrid, donde hoy descansa en paz en el Cementerio Inglés sin que nadie la extorsionara. Cualquiera que la recuerde sabe que era una señora muy respetable. Por si fuera poco, aún con Franco en el poder y siendo súbdita británica, la condecoraron con la Medalla del Trabajo por su larga y ejemplar labor en su propio establecimiento. ¿Cuántas españolas conocemos que se hayan ganado esta distinción merecidamente hasta el día de hoy? No tendría tan malas referencias la Sra. Taylor en una época de tantas intransigencias con las mujeres cuando en los años 1960 la elogiaron hasta ese punto.

SEGUNDA PARTE

LONDRES

XI. BOMBARDEOS A LA CIUDAD DE LOS MUSICALES

—En Londres nos acostumbramos a convivir con la guerra. Es un decir, claro. A que formara parte de nuestra vida. Tratamos de impedir que nos absorbiera en lo posible, y hasta procuramos disfrutar. Sacábamos el mejor partido a la situación. Te imaginarás que nuestro mundo cambió radicalmente. Costaba adaptarse a ese ambiente tan diferente al español, mucho más apacible que aquel alboroto londinense, sumergidos las veinticuatro horas en un conflicto internacional.

Había conseguido, al fin, lo impensable el día que apareció el diario de mi padre durante una mudanza demasiados años antes: que una Moncha anciana, a la que logré estimular para que desempolvara sus recuerdos bélicos, lo hiciera gustosa, solo para su hija. Que relegara ese secretismo grabado a fuego y me relatara sus experiencias sin remordimiento. Fue un elaborado lavado de cerebro lograrlo, puesto que se resistía a soltar una intimidad recalcitrante. Pero gracias a mi mano izquierda y a aquel ambiente relajado pude convencerla para que perdiera su pavor juvenil y me contara nuestras intimidades familiares. Ya era hora de que su hija supiera la verdad. Algo crucial para cualquiera, pero mucho más para una antropóloga social a quien los pequeños detalles y las raíces propias tanto importan. Por suerte, lo solucioné yéndome a vivir con ella a Alamares y sentándonos a charlar indefinidamente sin medir el tiempo. El método más relajado para dialogar desde una perspectiva muy diferente a la que había procesado mi ignorancia hasta entonces.

En su ancianidad pacífica, reposada y débil de salud, mi madre conserva su característica fortaleza de espíritu y esa envidiable lucidez que revertía en un optimismo contagioso. A veces se ahoga al hablar, hasta que recobra el aliento con un pequeño esfuerzo y continúa charlando a su ritmo. No quiero atosigarla. Entonces hace gala de una memoria de elefante y me cuenta sus experiencias sin rendirse a la adversidad de la mala salud. Junto al Mediterráneo que ambas adoramos y en compañía de Lola, que lleva más de cincuenta años con nosotros, a mi madre le gusta hablar rodeada de recuerdos: fotos, cuadros, muebles y el mismo piano de su infancia que toca de vez en cuando. Detallitos insignificantes, como un florero, o un cenicero de plata que necesita toquetear, tienen para ella un valor sentimental que los demás no apreciamos pero respetamos. Lola, mi madre y yo formamos un escenario casero que cultivamos con cariño para enlazar el pasado y hoy. Intento ser ese presente emocional que la alienta a recordar, manteniéndose firme en el lugar que ella representa. Y pienso si realmente cuento esta historia por ella o por mí. Por las dos, quizá. Por asentar criterios sobre todo. Sé que nuestras charlas son la lenta despedida (en la que no quiero regodearme) de esta octogenaria de mundo, alegre, atractiva y frívola a ratos, que no ha perdido un ápice de su elegante feminidad, totalmente dispuesta a mostrar con espontaneidad, y cuando menos lo esperas, una sensibilidad que enlaza con ese pasado que desconozco. Así es mi madre.

Tras un leve forcejeo verbal cuando le conté el propósito de mi larga estancia con ella, comprendió que el tiempo y la historia habían trastocado los grandes secretos compartidos con su marido y que las aventuras de su juventud debían ofrecernos una nueva perspectiva.

–Esto es Historia con mayúscula –insistía yo–. No te puedes reservar los recuerdos solo para ti, mamá. Somos muchos los que tenemos derecho a conocer unos acontecimientos singulares –insistía yo para removerle los recuerdos–. Hablamos de una era determinada, de unos sucesos trascendentales, no solo de tus experiencias.

Los cambios de toda índole y el paso del tiempo, sin embargo, nos obligaban a derribar viejos muros infranqueables. Romper barreras intocables de su intimidad (que no del respeto), hasta que en apenas unas semanas parlanchinas nos encarrilamos y comenzamos nuestras conversaciones sin prisa y sin frenos, de mujer a mujer. Desarmados ciertos mitos de sangre ancestrales y unas trabas pudorosas obsoletas que hacía nada nos entorpecían, entramos al ataque. La primera y última vez que Moncha me contó unos secretos marcados a fuego. Yo reivindicaba mi derecho a saber, mientras ella doblegaba amorosamente su largo silencio a mis requerimientos. No era cuestión de juzgar, sino de reclamar mi derecho a conocer un pasado que también me pertenecía y que únicamente ella me podía relatar. Y no solo por ser su hija. Varias generaciones posteriores deberían conocer de primera mano unas aventuras ocurridas entre las bambalinas bélicas. Sus experiencias personales y miles de detalles no escritos, admitiendo que según pasaban los días cada vez me sentía más privilegiada de escuchar esta versión real de primera mano. Sin darse ninguna importancia, Moncha puntualizaba interrogantes de la trastienda social e histórica de la II Guerra Mundial voluntariamente. Ya convencida del valor de su opinión, le agradecí que no tomase esa investigación casera a la ligera, colaborando con certero ojo crítico en sus respuestas.

Y nos pusimos manos a la obra.

—Nunca perdimos el contacto con Alan Hillgarth. Venía a vernos en Londres y hablábamos por teléfono con asiduidad. Era un gran amigo que estaba a las duras y a las maduras. Él siguió como agregado naval durante gran parte de la guerra en Madrid, luego creo que lo destinaron a Japón; no lo tengo claro, porque jamás comentaba nada de su trabajo delante de mí. Se daba por hecho que aquello era *top secret*. Exigencias del momento, lógicamente.

Conversador escueto, de palabras justas y atinadas, Alan contaba anécdotas intrascendentes de su vida entre Londres y Madrid, pasando por su tercer cargo en Lisboa, en los años 1940; unos hechos entre los más sobresalientes del siglo XX, sin que ninguno tuviera conciencia de ello, ni le diera importancia. Admiraba a Churchill, pero sobre todo disfrutaba imitando a sus colegas españoles con una elegancia crítica, natural. Sarcástico. Y sin perder nunca la sonrisa, ni la compostura. La huella de la escuela naval británica le salía por los poros. Esa elegancia que se incrusta a través de la disciplina juvenil y rezuma con suavidad el resto de la vida.

—Sí, sí. Igual que el embajador Hoare, se quejaba mucho de cuánto molestaban los falangistas arremolinados a la puerta de la embajada entre Monte-Esquinza y Fernando el Santo, haciéndose pasar por manifestantes espontáneos. Como los *hooligans* futbolísticos de hoy. Una lata. Vociferaban horas y horas en plena calle solo para fastidiar a los inquilinos. El griterío llegó a tal punto que cubrieron con grandes lonas las paredes del edificio, como si estuvieran de obras. Eso les impedía que los observaran desde fuera, y sobre todo cotillear quién entraba y salía de la embajada.

»Pero se les veía el plumero —añadió mi madre divertida—. Cualquiera entendía que los gritones eran unos mandados. Nada de espontáneos. Chiquilladas de los falangistas... —Reía ella por bajo.

—Nuestra relación con Alan era distendida, muy cómoda pero íntima. Siempre tuve la sensación de que lo que hablábamos a solas los tres, por simple que pareciera, quedaba entre nosotros. No sé cómo se las arreglaba, pero inmersos como estábamos en una guerra internacional y con la de preocupaciones y problemas que debía de tener, él nos transmitía tranquilidad —concluyó, y se quedó pensativa un rato.

—De vez en cuando llamaban a tu padre del *Foreign Office*. Él acudía a verlos y no me explicaba más. Si quieres que te diga la verdad, no sé a qué iba; si les asesoraba de algún asunto sobre España, si le daban instrucciones, lo que fuera. Sabíamos que tu padre no podía regresar todavía a Madrid, así que tenían que ser asuntos entre ingleses. Ni idea de la información que se cruzaban. Él no me decía ni pío.

Mi madre se reclinó para atrás en la butaca y miró al techo, como tratando de recordar escenas incrustadas en su mente durante décadas.

—Tu padre nunca se consideró un agente secreto, no digamos ya, espía. Esa era una clasificación impronunciable.

Lo teníamos tan prohibido como decir que estábamos exilados. Nunca lo fuimos, ni nos sentimos así, es cierto. Nuestra marcha no estaba relacionado con Franco, sino con los alemanes, y de ese mismo desenlace dependía nuestro regreso. Además, Lalo se encontraba muy cómodo en Inglaterra. Había vivido desde niño allí y nada del entorno le era ajeno. Y yo me adapté muy pronto. Con veintidós años y rodeada de tantas novedades, no era tan difícil absorber el ambiente, con todos sus inconvenientes. Dadas las circunstancias, también comprendía que él tendría razones de peso para callar. Ocultar los métodos utilizados en los salvamentos humanitarios era tanto o más trascendental que los que se dedicaban al espionaje. Él estaba más que advertido por sus superiores de que no podía hablar. Cualquier indiscreción, por insignificante que fuera, era crucial. Aunque Lalo jamás perdió la compostura, ni siquiera le vi alterado. El aplomo se lo debía al ejercicio de la medicina y a muchas angustias que se tuvo que tragar en nuestra guerra civil. Hasta en la intimidad nos cuidábamos de no hablar demasiado para no involucrar a otras personas. La guerra nos hacía sigilosos.

Aquella joven ingenua que huyó de España a la aventura recién casada en el invierno de 1942 sin medir las futuras consecuencias y de la mano de un marido tan desconcertado, quizá como ella, era hoy una anciana lúcida y cuidada que conservaba muchos de los encantos de su juventud, facilitándome la puesta al día de unas noticias fundamentales para mi proyecto. Y así las fuimos reconstruyendo al alimón con enorme placer.

—En Londres vivimos una guerra muy cosmopolita, comparada con la de aquí, que fue mucho más pueblerina... —Rio—. Crueldades aparte, hasta el racionamiento de los ingleses era civilizado, suficiente para estar bien alimentados. No nos faltaba de nada, ni se pasaba hambre. Había cupones para todo, hasta para conseguir ropa, pero el pescado se podía comprar libremente. Es curioso que del resultado inesperado de aquella situación avanzaron mucho los conocimientos sobre la dieta. Gracias al racionamiento, por ejemplo, descubrieron que de madres racionadas nacían bebés con el peso justo. Que la dieta involuntaria favoreció el tamaño idóneo de los recién nacidos. No hay mal que por bien no venga. —Sonrió a medias, y volvió a entristecérsele la mirada al recordar.

—Jamás nos sentimos exilados, ya te digo; tu padre tenía razón. La sensación que nosotros experimentamos era muy distinta. Con todos los inconvenientes que hubiera, durante la guerra en Londres vivíamos convencidos de estar de paso. Que la estancia era circunstancial por causas ajenas. Ni siquiera por razones políticas. Y eso que lo soportamos durante casi cinco años. No les pasaba lo mismo a los republicanos con los que tratábamos. Mientras mandara Franco sabían que no regresarían, lo que les tenía tristes y preocupados. Aunque nadie imaginaba que duraría cuarenta años después, je...je... Lalo y yo, por el contrario, sabíamos que nuestra estancia era diferente, que antes o después volvíamos a casa. Todo dependía del conflicto internacional, no de la situación española. Planear el regreso, aunque fuera a fecha indeterminada, nos despejaba de la nostalgia que tenían otros españoles.

—¿Conocisteis a tantos republicanos entonces? —seguía yo curioseando.

—A bastantes. Llegaban a través de la consulta, recomendados unos por otros. O por la embajada de España, con la que no perdimos el contacto nunca. Nosotros seguíamos siendo españoles, recuerda, sin rencores del pasado. Por eso nos reuníamos con ellos de vez en cuando. Así fue como nos llamó el coronel Segismundo Casado un día. El que tuvo que entregar Madrid a Franco en la Guerra Civil... ¿Te acuerdas?

—Tengo una idea.

—Como pasaba con muchos pacientes, llegamos a hacernos muy amigos. Tampoco hablábamos de nuestras tendencias políticas. Aunque se notara por ciertos detalles, como es natural. Teníamos tantas otras cosas en común que las ideologías eran secundarias: el mismo amor por nuestro país, los recuerdos íntimos, la añoranza, la familia que quedaba atrás, tantas cosas... Lo de menos eran los contrastes propios. Londres estaba por encima de todo eso. Había que hacer frente a otros problemas diarios cruciales.

Moncha seguía contando sus vivencias, muy relajada. Nuestras estimulantes charlas domésticas le ayudaban a ordenar los recuerdos y evocar los acontecimientos que tanto me interesaban. Yo la escuchaba con una atención diferente a la de mi juventud, cuando crecimos en la convicción de que las guerras fueron lejanas, ajenas e irrepetibles. Que aquello poco tenía que ver ya con nosotros. Al tomar conciencia de sus experiencias, se entienden mejor las secuelas invisibles, que de algún modo seguimos padeciendo, aunque parezca que las desgracias les ocurran a otros. Noticias escritas de la II Guerra Mundial no faltan, igual que publicaciones y documentos oficiales que tratan de descifrar algunos sesudos historiadores, pero los testimonios de los supervivientes serán aún más significativos según vayan disminuyendo. Cuando ellos ya no estén, sus experiencias serán tan valiosas, o más, que los documentos, y desde luego más escasas. Por eso me sentía privilegiada de recibir esta información de primera mano.

—Segis Casado había sido alumno de mi tío Luis De Vicente en la academia militar y, aunque en la guerra terminaron en bandos opuestos, hablaba de él con el respeto del alumno. Las diferencias políticas eran intocables. Bastante teníamos ya con la lucha diaria frente a los alemanes. Nos contó varias veces su versión de cómo tuvo que entregar Madrid a Franco aquel tétrico día en la primavera del 1939.

—¿Y cómo fue?

—Pues mira, veré si me acuerdo. Es algo complicado. Miaja y él no se llevaban tan bien como se creía. Al final, claro, cuando tenían todo perdido, hacia marzo del 39, oliéndose lo que venía, los cabecillas comunistas desaparecieron y los que quedaron del lado republicano se sintieron atrapados y abandonados. Fueron varios días de luchas sanguinarias, algo atroz. Hasta que se dio el alto al fuego. —Moncha tomó el aliento perdido al revivir mentalmente los tristes acontecimientos, pero trató de colocarlos en su sitio para complacerme.

—Prácticamente rendidos a los nacionales, comenzaron las ejecuciones de los republicanos que quedaban. Justo lo que Franco necesitaba para envalentonarse. Ya se le veía el plumero dictatorial. El Partido Comunista se desintegró. O muertos o desparramos por el mundo. Segis, a la cabeza de los militares republicanos, tuvo que defenderse a capa y espada... —Ella gesticulaba acaloradamente, moviendo los brazos como un espadachín—. Como era un hombre muy preparado, inteligente, militar de carrera, al fin y al cabo al mismo nivel de Franco, trató de negociar la rendición de Madrid. Pero ya sabemos lo que pasó... No hubo nada que hacer —reafirmó Moncha convencida de que había mucho más detrás que nunca se sabría de esta versión que ella recordaba.

—Con todo a su favor y los republicanos derrotados, mi paisano el general se iba creciendo, cada vez más inflexible. Imagínate cuántas ejecuciones sin juicio, sin una defensa. Fusilados así porque sí; prefiero no pensarlo. Al menos Segis consiguió una retirada digna para los militares republicanos que aguantaron hasta el último momento. No sé cómo lograron salir por Valencia. Ellos se libraron de la cárcel o del paredón, que ya es algo. No les pasó lo mismo a los comunistas, con los que se cebaron. —Silencio. Se quedó pensativa y con una voz apesadumbrada, mi madre añadió:

—No me acuerdo de más detalles, si te soy sincera. ¡Es que Segis nos lo contó tantas veces! Con firmeza, sin amargura, como era él. Casi como un espectador, nunca como una víctima. Tenía demasiado orgullo para aceptar la derrota. Escribió un libro, pero como la entrega de Madrid está bastante enrevesada, no puedo precisarte más. Cada uno cuenta de la feria según le va... —Y entonces suspiró nostálgica.

—Los republicanos tuvieron que dispersarse a la fuerza. Eso se sabe. Tenían todo perdido. Y gracias que se salvaron los que se salvaron. Algunos se fueron a México, Indalecio Prieto y Miaja seguro, otros a Buenos Aires. Los que tuvieron menos suerte se quedaron en Francia. Terminaron en campos de concentración y hasta llegaron a participar en la II Guerra Mundial. Bueno, eso ya lo sabes. Negrín y Segis se exiliaron en Londres, que fue donde nosotros lo conocimos. Lalo y yo nos hicimos muy amigos suyos. No de Negrín, no; de Segis. No puedo decir que era simpático, tampoco. En ese momento llevaba la procesión por dentro, claro. Pero con unos vinitos dentro me decía: «¡En cuanto echemos fuera a ese paisano tuyo, te hago ministra de sanidad!».

Y nos reíamos hoy de su ocurrencia, igual que ellos hacían en Londres, padeciendo los bombardeos alemanes durante los *black outs* con las cortinas echadas herméticamente esperando a que escampara. Mi madre paró de hablar y se levantó con agilidad para prepararse una bebida. Revivir aquella mezcla de angustia y felicidad aún la conmovía. Ni el tiempo, ni la edad le borraban los sentimientos. Se notaba por su forma de contar algunas secuencias que las revivía como si acabaran de ocurrir. Una de las pocas ventajas de la ancianidad bien llevada es que los momentos impactantes de la vida quedan bien incrustados. Se reafirman. Tomando un nuevo aliento, vaso en mano, mi madre ya estaba lista para continuar, pero antes levantó el brazo con el gesto de ofrecerme otro.

—No gracias, ahora no —contesté, abstraída en la conversación.

—Pues volviendo a Segis: era un tío bragado. No sabía lo que era el miedo. Flaco, austero, duro; no se quejaba de nada, ni le estremecían los bombardeos en Londres. Impasible. ¡Qué temple, madre mía! Cuando me veía tan asustada en cuanto escuchaba las sirenas que anunciaban los ataques alemanes, él me gritaba como si fuera su sargento repostero: «¡Una española valiente como tú no puede tener ese miedo, carajo!». Así, por teléfono, te soltaba una arenga militar —ella se excitaba y alzaba los brazos, imitando a su amigo.

—«¡Viva España!», me gritaba Segis, para animarme, y yo, con el pavor de escuchar el zumbido de las bombas por encima de mi cabeza le contestaba: «¡Qué España ni qué España, Segis, si esto es Londres y las bombas son de los alemanes! A mí me traen sin cuidado unos y otros. Y yo aquí, jugándome la vida todos los días, sin comerlo ni beberlo. ¡Esta no es mi guerra, caramba!». ¡Uff!

»Cada vez que pienso lo que pasamos… —recapacitó ella mirándome fijamente—. No se me quitaba el pavor de morir aplastada por aquellos energúmenos que no tenían nada que ver conmigo. En fin. Pasé unas angustias interminables, pero todo pasa —Suspiró—. A finales de los años 60, Segis regresó a Madrid. ¿Lo recuerdas? Vino a vernos.

Me acordaba muy bien. Aquel coronel Casado que nos visitó siendo yo una adolescente me pareció un hombre corriente; no destacaba por nada que llamara particularmente la atención. Enjuto, seco, poco expresivo. Hasta diría que con aspecto de cascarrabias. Claro que tenía veinte años más que en Londres y durante su exilio no le había ido tan bien como a su colega Franco, aposentado cómodamente en el poder. Lo que sí noté en este encuentro entre viejos amigos fue el calor que son capaces de transmitirse los españoles que se quieren y se respetan, ideologías aparte. ¡Después de todo lo que había pasado, resignarse a ser el perdedor con aquel carácter tan fuerte que tenía! Segis seguía siendo fiel, sin duda, a sus ideales, cosa que ya no comentaba. ¡Cuánta quina habría tragado en estos años de exilio involuntario! De todas formas se percibía cierta sensibilidad varonil, diluida por el tiempo, quizá, que apenas dejaba entrever una amargura recóndita en su inexpresivo talante.

—Y a todo esto, mamá, ¿tus padres en Vigo no escuchaban espantados las noticias de los bombardeos en Londres, de cómo evolucionaba la guerra y tú ahí metida?

—Pues no se enteraban, no. Por raro que parezca, aquí en España los alemanes tenían copadas hasta las noticias. Acuérdate. Desde los noticieros del NODO, a los partes de Radio Nacional tenían que pasar varios filtros, los nacionales y los alemanes. Doble censura. Y como no interesaba mostrar la maldad del Führer, en mi casa, como en gran parte de las casas españolas, no se enteraban de la verdad. Hasta cierto punto es una suerte que ellos no supieran que su hija padeció aquellos tremendos bombardeos. No así en nuestros noticieros británicos. Nosotros sí veíamos en directo, los campos de concentración alemanes, lo que se hacía con los judíos en los países invadidos. Y muchísimas horrores que tardaron años en saberse en España. En fin, cambiemos de tema que este me revuelve demasiado por dentro.

—¿Y qué sabías de Margarita Taylor por aquel entonces?

—Muy poco. Apenas nos escribíamos. Solo los comentarios de Alan, que tampoco desmenuzaba cómo le iban las cosas allá. Lógicamente ella no dejaba constancia de nada. Además estaba la censura. El correo podía llegarnos abierto o con el papel recortado; imposible leer las frases completas.

—Es verdad; se me había olvidado.

—Te imaginarás que era imposible mencionar los salvamentos que continuaron después de nuestra marcha. Pero por la forma de hablar de Alan, sabíamos que ella seguía al pie del cañón hasta el final. Después, sí, claro, nos contaron más detalles. Pero siempre con muchísima discreción. Quizá Alan Hillgarth le ampliaba noticias a Lalo a solas (tampoco nada escrito, por lógica) cuando se veían en las oficinas de Whitehall o en el *Foreign Office* para hablar de sus asuntos. Pero recuerda que esos eran proyectos *top secret*, imposible prodigar. En fin, hablemos de cosas más alegres.

–Adelante.

–Como estábamos racionados, sin excepción, cuando nos reuníamos en casa de unos u otros, porque la vida social era intensa de todas maneras, incluíamos la ración propia. Había que ajustarse a las normas si queríamos cenar en comandita. –Y nosotras continuamos así, habla que te habla, relajadas en otra tarde apacible que se aliaba a nuestro ritmo de charla.

–Me encantaba ver a las mujeres uniformadas con trajes sastre color caqui: chaqueta larga, cinturón estrecho, falda tubo con un gran tablón para darle holgura al andar y gorra de plato. Monísimas. Las estoy viendo. Los zapatos abotinados, masculinos, en mujeres tan femeninas resultaba muy sexy –comentaba contenta–. Luego llegaron los pantalones. Anchotes, buff; parecían prestados de los maridos... ¡Je, je, je! No tenían la gracia de las chicas de ahora. Eso sí, chocaba verlas cruzarse con los militares escoceses moviendo garbosos la falda. ¡Qué cosas! Y sin perder la compostura. Piensa que esta indumentaria era una novedad. No estábamos acostumbrados a ver a las mujeres con pantalones.

–Y no hemos parado de usarlos desde entonces. Es verdad.

Más risueña, rememorando unos recuerdos ya pintorescos, mi madre se inclinó hacia delante, quizá por instinto, para respirar mejor.

–Los ingleses trataban de hacernos la vida agradable, en lo posible –recordaba retrospectivamente–. Tenían bonitos detalles. Nos regalaban entradas para los conciertos y para el cine. Nunca he visto mejores espectáculos ni he asistido con más gusto al Covent Garden y al Albert Hall. ¡Qué óperas! ¡Qué ballets! Las mejores orquestas, los mejores espectáculos, musicales, películas, lo que me digas, pasaban entonces por Londres. El West End estaba a tope. Vimos Casablanca en versión original años antes de que llegara aquí. Los comienzos de Gary Cooper y Clarck Gable. Aquellos magníficos actores y actrices británicos. Desde entonces siempre he llevado mal los doblajes de películas. –Sonrió al recordar ese lado amable de la guerra.

–Las entradas se repartían en el trabajo, o con el salario. Era una forma de mantenernos la moral alta. ¿Sabes? A todo esto, ¡ag! había que cargar con las máscaras anti-gas. Unos bozales horribles por si nos bombardeaban con esa dichosa bomba de hidrógeno amenazante. Goebbels se encargaba de atemorizarnos. Aparecía una notita en la prensa de tanto en tanto: que ya tiran la bomba, ya, ya, mañana mismo... Tened listas las máscaras anti gas. Y yo, hecha un adefesio, me la probaba delante del espejo. ¡Qué difícil respirar con aquello! Hombres y mujeres, daba igual; todos parecíamos las mismas moscas monstruosas con hocico y ojos desorbitados. ¡Qué ahogo! ¡Qué hubiera sido de nosotros si de verdad hubiéramos tenido que llegar a usarlas! No estaría aquí ahora, desde luego. Ya fueras vestida de gala o a comer *fish&chips* a la esquina, tenías que cargar con el bolsito de marras y la máscara dentro.

–¿Eso fue lo más incómodo que tuviste que soportar en la guerra?

–No, desde luego que no; eso solo fue una amenaza que nunca se cumplió. A Dios gracias. Los bombardeos fueron mucho peor. Horrible. Diarios. Nunca me pude acostumbrar. La Luftwaffe lanzando unas bombas fulminantes. Flashes flotando de noche como cámaras ocultas, mortales, bailando sobre Londres al libre albedrío y en la oscuridad más absoluta. Los terroríficos *black outs* antes de acostarnos me tenían amedrentada. Comenzaban las sirenas... Yi, yi, yiiiiii... Cortinas echadas. Luces apagadas, todos a oscuras... Ninguna broma. Realismo puro. Los londinenses corrían a refugiarse en el metro. Por complacerme, tu padre me acompañó un par de veces, porque él no tenía ningún miedo, le daba igual. Yo en cambio no disimulaba nada. Temblaba como una vara verde. Hasta que desistí. Tanta gente hacinada, tirada por el suelo esperando a que acabase la tortura alemana sobre nuestras cabezas. De ahí me vino la claustrofobia que padecí el resto de mi vida. Y la afición a fumar. Todo por puro nervio. Lalo comenzó a pasarme sus pitillos y así es como comencé un vicio que me duró hasta hace poco. En fin. Con bombas o sin ellas, durante los *black outs* decidimos quedarnos en casa, agazapados esperando a que escampara. —Ya menos exaltada, Moncha continuaba su descripción, siempre con la mente clara.

—Los trágicos resultados de los bombardeos aparecían al día siguiente. Aún puedo oír la sirena que nos anunciaba el *black out*. El mismo pitido de las fábricas. Lo tengo aquí metido —se señalaba las sienes con el dedo. —¡Todas... las... noches, un día tras otro! Horroroso. Y así años, suplicando que pasaran de largo. Que temblara el edifico, pero que no nos tocara a nosotros. ¡Qué bárbaro! No entiendo cómo lo pudimos soportar. —Yo veía aún el terror en sus ojos mientras me lo contaba.

—Encerrados en casa, esperando el zumbido antes de la explosión... Trepidaba el mundo durante unos segundos interminables. Ya no sé si temblaba yo o el edificio. La vida entera se me cruzaba por la mente como un relámpago. Nunca he rezado más y con más fervor. Debe ser algo parecido a un terremoto. Eso de esperar el desenlace final de un bombardeo auténtico en la cuerda floja, sin control. ¡Uf!! ¿Me tocará esta vez, mañana quizá? Una lotería. Bestial. Totalmente indefensa. Solo a merced de Dios.

—¿Tan mal te sentías?

—Fatal. Era incontrolable... En cambio Lalo; no lo comprendo. —Se encogía de hombros—. No tenía miedo a nada. Trepidaba la casa, se oían las sirenas amenazantes, las ambulancias que le seguían; hasta podíamos oler a quemado por el fuego próximo, y tu padre... tal cual. Me abrazaba fuerte para darme fuerzas; ni aún así podía soportarlo. Le cogí un miedo cerval al metro. Corriendo escaleras abajo, despavorida, aborté dos veces. Ese fue el remate para no cobijarnos allí nunca más. Estoy segura de que perdía el bebé de puro miedo... —Calló un instante, pensativa, contenida la sonrisa.

—Hasta el ginecólogo se sorprendía. «¿Pero tiene usted tanto miedo? Las inglesas no abortan por una cosa así» —me decía él—. Pues serán más frías —le contestaba—. Yo soy latina y las V-1 y V-2 me desgarran por dentro.

»Era imposible mantener la calma —concluyó.

Tras una breve pausa, mi madre giró la conversación hacia unos momentos más felices.

XII. COMO UNA PELÍCULA DE JAMES BOND Y EL FIN DEL DESTIERRO

—**T**ambién pasábamos nuestros buenos ratos, no te creas... —Respiró hondo, entrecortada, como queriendo borrar los malos recuerdos.

—Aquel Londres bélico tenía su lado interesante. Era un trasiego constante, no parábamos de conocer gente nueva. Y cada cual aportaba sus experiencias, todas relacionadas con la guerra. Sin embargo, yo me sentía muy sola muchos días. Sin familia, sin amigas, sobrellevaba mal las largas ausencias de tu padre, así, con mi poco inglés de entonces. Entre el War Office, el *Foreign Office* y las horas de hospital, él tenía más que cumplida su ración de actividades. Pero yo me sentía incómoda, de mirona, sin dedicarme a nada especial. Escuchaba mucho la radio para acostumbrarme al inglés, los conciertos y lo que pillaba. Tuvimos la suerte de alquilar un piso amueblado con un piano. Seguro que fue idea de tu padre, una verdadera sorpresa. Sí, claro, tocaba con mucha frecuencia durante aquellas interminables horas muertas. Fue un alivio para mis largos momentos de soledad.

»Lo cierto es que todo el mundo estaba dispuesto a echar una mano ante la adversidad. La gente sacaba el tiempo de donde fuera para aliviar la situación de los que estaban aún peor. Se hacía lo que se podía. Era admirable la solidaridad británica entre tanto caos. Y yo, sin hablar inglés todavía, no se me ocurría cómo podía colaborar. Era impensable que una mujer joven y sana estuviera de brazos cruzados rodeada de tanta necesidad. Al fin se lo comenté a Lalo y él me contestó sin pensárselo mucho: 'Pues canta'.

»Así que los miércoles por la tarde llegaba al Queen Mary's Hospital, en Roehampton, y mientras Lalo pasaba consulta yo cantaba en la sala de enfermos que me adjudicaran esa tarde. A capela, sin piano, ni nada. Hombres repartidos por las enormes salas abarrotadas. Unas camas pegadas a otras. Algunos tumbados, inmóviles; otros sentados en las incómodas sillas de madera. Los que podían de pie, medio colgados de las muletas o apoyados en la pared. –Noté como Moncha se entristecía.

–Y yo ahí, en un rinconcito de la enorme sala, medio encogida del frío, en pleno invierno, sin ropa adecuada, vestidita con mi traje de entretiempo, de lo poco que pude traer de Madrid, me ponía a cantar canciones de Conchita Piquer, jotas navarras. En gallego, en vasco..., bueno, las canciones que me cantaba mi abuela vasca de niña... Cualquier cosa.

'No me mires que miran, que nos miramos
Y cuando no nos miren, nos miraremos.
Disimulemos.
Que cuando no nos miren, nos miraremos'...

»Aún puedo ver aquellas caras desencajadas intentando sonreírme. Unos chicos jovencísimos pálidos, heridos, medio vendados, mutilados, enfermos... Abatidos. Sin hablar el idioma, igual que yo. Lejos de su familia, como yo. La mirada... humm, perdida, como si las canciones, que no entendían, los transportaran a alguna parte. Ninguno hablaba español, seguro, pero me escuchaban como si me entendieran. Les estoy viendo, con los ojos hundidos, las ojeras profundas. Patético. ¡Maldita guerra!

Recuerdos nítidos, rememorados a cámara lenta. Momentos incrustados en la memoria con todo detalle; sesenta años después mi madre los describía con los ojos humedecidos.

Lo que ella prefería callarse fueron las dificultades económicas de sus primeros tiempos mientras mi padre no acababa de encontrar un hueco profesional. Una cosa era huir de España para salvar el pellejo y otra establecerse con garantías profesionales en una ciudad de más de doce millones de habitantes revuelta por la guerra y además encajar en un trabajo adecuado, cosa que descubrí por lo que mi padre describe en su diario.

Al mes de llegar a Londres con diez libras en el bolsillo y con unas cuantas cartas de presentación para ciertos funcionarios de Whitehall, mi padre entiende que por ahí no hay salida. Ni laboral, ni económica. Después de una entrevista personal con el mismo Ian Fleming, el que luego crearía el famoso agente 007, o sea James Bond, tal como se conserva en su archivo personal de los *National Archives*, en la sección 055A, le ofrecen veinticinco libras al mes por una cooperación indefinida. Obviamente mi padre enfurece puesto que con esa cantidad no podían sobrevivir. Así que tuvo que buscarse la vida.

Por suerte, el coronel Casado le hizo un hueco en su programa de la BBC en español. Además de proporcionarle una pequeña ganancia, mi padre escribía anécdotas e historias para el exterior que él mismo contaba por la radio. Gracias al apoyo de Casado, mi madre también cantó con la orquesta de Jack Payne en el mismo programa para América Latina. El entusiasmo juvenil, unido a la solidaridad que existía entre exiliados, hacían milagros. Pero lo que más ilusión les hacía a mis padres al actuar en la BBC es que la familia le pudiera escuchar desde España. Y así se lo confirmaban por escrito a los pocos días. Aunque tengo mis dudas de si a través de esas transmisiones en español no enviaban mensajes en clave entre republicanos, igual que consignas bélicas a otras partes del mundo, por la gran cobertura de ondas que tenía la BBC, cosa que no he podido verificar, aunque mantengo mis sospechas.

Durante nuestras relajadas conversaciones en Alamares y siempre a vueltas con los recuerdos del Londres de su juventud, mi madre no había olvidado una cierta visita, recién instalados en su pisito de Kensignton, en la primavera de 1942. Ella no reconoció al militar vestido de paisano que apareció por sorpresa, pero Lalo sí. El visitante no se quiso identificar, pero al venir del *Foreign Office* no se entretuvieron en explicaciones. El misterioso emisario les contó que los alemanes habían situado treinta divisiones en la frontera pirenaica con intención de cruzar la Península Ibérica para llegar hasta Gibraltar, situarse en el Estrecho y tomar posiciones en el Norte de África; el eterno temor a la invasión alemana del sur de Europa. El asunto era tan secreto entonces que es muy posible que ni él conociera la trama completa, y tampoco mi padre lo describe en el diario, ni años después

en sus memorias. Tampoco la versión de mi madre y la mía
coincidían cuando tratamos de reconstruirla juntas.

THE BRITISH BROADCASTING CORPORATION

Broadcasting House, London, W. 1

TELEPHONE: WELBECK 4468   TELEGRAMS: BROADCASTS, LONDON

P.O.Box 4, Boreham Wood, Hertfordshire.

27th July, 1942.

Dear Mr. Martinez Alonso,

Mr. Baker passed on to me the script
of your talk "Las Sacerdotisas del Globo
Cautivo," which I have read with interest.
I wonder if you would like to record it
for us, for broadcasting in the Latin-
American Transmission?   If you are able
to do so, then will you please let me know
whether you will be able to meet me at
the reception hall of Broadcasting House
at 3.0 p.m. on Wednesday, August 12th, to
record the talk at 3.30?   This would give
you time to read it over once or twice.

Yours sincerely,

W. A. Tate.

W. A. Tate.

E. Martinez Alonso, Esq.,
57, Vicarage Court,
London, W. 8.

WAT/WMT.

–Por su experiencia en nuestra Guerra Civil, la ayuda de tu padre desde dentro del país podía ser muy valiosa. Eso fue lo que le dijo ese militar –seguía Moncha–. Así que le ofrecieron formar un equipo con cinco ayudantes que él dirigiría bajo el nombre de capitán Martin.

Con un acento inglés impecable, irreconocible como extranjero, español de origen y un considerable conocimiento cultural de ambos países, mi padre encajaba perfectamente como un inglés formando parte de un comando guerrillero. El nombre de Martin servía en ambos países; podía pasar indistintamente como inglés o español a conveniencia. Si a él le pareció una buena idea ya no lo sabré nunca, pero dada su precaria situación económica en principio aceptó, aunque puso sus condiciones: colaboraría con los británicos (que lo depositarían en un puerto español o le tirarían en paracaídas en un punto determinado de la península), solo si Franco declaraba la guerra oficialmente a los aliados; él nunca lucharía contra los españoles. Lalo no estaba dispuesto a enfrentarse contra sus paisanos. El *Foreign Office* aceptó y acordaron pagarle unos honorarios durante el entrenamiento, en ese momento su máxima preocupación.

–No sé cuánto, pero seguro que no era mucho. Tampoco tenía otra opción –continuó mi madre, evocando unos hechos que yo contrastaba con el diario de mi padre.

Le adjudicaron funciones de comando del Servicio Secreto en España, dirigido desde el Ministerio de la Guerra británico, como SOE. Pero para eso tenía que entrenarse en Escocia. El riesgo de los salvamentos humanitarios gallegos durante dos años, burlando a la Gestapo y a la Policía en España, cruzando medio país con el cargamento humano clandestino para traspasar la frontera ilegalmente. Las visitas de doble intención al campo de concentración en Miranda de Ebro, además del paso por Jaca que cuento más adelante, sin mencionar el trasiego madrileño de Embassy junto a Margarita Taylor y las acogidas de los refugiados en su domicilio de Gurtubay, eran un plan de guerrilla urbana informal, cosa de inexpertos. Ahora venía lo bueno.

–El grupo se dirigió en tren a Fort William. Desde allí prosiguieron a la granja especializada en los entrenamientos subversivos. Se llamaba algo así como... Ah... ya, ¡Camus Daruch! Ahí estuvo. Aislado, incomunicado. Yo me quedé en Londres sin tener idea de dónde estaba, ni él tampoco lo sabía antes de salir. Se fue completamente a ciegas. Eso sí, me dejaron un número de teléfono y una clave: 055A, que me obligaron a memorizar en inglés. Nunca la usé, pero no se me ha olvidado.

En Escocia los hombres vivían acuartelados en un ambiente agradable, aunque austero. Aquello era un descampado en medio de un frío glacial, con una buena chimenea y, sobre todo, muy bien alimentados. Lalo recordaría siempre la camaradería de los compañeros y aquel whisky escocés exquisito de cosecha propia. Un lujo entonces. Un militar se encargaba del adiestramiento, otro de los ejercicios físicos y de los «trucos» que debían asimilar. Un aprendizaje duro y completísimo, físico y psicológico. Los superiores debían conocer a sus hombres desde todos los ángulos. Cuantos menos secretos hubiera entre ellos, más fácil sería el trato.

Mientras él estuvo incomunicado en ese lugar desconocido, ella solo sabía que el Ministerio de la Guerra británico se había llevado a su marido para el entrenamiento y seguirían incomunicados. Poco más. Tampoco le dijeron cuándo regresaría. Y tenía que memorizar la clave: 055A, que aún hoy recordaba. Al regreso, aunque mi padre no era aficionado a contar secretos, sí le detalló que los entrenaban para sabotear lugares estratégicos, manejar bombas de mano, voladuras de edificios, puentes, carreteras, vías de tren; cualquier actividad que interrumpiera la posible invasión de los alemanes en España. Los ejercicios se efectuaban a plena luz, o los despertaban por sorpresa de madrugada para actuar en la oscuridad. La improvisación y las estrategias variaban constantemente.

–Aprendió a hacer llaves de judo, golpes determinados en puntos concretos de la anatomía humana, defensa personal. Acuchillar al contrario desde atrás agarrándole por el cuello; golpes en medio de la nariz con el borde de la mano hasta noquearlo. O taparle los ojos con dos dedos abiertos en uve, puntapiés en pleno estómago; ¡una delicia, vamos! Porrazos intencionados para dañar las partes más delicadas de la anatomía... Estábamos en guerra declarada, no te olvides –me aclaraba mi madre, como si yo creyera que me estaba contando una película de James Bond.

Pero Lalo pronto comprendió que estas trampas no se habían hecho para él, ni siquiera en defensa propia. Aunque hubiera otras razones de Estado detrás, esas brutalidades no encajaban con su criterio de vida. Más bien eran la antítesis de un médico educado para hacer todo lo contrario. Mi padre tenía muy claro que aquello no era ningún juego. Esa era una guerra auténtica en la que se jugaban la vida, y la cosa iba muy en serio. Estaría obligado a luchar cara a cara, a vida o muerte contra un enemigo alemán en España. A lo macho y sin miramientos. Visto lo cual, tras pocas semanas de destierro en el descampado escocés, se plantó.

–No sé a quién le daría explicaciones para marcharse, pero lo hizo sin más. El caso es que al regresar a Londres entró enseguida a trabajar en el hospital y se le olvidaron pronto los brutales entrenamientos, aunque nunca dejó de hacer ejercicio. Corría alrededor del Serpentine en Hyde Park todos los días, mientras yo paseaba tranquilamente detrás suyo. Cuando me acompañaba a hacer la compra a la vuelta, cargaba con las bolsas y corría a saltitos, alternando con zancadas largas y pasitos marcha atrás... ¡Ja, ja, ja! En Inglaterra tienen otro sentido del ridículo. Aquí sería impensable entrenar mientras le cargas las bolsas de la compra a tu mujer, ¡entonces!, hoy ya no sé.

Contrastando fechas y documentos desclasificados, después, es obvio que Franco tuviera sus planes y que no era ajeno a diversas amenazas en plena guerra. Aunque cuando me lo contó mi madre yo ignoraba cuál era el propósito que había detrás de los entrenamientos escoceses del SOE, sí sabía que Franco aportó su apoyo militar y logístico al Führer, por lo que el temor de los aliados a una invasión alemana de España tiene su fundamento. Ahora se ha sabido que fue precisamente Alan Hillgarth, destinado en Madrid como agregado naval –y jefe de Inteligencia– quien planeó y consiguió los medios económicos para frustrar esta peligrosa alianza al sobornar a ciertos generales de Franco para que declinaran su apoyo al Führer[21]. En un principio, Inglaterra comienza por limitar las importaciones de cereales, conociendo la hambruna de un país sumamente empobrecido, además del petróleo, mientras Franco no cediera a la presión británica. Pero como condenar a los españoles eternamente al pan negro no dio el resultado esperado, a renglón seguido los británicos optaron por sobornar a treinta de sus generales de tendencia monárquica para forzar el rechazo pro alemán. Por su amistad con Juan March desde sus tiempos de cónsul británico en Menorca, el capitán Hillgarth sabía que él sería el testaferro idóneo para la ocasión. Existía el precedente de los veinte millones de pesetas y cinco millones de libras esterlinas que el millonario mallorquín le había entregado al futuro Caudillo para el levantamiento de 1936[22]. De nuevo, Juan March aceptó financiar los fondos reservados que irían

---

21   C2968/40/41 *National Archives*. El agregado naval británico (capitán Hillgarth) se entrevista con el general Aranda. Repercusión en la propaganda nazi.

22   Peter Day, *Los amigos de Franco*, Tusquets, Editores, Barcelona 2015.

destinados al soborno de los generales elegidos a través del Swiss Bank Corporation de Nueva York para forzarles a rechazar los acuerdos bélicos con Alemania: trece millones de dólares repartidos con esta finalidad. Sabiendo que los elegidos aún titubeaban con respecto a su participación o no con el Führer, igual que Franco, sería el comandante Tomás Peire quien al fin lograra convencer a sus colegas para que rechazaran las propuestas alemanas y aceptaran las británicas. Cada seis meses los militares españoles retirarían la cantidad concertada hasta confirmar definitivamente que Franco no se uniría a Alemania para entrar en la II Guerra Mundial. Para 1942, dichos generales ya habían recibido cerca de cinco millones de dólares, cifra que aumentó en 1943. Alan Hillgarth eligió al general Aranda, por dos millones de dólares, como cabeza del proyecto, con el apoyo del general Kindelan, a quienes se unirían los generales José Varela y Orgaz, de forma que entre todos convencieran al general Franco para que desistiera de unirse al Führer en la guerra europea[23].

En junio de 1942 la conjura anti franquista llega a su clímax al dar un extraño giro a esta operación: se filtran las sospechas del Servicio Secreto del Caudillo y se detiene a Juan March en la Dirección General de Seguridad. Finalmente al mallorquín le cae toda la responsabilidad como gran incitador de esta arriesgada estrategia militar, sin que repercuta en los demás participantes, de modo que el paripé político-militar concluyó sin mayores consecuencias para los principales protagonistas militares. Tan español aquello de «aquí no ha pasado nada», cuando se trata de un tema tan enrevesado como este. No obstante, recordemos que este complot coincide con las fechas en las que los buques de la compañía Transmediterránea, de la que Juan March era el

---

23   Pere Ferrer, *Juan March*, Ediciones B, Barcelona 2008.

mayor accionista, llegaban a Nueva York cargados de judíos europeos, cuando las autoridades españolas intentaban evitar que los americanos los embargaran al reclamo de los judíos desposeídos de sus bienes en Europa. Tampoco sabremos si un asunto acabó enlazándose con otro, y aquí paz y luego gloria.

Puedes descargarte notas de la embajada española y de la Dirección General de Seguridad relacionadas con esto con ayuda de este bidi:

Continuando con las conversaciones entre madre e hija muchos años después llegamos a la conclusión de que estas operaciones de alto secreto militar coinciden con la renuncia de mi padre a participar en la estrategia subversiva del 055A desde Inglaterra. Sea como fuera su manejo, lo cierto es que España no participa en la II Guerra Mundial, mientras las noticias publicadas en una prensa altamente censurada sobre esa lejana guerra ocultaban sin el menor pudor que Franco estuvo mucho más próximo de unirse a los nazis de lo que hicieron creer a los españoles.

No puedo afirmar hasta qué punto mi padre conocía el propósito final de su entrenamiento escocés y si tenía relación directa con este plan hispano-británico. Eso era imposible de saber durante su estancia en Camus Daruch, aislado del mundo. Pero por su íntima amistad con Alan Hillgarth no es descabellado imaginar que algo supiera. Como se entrevió durante la cena de recién casados en Lisboa entre los exiliados invitados por José Mª Gil-Robles, quizá para desviar la atención hacia el regreso de don Juan de Borbón al trono de España, enlazado al complot de los generales encabezado por Aranda. ¡Quién sabe! En su diario, mi padre escribe que volvió a verse en Londres con Alan, sin ampliar de qué hablaron, solo un escueto «muy interesante». Décadas después, es obvio que a medio informar de los hechos, Moncha no podía distinguir una cosa de la otra. Tampoco tenía por qué. Cuando charlábamos entre nosotras sobre sus experiencias de recién casada, resultaba imposible asociar la cena entre fados de Lisboa con los entrenamientos escoceses de su marido a los pocos meses. No digamos ya con los sobornos a los militares españoles con el regreso de don Juan de Borbón al trono para suplantar a Franco. Lo miremos como lo miremos, la finalidad principal de estas estrategias era evitar que España se uniera a Alemania en la II Guerra Mundial. Un rompecabezas histórico rematado con una jugada redonda por los servicios de Inteligencia, aunque diera la impresión de estar mucho más descoordinado de lo que estuvo.

Por lo tanto, el Dr. Eduardo Martínez Alonso no llegó a ser jamás especialista en sabotajes bélicos, ni agente del Servicio Secreto británico. Se quedó solo en aprendiz. Todo aquel rollo de ser el capitán Martin, aquí y allí, quedó en agua de borrajas. Su pacifismo nato, anti militarista, recrudecido con tanta guerra, le hizo aborrecer cualquier participación de este estilo por siempre jamás. Tampoco me queda la mínima duda de que él no tenía ninguna intención de involucrarse a fondo con la Inteligencia británica. El marchamo del SOE vino como consecuencia de su peligrosa labor humanitaria en su propio país, unida a la gran amistad con el capitán Hillgarth para etiquetar su participación bélica. Todo basado en su amistad franca y desinteresada con el convencimiento de ayudar a quienes más lo necesitaban. Igual que mi padre no quiso tomar partido durante la Guerra Civil Española, arrimándose a la Cruz Roja para atender a los enfermos de ambos bandos sin el menor partidismo. Después de todo, él era un médico vocacional con una ética y convencimiento propios, aunque tuviera múltiples intereses ajenos a la medicina, todos ellos alejados de unos asuntos políticos que jamás le interesaron.

Lalo nació vigués y siguió siendo español de alma hasta el final, aunque vivió morriñoso lejos de su cuna entre brumas de nostalgia, como suelen hacer algunos paisanos, para acabar muriendo en Madrid años después recitando a Rosalía de Castro en gallego y soñando en inglés. El resultado típico de la Galicia marinera que por las mismas circunstancias convierte a sus hombres en flexibles y adaptables. Eternos morriñosos de una tierra a la que desean volver, pero que de alguna forma se las arreglan para no hacerlo, creando un círculo de frustraciones emocionales que se renuevan con la nostalgia incentivada por la lejanía, sin definir bien cómo ni por qué.

–Hacia el año 1944, los temas bélicos se fueron relajando y cedieron los contactos con el *Foreign Office*. Tu padre era menos necesario cada vez. Se presentía el final. Vivíamos pendientes de cualquier novedad y escuchábamos regularmente la radio. Cuando cayó Alemania, ¡por fin!, un año después, hubo una explosión popular. Nos tiramos corriendo a Picadilly Circus, agitando las banderitas inglesas. Hasta yo, que nunca perdí mi identidad española, me uní a la conmoción. Por ahí están las fotos... Era un acontecimiento mundial a gran escala. Ni partidos políticos, ni bandos, ni países, ni colores. Hoy solo existían los supervivientes, o los muertos. Ese día todos éramos unos entusiastas más que participaban jubilosos de la alegría colectiva. Mundial, realmente. Millones de personas fascinadas. Londinenses entusiastas echados a la calle en masa y que habían pasado las mismas angustias, los mismos sinsabores durante años. El terror a los *black outs*, sometidos a la voluntad aleatoria de las V-1 y V-2... –Paró en seco y continuó:

–No me puedo olvidar del día en que cayó la bomba atómica. No habíamos desayunado aún... Se suspendió la música y en tono muy grave el locutor anunció: «Ha estallado la bomba atómica en Hiroshima». Nos quedamos atónitos ante la descripción de lo ocurrido. Pero Lalo reaccionó enseguida: «¡Se acabó la guerra!». Y así fue.

Disimulando que todavía le conmovía recordar tanto desastre, mi madre se levantó de la butaca y salió a la terraza a respirar un poco de aire fresco. Como hace años que no fuma para liberarse del estrés que comenzó durante los bombardeos londinenses, intenté cambiar de tema, pero ella quiso seguir.

–Aunque estábamos muy integrados en Londres, sabíamos que desde ese momento nos cambiaba la vida. Teníamos que pensar en regresar a España. Si yo estaba harta de tanta guerra, imagínate Lalo. En primera fila desde el 36 en España, ¡qué barbaridad! Nueve años seguidos de padecimientos era demasiado. Él soñaba con volver a Madrid casi desde el día que aterrizamos en Inglaterra; añoraba más que yo el clima, la comida. Su chato de vino, los toros y el flamenco. Quería ver torear a Manolete, comer sardinas asadas en Bayona... Volver a Redondela. Las cosas que siempre le fascinaron en su país y que eran impensables en Londres. –Sonrió burlona, con la mente allá y los pies acá.

Moncha prefería quedarse. Disfrutar de una vez de aquel Londres en paz. Ya hablaba bien inglés; gracias a su buen oído logró aprenderlo escuchando la radio y eso le permitió disfrutar realmente de aquella vida. A pesar de las trágicas consecuencias de la guerra, de los destrozos causados por años de *Blitz*, en 1945 Londres seguía siendo una ciudad rebosante. Todo estaba por reconstruir, el futuro era esperanzador para una pareja joven como ellos. Había que mirar hacia adelante y tratar de asumir el pasado. Ella solo tenía veinticinco años, y le alegraba ver cómo cambiaban las circunstancias en cuanto desaparecieron los soldados. Como me cuenta:

–Terminada la guerra, teníamos el campo despejado y no esperamos.

»'Nos regresamos; aquí ya no hacemos nada', insistía Lalo. Así que enseguida comenzamos a preparar la mudanza. Pero mira tú por dónde, en pleno ajetreo descubro que estaba embarazada de ti.

–¡Vaya broche de oro! –Reímos.

–Después de años de contrariedades, de dificultades, todo lo bueno llegaba de repente y por eso no me quise mover. Quería tener un hijo, por fin, y estaba encantada de que fuera inglés. El resultado positivo de todo lo bueno y de todo lo malo que habíamos pasado. Sabiendo que nos íbamos sí o sí, a Lalo no le importó esperar unos meses más. También le hacía mucha ilusión regresar a España contigo en brazos.

»Así que en cuanto naciste estaba todo listo para el regreso. Se nos juntaron tantas alegrías... Demasiadas emociones... –Ella se quedó pensativa, con aquella mirada nostálgica que yo conocía tan bien.

–Tu llegada, nuestro regreso. Cinco años de destierro terminados.

»¡Qué alegría, volver!

40   **FEBRUARY, 1942**   7th Week

9 MONDAY (40-325)

*No news yet... OSSA.
Lunch at the String.
cenamos con Benito que
regala a Moncha cosméticos
de todas clases y a mí una
caja de Seven Veltas que
escasean.
nos prestan plancha eléctrica
para que trabaje Moncha.
Quisiera saber si un soldado
raso saluda a una mujer
oficial. Me propongo observar.*

L os «*Baby Boomers*», conforme a la calificación popular de los nacidos tras la explosión demográfica post bélica, somos la renovación biológica en compensación a los millones de muertos en los campos de batalla. Un borrón y cuenta nueva, positivo y alentador, con denominación propia de estudio de mercado, cuando en realidad va unida a la evolución generacional con la que me reconforta identificarme, aunque a la larga seamos los precursores de un mercado de consumo atosigante.

En el mismo año en el que unas audaces bañistas se lucían por primera vez en las playas de la Costa Azul mostrando unos recatados bañadores de dos piezas recién denominados bikinis (en conmemoración al atolón experimental de las bombas atómicas en Japón del mismo nombre), nacimos –día arriba día abajo–, el sultán de Brunei, William Clinton, Paquita la del barrio, Lizza Minelli y yo. Convencida de que crecimos en un entorno y con unos gustos lejanísimos, no por eso dejamos de ser unos adoradores de los *blue jeans* y de Elvis Presley. De aquel *rock & roll made in USA*, tardíamente aterrizado en España y que tanto dignificaron los Beatles con su barniz europeo una década después. Establecida la familia en Madrid, sin regresar a vivir en Londres nunca, entre el *Only You* de unos y el *Yesterday* de otros traspasé una adolescencia imperturbable aprendiendo a bailar agarrado, cuando sustituimos los vaporosos cancanes de *nylon*, conjuntados con unas bailarinas de torero, planas y aniñadas, por unos estilizados tacones y faldas de tubo, transformándonos la anatomía y el andar al destacar unas curvas sensuales insospechadas antes. La metamorfosis de unas jóvenes ingenuamente sexys, obligadas a adaptar por sorpresa los andares y las posturas a la nueva moda de la que ya no nos libramos. Las fastidiosas medias de cristal que remataban el atuendo de adulta (otra nueva preocupación femenina) completaron aquellas ingenuas modas pioneras. Maquillarse fue otro difícil e interminable aprendizaje al que hemos tenido que ir adaptándonos gradualmente según marcaban la pauta Revlon, Rimmel, o el estilista de turno.

Las batallas callejeras parisinas de mayo del 68 pasaron bastante desapercibidas en España, como noticias todavía controladas por la censura franquista. Yo aún no iba a la universidad y por eso me libré de enfrentarme a unos grises ramplones que perseguían a los estudiantes a batacazos. Fue sin embargo el revuelo parisino, que apenas retumbó por aquí, el que logró etiquetarnos como la generación contestataria y progre del siglo XX, cuando lo que hubiéramos preferido muchos, de conocer su existencia, era convertirnos en los irresponsables hippies del otro lado del Atlántico. Cosa que aquí pocos se atrevieron a emular unos años después con el descaro y la fuerza con que nació en California esa filosofía ya deshilachada para cuando alcanzó las costas ibicencas. Los precursores de nuestra libertad sexual, el porro y del pasotismo hace tiempo que peinan canas, aunque algunos se empeñen en lucir la misma cola de caballo de entonces, creyendo que así quizá se rejuvenecen. Mientras tanto, las beldades rubias de torsos desnudos y esculturales redondeces con las que paseaban de la mano, arrastrando los pies con desgana en los conciertos pop del inicio, son hace tiempo abuelas ajadas. La consecuencia realista de una filosofía efímera y desconcertante, hermana del *country*, del *soul* y del *rock*, que duró lo que dura la jugosidad juvenil y que se esfumó con el cannabis y los delirios del LSD, al abusar de una libertad permisiva y descontrolada, escandalosa y envidiable.

En cambio, en la Ciudad Universitaria, los grises de a caballo zurraban fuerte y sin misericordia con las porras de goma al que se atreviera a propasarse en sus quejas. Aunque los que no la pisábamos no nos enterábamos de lo que pasaba a cuatro paradas del metro de Alonso Martínez. Porque nadie hablaba de ello, y menos aún la prensa. Solo, y muy bajito, se comentaban los sucesos parisinos paralelos en los corrillos próximos a las familias de los estudiantes que sorprendían apedreando a los guardias. Pero se lo callaban como muertos. Un revanchismo manifiesto podría repercutir en el futuro de los muchachos detenidos en la Dirección General de Seguridad, cebándose contra ellos hasta hacerles terminar encarcelados en Carabanchel. Años después, muchos de aquellos jóvenes audaces y respondones ocuparon puestos altísimos en la nueva sociedad democrática. Pero para los que aún desconocíamos el verdadero significado de la palabra contestatario, esa capital de España, entre provinciana y cosmopolita en la que nos movíamos, tenía su encanto. Había poco tráfico, desconocíamos la polución atmosférica y acababa de nacer la niña número dos millones (de habitantes) en Madrid, lo que indica lo holgados que estábamos de espacio y prisas. Los semáforos, plantados tímidamente en céntricas esquinas estratégicas, comenzaban a sustituir a los guardias urbanos mientras aprendíamos a circular a colores: ojo en rojo, adelante en verde radiante, alerta en ámbar. Una civilizada educación urbanística que damos por sentada hoy sin notar cómo se fue incrustando en nuestra psique desde entonces hasta convertirse en un arquetipo de identificación universal que pocos reconocen como un práctico invento de posguerra. En Madrid, al menos, el ocio de los jóvenes se limitaba a los bailes y las películas del cine. Cantinflas al natural, frente a los John Waynes y Gary Coopers de importación, doblados con acento castizo, aparecían salpicados de algún que otro *film* de romanos, intercalados con las españoladas de Benito Perojo. En la radio, coplas de exclusiva fama nacional, Antonio Machín, Molina, o rancheras de voces viriles y mensajes dulzones y machistas, se alternaban con los chistes de Gila los martes, que nos hacían refugiarnos en casa, en competencia con las sesiones radiofónicas de Pepe Iglesias, El Zorro, los jueves. Inocentes reuniones familiares que perdieron mucho encanto al destaparse las voces antes imaginadas y sin cara a través de la radio en cuanto aparecieron de cuerpo entero en la pantalla de televisión. Misa los domingos por la mañana; por la tarde, cine, fútbol o toros, y, según la época del año, paseos por el Retiro o Rosales, rematando en una tasca del centro a tomar tapas con un chato de vino o una caña de cerveza. Con el buen tiempo, una horchatita en cualquier chiringuito, ya desaparecidos del Paseo de la Castellana, nos permitía participar en el relajado paseo de los madrileños desocupados. A las madres y abuelas con los niños, o los colegiales camino a casa despreocupados, observando el paso cansino de los pintorescos barquilleros cargando con el voluminoso bombo de latón rojo, lleno de las dulces viandas, para gozo de los pequeños que se jugaban su fortuna al vuelo de los números marcados.

Visitar Embassy entonces para mí no era solo disfrutar de un lugar distinguido en el que te servían los dulces más exquisitos del país rodeada de clientes lujosos. Yo iba especialmente a saludar a su dueña, Margarita Taylor. Una querida amiga como de la familia que nos recibía con enorme alegría y de brazos abiertos cada vez que nos veía aparecer a cualquiera de casa, cuando no éramos además invitados asiduos a los acontecimientos íntimos de su vivienda situada sobre el establecimiento. Ella en cambio iba a vernos con menos frecuencia porque realmente era una señora muy ocupada, aunque sí tratamos más a su hija Consuelo cuando viajaba a Madrid y nos visitaba hasta el final de su vida. Por la relajada cordialidad que existía con mis padres, desde niña intuí la deferencia mutua que se tenían. Ya entonces Margarita me dedicaba unas charlas a solas que hoy reconozco excesivamente íntimas y en las que llegó a contarme muchas confidencias particularmente serias para mi corta edad, lo que retengo afectuosamente por respeto a su memoria. El mismo respeto con el que ella nos trató a nosotros.

Entre los que yo conocí, sin saber nada de sus pasadas actividades, los compañeros de los rescates humanitarios clandestinos durante la II Guerra Mundial se trataron siempre con tal deferencia y cariño que los hijos solo los imitamos. Aunque no supiéramos toda la verdad, tampoco hacían falta demasiadas aclaraciones para entender sus simpatías. Una cómoda sensación de bienestar fluía entre ellos en cada encuentro. Por supuesto, durante estos ni media palabra sobre aquello. Aunque al cabo del tiempo su experiencia bélica fuera la base de su intima amistad posterior, siempre he considerado a Margarita Taylor una mentora discreta, inteligente y sensible. La abuela inglesa que hubiera querido tener y no tuve, ya que para nosotros era la amable amiga irlandesa que, aunque muy adaptada al ambiente español, no se olvidaba de ningún San Patricio para enviarme la mejor tarta de *mousse* que he comido nunca, o el *Christmas pudding* por Navidad, dos ritos tradicionales repetidos año tras año y que disfrutamos con gran placer en familia. La vida tampoco le concedió a ella, tan maternal, un ansiado nieto, por lo que esos cálidos roles adoptivos fueron recíprocos. Visto en retrospectiva, agradezco a la Providencia que me concediera la oportunidad de tratar a Margarita tan de cerca y conservar su afecto hasta el último día. Quien todavía la recuerde sabe que la dueña de Embassy no era una mujer simpática con todo el mundo; al contrario, ponía distancia o se mantenía impasible cuando creía que tenía que hacerlo, aunque también sabía a quién transmitir una ternura sin tapujos. Tengo el privilegio de haberla sentido así desde mi infancia al recordarla con respetuosa devoción en mi madurez. Por eso no debemos creer a los que le han inventado un extraño pasado desde que yo saqué a la luz por primera vez su actividad humanitaria clandestina, inventándose historias sin ninguna base real, al punto de publicarlas en la prensa e incluso exponerlas en Google. Todo eso son inventos. En mis veinte años de investigación sobre los salvamentos humanitarios a través de España no se ha encontrado un solo archivo o documento oficial donde se la mencione. Y no he sido la única investigadora que lo ha buscado. Por lo tanto solo nos queda creer lo que ella, o las personas más próximas, como su hija, pudieran contarnos de su vida.

Como un contraste paradójico de nuestra amistad, la ocasión a la que jamás faltábamos a su casa era en los desfiles de la Victoria cada primavera. En el mismo domicilio del Paseo de la Castellana en el que dio refugio a los fugitivos durante la guerra y mantuvo el secreto entre sus cuatro paredes el resto de su vida. Años después, en los salones donde los «forajidos» se relajaban en el camino hacia su salvación, nuestra amiga irlandesa recibía a sus más íntimos en la soleada mañana madrileña, cuando nos obsequiaba con sus deliciosos aperitivos en privado, mientras los representantes festivos del Ejército español desfilaban marciales por el paseo. Allí donde a través de los árboles se distinguía el material del que estaba hecho el sombrero de doña Carmen y cómo le aumentaba la tripa de año en año a su orondo marido. Altivo y gallardo, en esta ocasión especial Franco aparecía como un Cid Campeador, blindado por los jinetes de su guardia mora, capas al viento. Luciendo sus mejores galas y condecoraciones con orgullo, el Caudillo se mostraba arrogante y muy estirado al mirar hacia un horizonte tan ilimitado como el que él se veía para sí mismo: aclamado por sus súbditos al paso del cochazo descapotable que en su día le regalara Adolf Hitler.

Es verdad que en nuestra infancia había pocos viajes y prácticamente ninguno al extranjero, excepto los largos veraneos de tres meses en Galicia en los que viajábamos de noche, envueltos en las sábanas de una litera estrechita y divinamente hecha. Mecidos por el interminable traqueteo, dormíamos plácidamente cubiertos de carbonilla, camino de un ocio estival prolongado de mares fríos y exquisitos peces. Redondela marcaba la antesala del fin, intuyendo el melancólico son reiterado y estridente de una gaita aún por escuchar.

Luego nos bajábamos en la siguiente estación: Vigo. La reunión familiar en torno a la abuela Guillermina en La Portela, con parte de sus once hijos y nueras, y los treinta y dos nietos que llegaban de varias partes del mundo era un estímulo físico y emocional para los niños y un aliciente para los mayores del que ninguno se ha olvidado. Además de disfrutar de las frutas que recogíamos directamente del árbol a cualquier hora y de los cientos de churros que preparaba la abuela para el desayuno, los chiquillos corríamos en alpargatas de arriba abajo y con los flotadores de goma, listos para el chapuzón, por el estrecho caminito interior hasta llegar al mar. Las mismas ortigas punzantes, los mismos helechos incontrolados en escalafón, perpetuamente humedecidos y desparramados a nuestro paso, convivían con las zarzamoras enredadas en los postes de los viñedos. Disfrutábamos de la misma sensación de libertad que no tantos años antes debieron sentir los refugiados por aquel sendero que les abría la última puerta hacia su libertad. Unos y otros nos deslizábamos seguros entre las mismas paredes protectoras al conducirnos hacia la misma Ría de Vigo en este paraje de ensueño. Los niños salíamos ingenuos por la misma puerta chirriante y escondida entre los matorrales que usaban los amigos del MI6 para conducir a los indocumentados hasta las embarcaciones y dirigirlos hacia un destino indefinido. Ellos para salvar su vida; nosotros para gozarla. Traspasar aquella salida minúscula hacia un insignificante embarcadero de frágiles tablas irregulares era su esperanzado fin del trayecto. Para los niños, años después, el feliz chapoteo familiar, ignorantes de los secretos que guardaba el lugar, ocupados solo de disfrutar de nuestra niñez, creyéndonos libres y felices.

Aquella Portela, situada en un recodo de Redondela frente a la Isla de San Simón, favorecía diversas actividades dentro del estrecho núcleo familiar en el que convivíamos varias generaciones. Era tan normal ver ordeñar a Lola la Grande las vacas del establo, como escuchar que al tío Guillermo (tan agnóstico como sus hermanos) se le había aparecido la Virgen una noche a los pies de la cama. Solo que cuando la recua de sobrinos le insistíamos en que si podía distinguir a la Virgen de Fátima o Lourdes en aquella increíble aparición, el tío contestaba sin alterarse que el resplandor era tan cegador que no se lo permitía. Y nosotros nos quedábamos dudando de si algún día podríamos experimentar algo parecido, obviamente después de hacer la Primera Comunión.

Además de alentar la convivencia en esta original y estimulante concentración familiar, las reuniones veraniegas favorecían el trato entre los vecinos. Participar en las romerías y los festejos patronales era una costumbre local a la que acudíamos los niños en tropel, absorbiendo cada instante vivido. La feria de ganado en particular era todo un acontecimiento. Deambulábamos en grupitos escabulléndonos entre las piernas de los mayores para ver más de cerca a los animales y comíamos rosquillas resecas cubiertas de azúcar glass. Palpar a los terneritos, los cochinillos y las ovejas en ese austero rincón ganadero de un pueblito marinero gallego eran unas vivencias muy distintas a las madrileñas. Envueltos en el olor a pinos y a mar con la marea alta, o al fango, con la marea baja, cuando se cultivan los moluscos más exquisitos del mundo, frente a los aromas singulares que despedían los animales entre el tumulto de unos paisanos de pómulos marcados y largos mentones que charlaban con desparpajo y a gritos, haciéndonos sentir, igual que ellos, que no existía más mundo que aquel. Mujeres, chiquillos, hombres con boina y garrochas de apoyo al paso rústico, compartíamos aquel ajetreo que nos envolvía de felicidad. Una atracción natural que nos superaba al intuir que éramos parte de todo aquello, sin que nadie nos lo explicara. Momentos inolvidables que permanecen en la retina y en el alma para siempre. En Madrid llegué a tener tres Mariquitas Pérez, quizá regaladas por algún paciente agradecido de mi padre y con las que recuerdo cuánto me gustaba jugar en solitario durante horas. Pero nunca aprecié tanto aquellas muñecas como las sanas alegrías populares de mi infancia gallega. Unas vivencias tan inolvidables como la procesión acuática de la Virgen del Carmen en el día de su fiesta. Veo entre mis recuerdos a los feligreses rodeando su lancha engalanada con banderitas de papel, a una imagen erguida, la melena alborotada, alzada sobre un pedestal cuajado de flores silvestres, cargando al Niño en sus brazos envueltos en un universo de cohetes ruidosos y humeantes. Las ensordecedoras sirenas de las lanchas del cortejo los seguían en una pugna de pitidos estrepitosos. Detrás, copando ya la ría, otras lanchas con gaiteros y mozas vestidas de gallegas y palmoteando enérgicas el pandero atado a la cintura gesticulaban un canto a toda voz, que la distancia y el ruido nos impedían escuchar; el más tierno, espontáneo y ensordecedor homenaje a la patrona marinera que guardo en mi memoria. Los niños apelotonados en el balcón observábamos la escena entre barrotes sin oír bien las canciones por la distancia, ingenuamente conmovidos, ignorando por qué, al contemplar la pintoresca procesión que se deslizaba sobre una ría de Vigo revuelta de olas. Cuando al anochecer estallaban los fuegos artificiales, como relámpagos inmunes que languidecían sobre la isla de San Simón, los más pequeños caíamos rendidos, incapaces de rematar la fiesta completa, mientras los jóvenes se componían para salir al baile. Aún les queda mucho por festejar.

En los días represivos, sociales y políticos de grandes privaciones para tantos, en casa vivíamos condicionados a la profesión de mi padre, como único medio de sustento, sujetos a la incertidumbre económica de una profesión liberal en la que se reflejaba la inestable realidad del medio. Como cualquier comerciante, teníamos que esperar la entrada del cliente/paciente por la puerta para hacer frente a los gastos, y aunque mi padre llegó a ser un cirujano torácico famoso que pudo mantenernos dignamente, nunca perdió su toque altruista y continuó ejerciendo hasta el último momento como jefe de Servicio de Cirugía Torácica de la Cruz Roja, en Madrid sin cobrar durante más de cuarenta años, con lo cual su familia quedaba mucho más limitada de lo que pareciera. Pasado el largo período de escasez de posguerra, que afortunadamente no recuerdo por mi corta edad, la sociedad de consumo aún balbuceaba. No existía la tarjeta de crédito, ni se sabía qué eran las compras a plazos. Escaseaban artículos que otros países desarrollados ya disfrutaban, pero que los españoles tampoco echábamos en falta por desconocidos. Hoy, por el contrario, inmersos en una sociedad de consumo (democrática, eso sí) supuestamente equitativa, en una Europa unida por el euro y las copas de fútbol, se dejan de lado otros criterios mucho más sensatos, pendientes de cubrir los excesivos gastos impersonales con dinero de plástico, mientras se nos niegan artículos imprescindibles, curiosamente concebidos para consumirse, si no justificamos los fondos para pagarlos. Clasificados globalmente por grupos sociales aleatorios, seleccionados por unos algoritmos robóticos, en este siglo XXI se nos aplican unas reglas económicas absurdas e impersonales de estadísticas estandarizadas para atraparnos en una peculiar rueda mercantil que nos acepta o desclasifica sin más. Un invento que nos mantiene ficticiamente activos en un círculo vicioso de trampas y necesidades superfluas, omitiendo otros criterios más lógicos, de forma que vivimos sujetos a unos proyectos macroeconómicos globales, relegando las micro necesidades, a veces acuciantes, que ellos mismo provocan.

El contraste entre las vacaciones gallegas y la vida madrileña, por otra parte, era muy estimulante. Dos ambientes prácticamente opuestos. En Redondela corríamos a nuestras anchas, solo limitados por las horas marcadas de las comidas y nos relacionábamos con toda naturalidad con el vecindario y la familia. Los primos dormíamos de tres en tres, hasta de cuatro en cuatro en una misma habitación sobre el establo, embebidos por el aroma penetrante de las vacas que se confundía con el de los barriles de vino de la bodega contigua. Un misterioso lugar permanentemente húmedo y cerrado donde jamás entraba el sol. Sensaciones que me han quedado impresas en la psique y más aún en el olfato, reapareciendo en los momentos y lugares más inesperados. Ese capricho mental que salta de repente para impedirte olvidar tus verdaderos orígenes. Aquellas sencillas y enriquecedoras experiencias, alternadas con el ajetreo de Madrid, me permitieron crecer como una hija única rodeada de adultos, entre el gusto musical de mi madre y la sensibilidad humanística de mi padre. Unas manifestaciones imperceptibles pero estimulantes para una niña observadora y solitaria, que marcaron mi futuro más de lo imaginado.

Por nuestra casa pasaban personajes muy variados. Aparte del abundante trasiego de parientes cercanos y lejanos que hacían de ella un centro de paso, o la excusa para otras permanencias más estables, en nuestro cuarto de huéspedes han dormido desde destacados artistas, médicos internacionales, músicos y escritores, hasta los más desafortunados pacientes y tuberculosos sin medios para costearse una pensión a la espera de ser atendidos por caridad en los hospitales antituberculosos de la Sierra de Madrid. O a través de La Cruz Roja Española, donde mi padre regresó sin mayores problemas tras especializarse en Londres y Estocolmo como cirujano torácico. Aún no existía la Seguridad Social y faltaban pocos años para que la situación se automatizara, despersonalizando la identidad del enfermo en algo tan delicado como la salud, lo que ha beneficiado a muchos, sin duda, pero ha limitado el calor humano que transmitían los médicos de entonces, a pesar del injusto desnivel económico. Ser generoso en la adversidad, sin ese filtro monjil y humillante franquista, me hizo entender muy pronto la fortuna que tiene el que da frente al que recibe. Siempre está en el lugar aventajado. Esta sutil lección benefactora se reconfirmaba cuando me hacían recoger mis juguetes en una maleta para llevarlos al hospital y repartirlos entre los niños pacientes. Nunca rechisté, aunque fueran los mejores. Desprenderse de los objetos queridos sin medir su valor material a beneficio de otros menos afortunados antes de tomar conciencia de su valor fue una estupenda lección práctica de altruismo. Aparte de que nada dura para siempre, cuando lleguen otras necesidades realmente acuciantes que no podamos afrontar nos pillarán menos desprevenidos.

Coincidiendo con la hora de consulta a media tarde, nos reuníamos en un pequeño cuarto interior (aún no entiendo como aparecía por allí tanta gente sin avisar) con estudiantes de medicina, amigos, colados y pacientes de confianza en un entrañable intercambio de risas y palabras alentadoras. Se contaban chistes y anécdotas intrascendentes para desviar la angustia reprimida propia del enfermo que visita a un médico amigo en la intimidad con la esperanza de no tener nada grave. Mi madre estaba presente también, como un estimulante complemento al diagnóstico de mi padre que estoy segura sirvió de soporte a más de uno. En las noches, durante las cenas entre amigos, la atmósfera clínica pasaba a un segundo plano y daba paso a otra más relajada y frívola donde se combinaban los amigos e invitados más heterogéneos con artistas de cine y de teatro, la mayoría también pacientes. Bailaores, cantaores, guitarristas de distintos toques (español, flamenco, clásico) que, desconectados de los problemas presentados en la consulta, se sentían más relajados durante estas reuniones nocturnas. Por esas típicas inquietudes de mi padre, metido en distintos asuntos de su interés al mismo tiempo, además de los amigos que se turnaban en las cenas de los miércoles y celebramos durante más de veinte años, nos visitaron Frank Capra, Nicholas Ray y otros directores de Hollywood que pasaban por Madrid al reclamo del cineasta Samuel Bronston, el productor de *El Cid, Lawrence de Arabia* y *55 días en Pekín*. Billy Wilder, otro gran director norteamericano atraído por nuestro país, nunca llegó a ser nuestro invitado, pero sé que vivía sigilosamente durante muchos años en un ático de la calle Zurbarán, frente a nuestro piso, rodeado de estucos pompeyanos recopilados de alguna película, mientras descansaba con su familia, y de incógnito, de sus rodajes con Audrey Hepburn o Bette Davies, sus actrices predilectas. Aún me asombra que ningún periodista descubriera su escondite del barrio Chamberí, en el que se refugiaba alternativamente, solo o con su familia, hasta por lo menos los años 1970.

Entre nuestros invitados estaba también Ava Gardner, amiga y paciente de mi padre, y la más famosa de nuestras artistas invitadas en las cenas de los miércoles. Ava era una mujer deliciosa que destilaba mucho más glamour al natural que en la pantalla. Sensual, bella por dentro y bellísima por fuera, cálida, simpática y de una gran dulzura, su sonrisa irradiaba una luz propia deslumbrante. Era una mujer extrovertida, feliz en apariencia, y a la que se la notaba cómoda al exhibir sus encantos entre los españoles. Madrid era su casa y ella se sentía en casa durante más de una década. La posteridad no le ha hecho la justicia merecida por sus apariciones en papeles de mala o dura. Todo lo contrario a la realidad. Quizá encarnaba esos personajes precisamente por su aspecto físico, por el contraste marcado de un pelo negrísimo con una piel blanquísima de inglesa barnizada en Hollywood. Una imagen natural endurecida a propósito en la pantalla de cine pero opuesta a su seductora personalidad.

Al natural, Ava gesticulaba con ademanes distinguidos, nada afectados y una elegancia genuina, cuya dulzura, por la razón que sea, sus directores no reflejaron en la pantalla.

Extrovertida entre nosotros, nunca disimuló el cariño especial que le tenía a mi padre, quien, aunque parezca raro en un hombre al que le encantaban las mujeres, tampoco exteriorizaba lo mismo hacia ella, al menos en público. Entre las vivencias que compartimos con la actriz, sé que él la ayudó discretamente a que adoptara un niño español mientras aún estaba casada con Frank Sinatra, según creía, la única forma de salvar el tormentoso matrimonio con el actor. Juntos visitaron varios orfelinatos en busca del hijo ficticio español que ella no podía concebir. A pesar de la perseverancia y la influencia que pudiera ejercer el médico de la actriz para conseguir su propósito, aquellas monjas españolas de estrechas miras morales y religiosas encargadas de custodiar a los huerfanitos en los orfelinatos pusieron como impedimento la excesiva fama de los padres adoptivos y el vacío religioso en el que crecería su hijo para negárselo en adopción. Jamás aceptaron entregarle un anónimo niño español a la famosa actriz internacional en la cumbre del éxito.

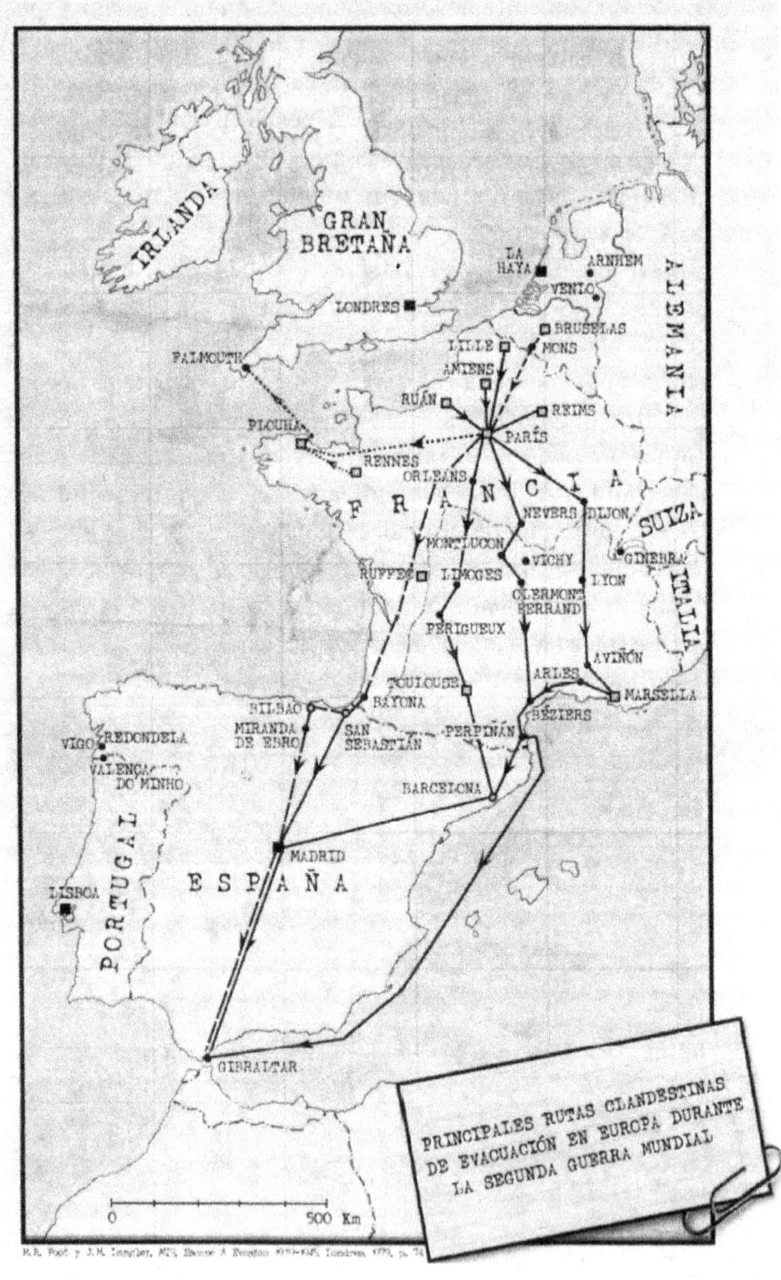

IRLANDA
GRAN BRETAÑA
ALEMANIA
LA HAYA
ARNHEM
VENLO
LONDRES
BRUSELAS
FALMOUTH
LILLE
MONS
AMIENS
RUÁN
REIMS
PARÍS
PLOUHA
RENNES
ORLEÁNS
FRANCIA
SUIZA
NEVERS
DIJON
MONTLUCON
VICHY
GINEBRA
RUFFEC
LIMOGES
LYON
CLERMONT FERRAND
ITALIA
PERIGUEUX
AVIÑÓN
ARLES
TOULOUSE
BILBAO
BAYONA
MARSELLA
BÉZIERS
VIGO
REDONDELA
MIRANDA DE EBRO
SAN SEBASTIÁN
PERPIÑÁN
VALENÇA DO MINHO
BARCELONA
PORTUGAL
MADRID
ESPAÑA
LISBOA
GIBRALTAR
PRINCIPALES RUTAS CLANDESTINAS DE EVACUACIÓN EN EUROPA DURANTE LA SEGUNDA GUERRA MUNDIAL
0
500 Km

XIV. LAS RUTAS DE SALVAMENTO

Entre los variados invitados que nos visitaban no faltaba a su cita el capitán Hillgarth, concluidas sus actividades diplomáticas y militares de los años 1940 y restablecido en Irlanda. Viajaba a Madrid al menos tres veces al año con una u otra excusa y aparecía siempre con la confianza con la que le recibíamos a él y a su familia. Mi madre le perdió enseguida el miedo de su primer encuentro de recién casada y desde el momento en que empezaron a tratarse en Londres durante la guerra se profesaban el mismo afecto que le unía a mi padre. Como es natural, Alan también estaba bastante más relajado que entonces y en la intimidad, como siempre, hacía gala de un chispeante sentido del humor británico. Se reía mucho con nosotros y aparecía como un hombre pleno y feliz. Aunque fuera cumpliendo años, se mantenía en forma y disfrutaba de la vida intensamente, lo que se le notaba en una vivacidad divertida, gozando de todo lo que España y los españoles le ofrecían, muy lejos ya de las tensiones de la guerra. Alan Hillgarth era un amigo discreto que aparecía y desaparecía invariablemente y con sigilo de nuestras vidas durante cerca de cuarenta años y al que se le respetaba, no solo como al viejo amigo que era, sino por haber compartido con Lalo unas experiencias tan insólitas como secretas. Entre ellos existía una simpatía difícil de clasificar para quienes no hayan experimentado algo parecido. No he conocido otro vínculo más auténtico y leal entre dos personas que el de Alan y mi padre. Parecían confabulados en una relación personal, casi idílica, indescifrable, de las que perduran entre hombres que han compartido y superado situaciones de extrema gravedad. Y grandes secretos. Algo que únicamente ellos dos parecían entender y que los demás respetábamos por su valor sentimental. Una fidelidad alentada sin disimulo por los protagonistas hasta el final de sus vidas sin el menor altibajo.

Aunque delante de mí, y mucho menos de extraños, raramente se hablaba de la guerra, o de las actividades extraoficiales de nuestro amigo en España (no digamos ya, referencia alguna al MI6), siendo jovencita, en una ocasión el antiguo capitán de Marina parecía ansioso por contarme una experiencia en particular. Como si creyera oportuno que yo supiera en qué estaba basada esa intimidad con mi padre. Durante una de las muchas cenas que compartimos en casa, me contó:

–Siendo agregado naval en Madrid, hacia 1940, tuve que pedirle a tu padre que me ayudara en un asunto altamente peligroso y delicado. –Y me lo explicaba veinticinco años después de ocurrido con la misma mirada atemorizada, implorante, de aquel tiempo al recordarlo.

–Teníamos inmovilizados a cientos de polacos y otros prisioneros aliados, entre ellos muchos judíos, en el campo de concentración de Miranda de Ebro, en la provincia de Burgos. Desde Gobernación nos decían que Franco no quería interferir, que no se podía hacer nada, lo que significaba que los repatriarían. Algo impensable. Si se habían escabullido de unas horribles matanzas en su país, arriesgado a llegar a duras penas hasta España para terminar encarcelados en Miranda de Ebro, no podíamos permitir que los devolvieran a sus orígenes. Los matarían a todos, seguro. –Mis padres y yo escuchábamos a Alan muy atentos en el silencio del comedor.

–Londres nos tenía alertados; había que hacer todo lo posible para que no fueron extraditados, en cuyo caso sabíamos que morirían sin piedad. Yo estaba tan preocupado que realmente no sabía qué hacer. Se lo conté a tu padre por si a él se le ocurría alguna solución. Teníamos que salvar a esa gente como fuera. Todos nos arriesgábamos mucho durante nuestra misión en la guerra, pero él aún más. Y sin dudarlo un momento, Lalo me ayudó.

Mi padre le escuchaba risueño, sin intervenir en la conversación, y mi madre observaba dulcemente a Alan, como si también fuera la primera vez que oía lo ocurrido. Ni siquiera ante un testigo tan directo y en privado afirmaban o negaban su participación en los salvamentos humanitarios. Yo jamás les había oído hablar abiertamente de ese tema y esa fue la única vez. Desde entonces, los comentarios esporádicos de la relación bélica entre Alan Hillgarth y mi padre me han llegado de refilón o a través de terceras personas. Como en tantos aspectos de esta historia, mi madre respetó el íntimo secreto que su marido se llevó a la tumba y ninguno habló, ni siquiera a su única hija.

Una consigna prioritaria del Primer Ministro Winston Churchill a su coordinador del SIS y del SOE recién llegado a Madrid, el capitán Hillgarth, era evitar reclutar a colaboradores de izquierdas para sus trabajos *underground*. Sabía muy bien que el Gobierno franquista, apoyados por la Gestapo, los eliminaría si llegara a descubrirlos. Aunque yo tenía claro que mi padre había sido uno de los primeros colaboradores *amateurs* en España, desde el mismo día que se declaró la guerra, el 3 de septiembre de 1939, Alan debía saber interpretar los deseos de su Primer Ministro. Al fin y al cabo ambos habían pasado por la sección de Inteligencia naval británica. Churchill provenía del Almirantazgo y tenía muy buenas referencias personales del capitán. En ese aspecto hablaban el mismo idioma. Y mi padre, un español anglófilo criado en Glasgow, estudiante de medicina en Liverpool y terminada la Guerra Civil del lado ganador en España, encajaba perfectamente para este delicadísimo proyecto en España. Luego supe que la doble función del Hillgarth causó bastantes enfrentamientos con el embajador Hoare por su audacia y peligrosos resultados internacionales. Pero el historiador David Stafford[24] nos lo aclara: Hillgarth seguía las instrucciones directas del Premier saltándose al embajador si era necesario.

Han tenido que transcurrir todos estos años para enterarnos de que las maniobras utilizadas durante los salvamentos españoles dieron los resultados esperados, antes de que los documentos oficiales lo confirmaran. Mientras barruntaba los sobornos a los generales monárquicos para que hicieran desistir al Caudillo de sus simpatías pro germánicas, y sin dejar de atender su misión oficial complementaria en Lisboa, Gibraltar y Tánger, Alan tuvo frecuentes enfrentamientos con el embajador Hoare en Madrid por no compartir

----

24   Stafford, *D. Churchill & Secret Service*, Abacus, Londres 1997.

las órdenes directas que él recibía de Londres, relacionadas con los salvamentos de Miranda de Ebro. Una tensión interna que se extendía a Michael Creswell, encargado del MI9, durante su interminable ayuda a los refugiados de principio a fin de la II Guerra Mundial, según me contó su hijo Colin hace un tiempo.

Puedes ver una muestra de la correspondencia de Alan Hilldagart al Premier británico con ayuda de este bidi. En ella una carta dirigida a Churchill el 19 de noviembre de 1940, Alan Hilldagart le explica que si no se ayuda a los españoles en difícil situación todos sus esfuerzos habrán sido en vano.

No es extraño entonces que mi madre notara un ambiente tenso el día que comió en casa de los Hillgarth en Madrid, recién casada y listos para huir a Lisboa. Demasiadas cosas se barruntaban en la neutral España en paralelo a la guerra en Europa. Afortunadamente, en medio de tanto trasiego y cruce de noticias, el tiempo se las arregla para hacer justicia y acaba por colocar la verdad en su lugar. Serán los documentos oficiales desclasificados décadas después los que confirmarán que aquel secreto proyecto diplomático fue un éxito humanitario. Podemos imaginarnos la calamitosa situación en la que se encontraban los prisioneros de Miranda de Ebro cuando Alan pidió ayuda a mi padre. Junto a los reclusos rezagados de nuestra Guerra Civil en abril de 1939, el relevo europeo inmediato añadió patetismo a un escenario ya escabroso de por sí; hambre, pavor, angustia, incomunicación. Sin saber qué ocurría fuera, escasos de alimentos, ropa y medicinas, corriendo el riesgo de ser deportados o fusilados por orden franquista y sin juicio o explicaciones. Aislados de todo lo que no fuera su propio terror, la incertidumbre, o de caer enfermos por la escasez generalizada, la falta de higiene y el hacinamiento, aquellos hombres padecían el tormento añadido de no saber además qué futuro les esperaba. Era imprescindible por lo tanto rescatarlos, o al menos aliviar la situación de los más de tres mil presos provenientes de los países ocupados por el Tercer Reich. Había que socorrer como fuera a los presos recluidos en la España neutral en un espacio inicialmente previsto para quinientos. De forma que mi padre organizó una ruta desde Miranda de Ebro hacia Portugal pasando por nuestra casa de Redondela, donde se los acogía brevemente antes del cruce ilegal de la frontera.

Considerando los innumerables impedimentos oficiales para conseguir los visados de entrada y salida, aparte de los salvoconductos para circular por España –todo ello recrudecido por la llegada masiva de judíos escrutados por la Gestapo incluso en España–, no eran pocos los escollos que debían superarse en esta aventura. Los extranjeros evadidos e indocumentados que caían presos (aunque España fuera neutral) esperaban una respuesta indefinida a ser liberados si no se hacía algo por evitarlo, mientras que los fugitivos pro-nazis eran libres de regresar a sus orígenes. Ya en manos de la Policía o la Guardia Civil debían avisar al agregado militar de su embajada, a quien no siempre le llegaba el requerimiento como se esperaba, prolongando aún más una espera insufrible. Un proceso que en Suiza tardaba horas en solucionarse y en Suecia pocos días, en España podría llevar semanas o incluso meses, por lo que la mayoría de los detenidos que llegaban a pecho descubierto preferían inventarse una historia y salir lo mejor parados posible[25]. A pesar de las quejas reiteradas a las autoridades del embajador Hoare –a quien seguían sin permitirle acogerse al Convenio de la Haya, como cuenta él en sus memorias–, frente a tanto impedimento oficial, era toda una heroicidad liberar a los prisioneros extranjeros de las cárceles españolas. Lo más que consiguió Hoare fue que los oficiales de los ejércitos aliados pudieran recluirse en hoteles en calidad de detenidos, aunque los soldados invariablemente debían permanecer en las dependencias del campo. Hasta que Hoare consiguió que los veintidós cónsules británicos establecidos en España tuvieron potestad para rescatar a los presos directamente no solo de Miranda de Ebro, y se aligeraron las salidas por todo el país.

Puesto que el equipo de Embassy rebuscaba soluciones para esta grave situación donde pudiera encontrarlas, a mi padre se le ocurrió echar mano del fraile capuchino que había sido su capellán (obviamente del lado nacional) en la unidad móvil de Cruz Roja Española en Mundaca, Vizcaya, durante la Guerra Civil. Como los frailes tenían varios conventos recónditos en las faldas de los Pirineos navarros, les pidió que alojaran a los perseguidos durante los traspasos ilegales para evitar que cayeran en el campo de Miranda de Ebro. Mi madre solo conocía de referencia al Pater, varias veces mencionado en el diario paterno de 1942, sin que me pudiera añadir más detalles. Pero gracias a la estimable ayuda del superior de los Hermanos Capuchinos en el convento de San Antonio de Padua en Pamplona, José Antonio Lasa, por las fotos que conservamos de entonces se ha podido identificar al Pater como Francisco de Lazcano, quien, junto al superior provincial, Serafín de Tolosa, y el secretario provincial, Crispín de Rieza, no tuvieron inconveniente en facilitar

---

25   Foot, M. R., y Langley J. M. *MI9 Escape & Evasión 1939-45*. The Bodley Head, Londres, 1979.

a los diplomáticos británicos un pequeño convento de retiro en Jaca (hoy desaparecido) para resguardar y atender a las víctimas en los traslados fronterizos. Aún teniendo en cuenta las pésimas condiciones de las carreteras en esos años, si trazamos una línea geográfica desde Jaca a Galicia, siempre sería más fácil desviarlos hacia Portugal y evitar el paso madrileño. Otra de las primeras rutas de paso clandestinas paralela a la de Miranda de Ebro hacia Redondela y que posteriormente se fueron ampliando y modificando según conviniera. Eso sin contar con los múltiples pasos ilegales de ida y vuelta entre Francia y España por los Pirineos, que continuaron creciendo hasta un total de cien en este periodo. Hay que tener en cuenta que en ese momento las únicas fronteras oficiales autorizadas eran las de Irún y Portbou, y sin la mínima oportunidad de entrada a ningún indocumentado.

Para enero 1943 los británicos ya controlaban unas dieciséis rutas clandestinas que cruzaban España de norte a sur, y a las que se les ponían nombres propios como Sunbeam,

Armostrong, Morris, Austin, etc. Trayectos en los que se contaba con sus correspondientes equipos de sostén humano a través de diversas casas de acogida (PRO, HS6/969). O lo que los israelitas hoy denominan Casas de Vida. Un proyecto humanitario a cargo de los aliados y que se fue extendiendo al bordear las fronteras portuguesas desde Galicia hasta Huelva al menos hasta 1944. Aunque las primeras salidas a Portugal que organizó mi padre al borde del río Miño, al desaparecer él y continuar la afluencia masiva de refugiados, poco a poco tuvieron que ampliarse por gran parte del territorio nacional. Con los métodos utilizados por los equipos del SOE y la generosidad de muchas familias anónimas españolas, los británicos continuaron organizando otras casas particulares de acogida por gran parte del trayecto nacional. Aparte de las salidas directas hacia Gibraltar desde Madrid, de las que solía encargarse el agregado cultural de la embajada británica, Walter Starkie, fundador del Colegio Británico, como me contó su hija Alma.

Confrontando fechas, José Antonio Lasa me comenta que Serafín de Tolosa no fue elegido provincial de la orden capuchina hasta julio de 1942, cuando mis padres ya no estaban en España. Por lo tanto, el proyecto era anterior y las fotos que conservamos de Elizabeth y Michael Creswell están tomadas después. Su precipitada huida, sin embargo, no impidió a mi padre dejar organizado este enlace de los Pirineos navarros con los resistentes franceses, que siguió funcionando el resto de la guerra. Según el superior de los Hermanos Capuchinos en Pamplona cuando yo investigué, ya no quedaba ninguno de ellos para atestiguarlo, pero lo más curioso es que ni él, ni nadie de la orden, supieron nunca que los hermanos hubieran cooperado jamás con los aliados en las rutas clandestinas organizadas entre el Pater y mi padre por indicación del MI9.

La conmovedora situación en la que se encontraban los hombres confinados, como sigue apareciendo en los documentos desclasificados, tanto en Miranda de Ebro como en la cárcel del Castillo, en Gerona, en Albatera o San Pedro de Cerdeña —entre otros abundantes ejemplos— forzó a los británicos a improvisar nuevos métodos liberadores. Cualquier procedimiento de rescate, por arriesgado que fuera, evitaba prolongar el sufrimiento de los detenidos. Todo valía con tal de no estancarse en el encierro, aunque fuera burlando a las autoridades. Era su compromiso y un deber moral auxiliarlos, facilitando su liberación y traslado hacia Portugal. Estaba claro que las víctimas huían de aterradoras vejaciones y sufrimientos, en una cadena sin fin. Así, en su intento por ayudarles no es de extrañar que para este grupo protector, entre los que se encontraba mi padre, fuera prioritario visitarlos cada fin de semana y tratar de aliviar en lo posible sus padecimientos.

El tan temido y mortal tifus, muy extendido durante los años de guerra y la postguerra, se transmitía a través del piojo verde y seguía en su apogeo desde los años 1930. Una infección común que en ciertas circunstancias y en recintos cerrados e insalubres, como las cárceles y los cuarteles, aún se agravaba más. También un padecimiento que por desgracia se extendió entre la población civil, causando graves estragos durante años. A pesar de las planchas que se repartieron por encargo de mi padre, para repasar las costuras de la ropa y recalentar los piojos que se depositaran allí, como él mismo cuenta en sus memorias, la enfermedad atacó a uno de los militares británicos detenidos en Miranda de Ebro; por suerte, el único. Pero la historia real va más allá. Descritos los síntomas a los visitantes regulares de la embajada británica y examinado el enfermo, pudieron diagnosticarle el peligroso y epidémico tifus. Temiendo que una auténtica epidemia pudiera propagarse y agravara aún más la precaria situación del resto de los internos, por indicación del Dr. Martínez Alonso, el capitán Bordonado, director del campo de concentración de Miranda de Ebro, decidió liberar al oficial británico inmediatamente para evitar males mayores. ¡Un chispazo salvador surgió a partir de ahí! Si la firma de un certificado médico había salvado a un enfermo auténtico, otros falsos enfermos-reclusos podrían quedar libres manipulando el inesperado diagnóstico redentor, como en efecto sucedió. El capitán Bordonado no repararía en soltar a los enfermos para evitar un mal mayor de incalculables consecuencias. Un nuevo método de evacuación estaba servido. No había mal que por bien no viniera. La firma de un médico enviado por la Cruz Roja, aunque viniera de parte de los británicos, era suficiente garantía para convencer a los carceleros nacionales. Aprovechando las circunstancias, y bajo la responsabilidad del doctor, se pudieron liberar un número indeterminado de prisioneros, entre los que se colaron parte de los judíos polacos retenidos indefinidamente por las autoridades españolas, los que tanto preocupaban al agregado naval británico cuando reclutó a mi padre para esta operación. Aquellos que Alan Hillgarth me mencionó veinticinco años después durante la cena en nuestra casa en Madrid con el milagroso diagnóstico: tifus. Cuántos, lo ignoramos. Habría que revisar los archivos, si es que quedó algo registrado.

Esta treta médica dio tan buenos resultados que, además de evacuar a los prisioneros en los dos coches habituales de la embajada —las autoridades no les permitían trasladar más—, se incluyeron ambulancias de la Cruz Roja Española para facilitar las salidas a través del director, el Dr. Francisco Luque, quien no dudó en poner los medios para colaborar. Seguro que ahora atravesaron mucho más holgadamente los puestos de la Guardia Civil y los controles provinciales sin salvoconducto al trasladar a los recién liberados, soslayando la influyente vigilancia germánica, y sacar adelante a los beneficiados de la epidemia de tifus inventada. La casualidad se aliaba a la necesidad.

—Con la perspectiva que da el tiempo, al filo de una guerra en Europa, moviéndonos entre unos extranjeros que arrastraban un tortuoso sufrimiento, ¿no daría facilidades el capitán Bordonado para liberar a los presos en pelotón? —recalcó mi madre hablando de Miranda de Ebro, cuando nosotras lo comentábamos bastantes años después en Alamares. Ella aún se acordaba de una escena escalofriante que se padeció en ese campo de concentración. A un prisionero extranjero que se negó a levantar el brazo extendido para cantar el Cara al Sol le pegaron un tiro delante de todos. Quedó en el sitio. Si a eso añadimos el que a los soldados ingleses se les trataba como a prisioneros de guerra, frente a sus colegas del Eje que gozaban de muchísimas ventajas de una esquina a otra de España, estaba claro que había que evitar cualquier riesgo. Ante tantas circunstancias adversas es indudable que la autorización del capitán Bordonado les aligeraba la salida. Incluso es posible que él se dejara engañar, y así de paso que se quitaba un gran peso de encima. Pero aún quedaba otro importante escollo: sacarlos del país. Cuantos más ilegales abandonaran el campo, más medios tendrían que poner sus rescatadores para organizar el último tramo de las evacuaciones.

—Si alguien me preguntara cuántos hombres salvó tu padre en esa ocasión junto a Alan Lubbock, el asistente de Michael Creswell, resultaría imposible de precisar. Igual que ignoro si una vez liberados salían por Gibraltar o hacia Lisboa. Incluso si entre ellos hubo algún acogido por Margarita Taylor en su piso madrileño encima de Embassy. Hasta qué punto intervino la embajada británica en esta operación, o si fue un rescate doblemente clandestino por detrás del embajador Hoare para evitar más desencuentros —siguió observando mi madre al reelaborar juntas un acontecimiento al que íbamos dándole forma a medias a través de recuerdos y fotografías.

Sobre el estricto control alemán en Miranda de Ebro encontré numerosas referencias en los archivos de Joint (Jewish Internacional Organization) en Nueva York. Allí leí que los carceleros españoles tenían «orden de tratar peor a los judíos que al resto de los presos», a lo que los españoles no hacían caso, ni entendían a qué se debía, por no saber distinguirlos por su apellido o sus rasgos físicos. También es cierto que los oficiales españoles se negaban a darles un trato inferior, conforme a lo sugerido por los agentes alemanes[26].

Bajo la dirección del MI9 y con la ayuda de civiles como Lalo, o las acogidas hogareñas de Margarita Taylor, entre unos pocos seleccionados desde la embajada británica en Madrid, se entiende que era imprescindible guardar el secreto de unas operaciones extremadamente arriesgadas en plena guerra mundial. De forma que los participantes tenían la consigna prioritaria de no cruzar datos, fechas o nombres

---

26   *Joint Committee*, Nueva York, 2006. Archivo: Spain 913-920.

entre los rescatadores o los rescatados, y más aún cuando se trataba de judíos. Una conspiración de silencio oficiosa –y asombrosa–, que no solo se llevó a rajatabla, sino que se prolongó un par de generaciones más. De ahí el que fuera tan difícil conseguir testimonios directos de las víctimas cuando todo acabó, lo que por otra parte también es lógico en sus circunstancias. Había que evitar facilitar pistas al enemigo, la Gestapo, sin ir más lejos. Porque en este caso correrían la misma mala suerte tanto las víctimas como los colaboradores. Aunque los mandos a distancia desde Londres y los agregados militares en la embajada en Madrid estuvieran informados al detalle sobre estas operaciones, ningún cooperante sabía los nombres, procedencia exacta o las disposiciones aliadas de conjunto. La celeridad improvisada formaba parte del plan general y no se podía perder el tiempo en pequeños detalles de gran valor si cayeran en manos enemigas. También es posible que en la confusión del momento las víctimas no tuvieran clara su verdadera situación o prefirieran ocultarla, además de ignorar quiénes o cómo organizaban los rescates. Entre tanto desorden y desinformación es posible incluso que los protegidos ni supieran dónde se encontraban geográficamente, y no digamos si además viajaban en el maletero del coche. O cuando los depositaban directamente en el descampado del campo de concentración en Miranda de Ebro, al llegar por tren al apeadero que existe al día de hoy a la salida de la estación. No dudo tampoco que las víctimas desconocieran quiénes los ayudaban en este trasiego español. Hay que tener en cuenta, entre otros inconvenientes, la dificultad de hablar idiomas distintos, y la imposibilidad de comunicarse directamente. Además, aunque los presos supieran que se movían en un país neutral, sería muy difícil identificar su recorrido de salida, ni los nombres de quienes los auxiliaban, tanto en el caso del brote de tifus, como en el resto de los rescates que continuaron a lo largo de la guerra. Por eso mismo no he conseguido ningún testimonio directo de ninguna víctima. Me baso únicamente en las noticias familiares, en anécdotas de mi alrededor y en los artículos que he ido recabando, pero sobre todo, en los recuerdos personales que conservo y que he transcrito aquí lo mejor que he podido.

XV. LA TRASTIENDA BÉLICA

El descendiente directo de John Churchill, el primer duque de Malborough, aquel popular Mambrú que se fue a la guerra, «mire usted, mire usted qué pena», un héroe rememorado en las canciones infantiles de franceses y españoles, quizá para emborronar posibles rencores históricos —es decir, Winston Churchill—, tenía un particular interés en los temas de Inteligencia. Por eso conocía de sobra la importancia de seleccionar a los colaboradores idóneos. Un asunto demasiado complejo para que lo manejaran solo especialistas, lógicamente centrados en las prioridades militares del momento. Para el Primer Ministro, la materia prima humana implicada como soporte colateral era decisiva. Los SOE seleccionados no solo debían especializarse en las técnicas de alto nivel para integrarse en el grupo, sino involucrarse en un proyecto global que aglutinara a profesionales de intereses múltiples, aunque sujetos siempre a la misma condición ideológica: que fueran conservadores, igual que él. Churchill sabía muy bien que elegir entre los españoles a cualquier antifranquista rezagado de la guerra civil que pudiera caer en manos de las autoridades tendría graves consecuencias, mientras que un equipo compuesto de especialistas y personalidades variadas enriquecía el espectro del proyecto. Eso mismo servía para aunar fuerzas e intercambiar opiniones a la hora de analizar los problemas y presentar soluciones desde ángulos diferentes. Una estrategia muy acorde con las ayudas humanitarias.

El almirante John Godfrey, anterior responsable de Inteligencia naval, y cuyo secretario había sido Ian Fleming (el creador de James Bond, agente 007), fue quien más influyó para que se eligiera a Alan Hillgarth en 1940 para la doble misión oficial y secreta en la embajada de Madrid. Así me lo contó su hijo, el historiador Jocelyn Hillgarth. Pero su padre ya era conocido del Primer Ministro desde que este estuvo al frente del Almirantazgo. De entonces databa una relación amistosa y profesional duradera. Alan siempre se caracterizó por su profesionalidad y fidelidad a sus muchos y variados amigos, lo que contribuyó a que conservara grandes y perdurables relaciones personales. Instalado en Madrid, al poco de comenzar la nueva guerra europea, Hillgarth se trajo de ayudante a David Babington-Smith, casado con Joan, la hija de su mujer, y los compañeros de excursión de mis padres camino del exilio portugués. Además de Michael Creswell, responsable del MI9 (*Escape & Evasion Services*), con la estrecha colaboración de Elizabeth, su mujer rusa, que sirvió de intérprete en múltiples ocasiones. Un singular equipo humano que se unió al veterano agregado militar establecido en Madrid, el brigadier Torr, quien había llegado a España a comienzos del siglo XX como parte del séquito que acompañó a la princesa Ena de Battemberg para casarse con el rey

Alfonso XIII, es decir, la reina Victoria Eugenia de España. Quizá el funcionario más antiguo y de mayor confianza en la embajada británica en Madrid. Y pocos más. Entre ellos también estaba Alan Lubbock, quien, junto al encargado de pasaportes, David Thompson, formaron la base inicial del Servicio de Inteligencia británica en España durante la II Guerra Mundial en una delicada doble misión diplomática. El agregado cultural, Walter Starkie, quien realizaba viajes regulares a Gibraltar en su furgoneta para llevar y traer a los refugiados que se depositaban en el puerto. O Margarita Taylor, desde su atalaya de Embassy, fueron un respaldo paralelo e impensable para los observadores maliciosos en los proyectos humanitarios de cara a la galería. Mi padre, como médico, era el único que no era diplomático, además de Hilario, el portero de la embajada, también condecorado con el King George Medal for Courage por su importante papel en los salvamentos clandestinos. Estos fueron por lo tanto los primeros pilares de los rescates hispano-británicos entre 1940-1944 centrados en Madrid, y posteriormente extendidos por toda España con la valiosa colaboración de los cónsules, y que continuaron funcionando, incluso con mayor intensidad, después de que mis padres se marcharan en 1942.

Para el Primer Ministro era primordial que sus cooperantes fueran personas fiables. Unas instrucciones que Hillgarth supo interpretar con creces, granjeándose las simpatías personales de su superior y no pocas polémicas. En particular con el embajador Samuel Hoare, por la audacia con que llevaba adelante sus cometidos, muy en consonancia con el propio espíritu combativo del Primer Ministro. Con posterioridad se ha comprobado que el éxito de la labor secreta del agregado naval y que abarcaba el sur de Europa y Tánger, además de la atinada selección de un equipo humano fuera de lo común, dio magníficos resultados, sin que ninguno de los participantes difundiera las noticias jamás.

Desde su primer destino como vicecónsul en Palma de Mallorca en los años 1930, Hillgarth conservaba contactos españoles muy interesantes y útiles para los proyectos de Inteligencia de Winston Churchill en España: un núcleo importante de bodegueros jerezanos (su secretario era un joven familiar de las bodegas Williams & Humbert) de apellidos y orígenes ingleses; ciertos miembros de la familia Ybarra, navieros vascos; el Dr. Martínez Alonso, médico de la Cruz Roja en Madrid; Margarita Taylor, con su famoso local del Paseo de la Castellana, y el más importante de todos: Juan March, el magnate mallorquín y uno de los hombres más ricos e influyentes del país, con quien no tardó en contar como testaferro del proyecto ante los generales, encabezados por Aranda. Seguro que Alan tenía bastantes más españoles en su agenda que yo desconozco. Pero estos contactos iniciales sin duda fueron cruciales para promover sin levantar sospechas unos planes de Inteligencia en España proyectados para funcionar a lo largo de la II Guerra Mundial. No obstante, y a pesar de no haber encontrado hasta entonces ningún rastro documentado sobre los rocambolescos rescates gallegos utilizando el refugio familiar de Redondela en La Portela, ni de la participación directa de mi padre en todo lo demás en un primer momento, no necesito ninguna confirmación escrita para saber que la idea de centrar aquellas primeras salidas gallegas a Portugal fue suya. Es imposible que el Servicio Secreto Británico, el SOE, el MI5, el MI9 o el M21, centrados en mantener la neutralidad española, así como los organizadores desde Whitehall, el War Office (hasta en el *Foreign Office*) y el mismísimo embajador británico en Madrid, conocieran este trascendental y oportuno enclave gallego bordeando la frontera portuguesa para llevar adelante las secretísimas evacuaciones humanitarias, con una puerta de entrada amurallada a la finca por tierra y una salida directa al mar. Además de contar con Lalo como guía. Si él no hubiera puesto esta infraestructura a disposición del MI6 en España habrían encontrado otras soluciones, no me cabe duda, pero en unos comienzos tan endebles, con semejante intromisión alemana en el Gobierno español y sus cinco mil agentes repartidos por España, encontrarse con esta solución era una auténtica tabla de salvación. Igual de útil cuando se recibía a los refugiados del Pirineo navarro que recalaban en el convento de los frailes capuchinos que él conocía. Escondites inimaginables, desconocidos e idóneos para acoger a los fugitivos y que jamás se habrían puesto a disposición del MI6 sin la intervención del Dr. Martínez Alonso.

Unos descubrimientos providenciales y que remataban la fórmula mágica imprescindible del proyecto bajo las instrucciones directas de Winston S. Churchill sin levantar sospechas, ni siquiera entre mi familia. Mi abuela y sus hijas nunca supieron a ciencia cierta a qué venían aquellos hombres callados «que mandaba Lalo de vez en cuando». Esos que aparecían a horas intempestivas, o salían al amanecer, recién desayunados, costumbre que se tenía con otros invitados extranjeros más sociables pero que además participaban en las actividades familiares.

–Qué callados son tus amigos –se quejaba mi abuela.

–Vienen cansados de un largo viaje, mamá. Además, solo hablan polaco.

El abuelo, aún destinado en Liverpool como cónsul de Uruguay y alejado durante más tiempo de lo habitual por dos guerras seguidas, la española y la mundial, no tuvo oportunidad de saber lo que ocurría en su propia casa. No había aparecido por allí desde 1936 y murió en Liverpool en 1942.

Donald Darling completaba desde Lisboa los auxilios secretos desde el exterior, mientras el resto de la Península Ibérica quedaba cubierta con profesionales competentes con el apoyo de los cónsules británicos. Según el historiador Nigel West, llegaron a haber 168 agentes repartidos por toda

España, entre los cuales los empleados de Juan March de la naviera Trasmediterránea jugaron un importante papel como informantes. Imagino que hubo bastantes más de los que nunca nos enteraremos. El plan de La Portela fue pionero, exclusivo y extremo por la premura de la que me habló el mismo Alan Hillgarth en su día. Desde que se fueron mis padres se canceló, aunque las entradas clandestinas por Jaca y esa franja del Pirineo navarro continuaron funcionando a cargo de Michael Creswell, el responsable del MI9, hasta bastante tiempo después de su marcha.

Una finca recóndita situada en suelo neutral y en pleno conflicto internacional, además de ser un paraíso idílico y una obra de arte de la naturaleza, se convertía en una puerta de salvación inusitada, difícil de creer para quien no la conociera. Además, puesta a disposición de los británicos para sacar adelante su proyecto, aunque fuera a cargo de unos aficionados, inexpertos y sin entrenar. Justo los cooperantes que buscaba Winston S. Churchill para estas operaciones. El arrojo no tenía por qué provenir siempre de los expertos militares. Entre los marineros gallegos sobraban las explicaciones. Los tiempos eran duros para todos y sabían que Lalo les había pedido ese gran favor por el bien de unos infortunados, sin entretenerse a sopesar los motivos. La buena fe también mueve montañas. Faustino, Moncho y Manolo Otero, los marineros y vecinos de La Portela, sabrían o no que los salvamentos eran ilegales, pero la misma tragedia les ayudaba a comprender que estaban salvando la vida de unos seres inocentes. Unos secretos de los que, como pude comprobar en directo al cabo de los años, tampoco tenían ninguna noticia las familias de Redondela. Rosa, la viuda de Faustino, me retó cuando le expliqué el motivo de mi visita a La Portela para averiguar quién se acordaba de mi padre. No se creía que su marido se hubiera callado algo tan importante. Igual que los hijos menores de Alan Hillgarth cuando se lo comenté; nunca conocieron estas aventuras gallegas en vida de su padre, a los que añado los escasos comentarios que publica el embajador Hoare en 1946 y los más recientes de los historiadores Nigel West y David Stafford, respectivamente. Los testimonios más completos sin duda han sido los de mi madre, que utilizo como hilo conductor de algunos hechos difíciles de enlazar, apoyándome también en las fotografías de los personajes de la época.

Estas aventuras gallegas se conservaron como tantos otros secretos familiares entre los discretos paisanos sin que nadie las comentara jamás. Un *gentlemens' agreement* sin firma, a la galega, entre *xente boa*, del que el pueblo judío, polaco y británico nunca estarían lo suficientemente agradecidos, si es que llegaran a enterarse del valor de su colaboración. Todos los gallegos que actuaron en esta trastienda bélica colaboraron con la misma consigna solidaria y callada sin mirar más allá: salvar vidas era su mejor recompensa. No tengo noticia tampoco de que ninguno de ellos se acobardara ante el riesgo que corría. Mi madre sabía muy poco de las operaciones que se llevaban a cabo con esos invitados de paso. Se sabe, sí, que mientras les ayudaban a traspasar la frontera ilegalmente las estancias eran muy cortas. No obstante, fue enternecedor leer juntas el diario de mi padre treinta años después de morir. Percibir lo que sentía él durante su indeseado exilio londinense. La preocupación diaria y el tener que soportar la lejanía de su país. Ese sometimiento obligado a enlazar una guerra indeseada con otra. La frustración del bebé concebido entre bombardeos y perdido por la misma causa. Comprender por qué se desahogaba él escribiendo unas veces notas sueltas y escuetas, a modo de recordatorio, o pequeñas historias en español para retransmitirlas por la BBC, todo con tal de evitar contagiarle su angustia a su joven esposa. Las dificultades económicas hasta enderezarse profesionalmente en Londres y el cúmulo de contrariedades ligadas a la guerra que soportó, no tan resignadamente, aunque en silencio, un hombre activo e inquieto como él, obligado a abandonar el confort encarrilado de Madrid, por muy cosmopolita y excitante que fuera el ambiente de Londres en los años 1940. Y ninguna mención al miedo, ni al arrepentimiento por el peligro al que estuvo expuesto, al haber ayudado a otros. De muchas otras cosas que le sucedieron (a espaldas de su mujer) también nos acabamos de enterar.

—¿No me digas que la Gestapo se llevó a Carmen, su enfermera, cuando nosotros nos marchamos? Nunca me lo dijo —comentó espontáneamente mi madre, releyendo las páginas.

—Para no asustarte —contesté, convencida—. Y a Casilda, la cocinera. Ella le guardaba la correspondencia que llegaba a Gurtubay 6. Alan se la enviaba a Londres o la llevaba en mano.

—Tampoco lo sabía —contestó mi madre muy tranquila.

—Pues seguía escribiéndose con su enfermera Carmen. Casilda era el enlace.

—Ya decía yo que esa era más que una enfermera. Siempre lo sospeché... con esa carita de mosquita muerta. —Quedó mi madre pensativa, pero sin alterarse excesivamente por sus viejas sospechas totalmente añejas a estas alturas.

—Bueno, mujer, piensa en lo difícil que fue para él dejar tantas cosas atrás. Le arrancaron media vida al obligaros a marchar. Al menos no perdía sus contactos madrileños y espantaba la morriña. ¿Para qué reprochárselo? Total, ahora ya...

—Bah, a toro pasado. Si hace años ya que murió. —Se encogió ella de hombros, poco impresionada a esas alturas por las batallitas personales de su marido. Otros detalles mucho más trascendentales superaban los escarceos epistolares.

También siguió escribiéndose con el Dr. Francisco Luque, director de la Cruz Roja madrileña. Y Alan haciendo de correo para evitar la censura. Fue así como descubrimos el envío de las 2.500 libras esterlinas en suero medicinal a España el 29 de abril de 1942 del *Information Ministry*, a través de la embajada de España en Londres. Como siempre por intermediación del agregado naval y directamente a la embajada británica en Madrid. Noticia que se enlaza con lo que el embajador Hoare dejó muy claro en sus memorias: que no iba a consentir que nadie del Gobierno español interfiriese en un reparto medicinal británico destinado a la Cruz Roja. Unas entregas que mi madre me confirma continuaron hasta 1946 y a las que se fueron añadiendo otros medicamentos,

Puedes ver diversos documentos relacionados con el envío de fondos de Inglaterra a España con ayuda de este bidi:

Además de los encuentros amigables en su piso de Kensington, en los que ella siempre participaba, Alan Hillgarth y Lalo se vieron muchas veces por su cuenta, cosa que tampoco sabíamos, aunque cabía esperar. Se reunían en el hall del hotel Ritz, en el Reform Club o en el restaurante Martínez de Swallow Street junto a Alan Lubbock, de paso en Londres, o a cualquiera de los diplomáticos españoles, para intercambiar extraoficialmente acuerdos y noticias entre ambos países. Alan Lubbock continuó siendo uno de los principales contactos entre Miranda de Ebro y el *War Office*, puesto que la entrada de prisioneros no dejó de fluir hasta el fin de la guerra, como confirman los documentos de los archivos británicos que he encontrado después. Como siempre, ni una palabra sobre los acogimientos en Embassy, ni mención alguna a Margarita Taylor y su piso madrileño antes de seguir camino a la frontera. Por el ambiente tan agradable de sus reuniones londinenses, deduzco que los cambios de impresiones debían ser relajados, incluso entretenidos, encuentros a los que también acudían los coroneles Clark, McGill o Humphreys, del *War Office*. A veces se incorporaba el personal del *Foreign Office*, todos relacionados con la situación en España. Aunque mi madre no llegó a tratarlos, es cierto que en esos años el general Eisenhower tenía a un tal coronel Clark como asistente, un apellido por otra parte bastante común, y tampoco podemos afirmar que fuera el mismo que aparece en el diario de mi padre. La participación norteamericana fue algo posterior, pero es más que probable que contrastaran las noticias que unos y otros aportaran. Deduzco también que mi padre servía como intermediario cultural confiable para desentrañar los numerosos conflictos entre España y el Reino Unido.

—Me encantaría saber qué paso en Vigo cuando nos marchamos... Yo creo que ni tu padre lo supo después. O no me lo quiso contar. Tenía demasiadas preocupaciones y suficiente trabajo en el hospital, es cierto.

—Pues yo he leído que los alemanes se siguieron abasteciendo de wolframio gallego, y que este salía por el puerto de Vigo. El historiador Paul Preston asegura que Vigo fue un puerto estratégico en las rutas nazis del Atlántico, particularmente en el traslado y suministro a la Marina y al Ejército alemán. Algunos militares llegaban por barco y se dirigían por tren hacia el sur de Francia para reincorporarse al frente europeo. Otras veces hacían a la inversa: llegaban desde el sur de Francia en tren y recorrían la ruta cantábrica hasta enrolarse en los submarinos alemanes fondeados en Santander.

–Yo sí he oído comentar a más de uno –respondía Moncha– que se veía desfilar a los soldaditos del Tercer Reich, todos uniformados, y la esvástica bien visible a paso de ganso por la cuesta de Urzaiz con esa arrogancia que los caracterizaba. Como es lógico con el permiso de las autoridades locales.

–Nada parecido al Ejército británico, supongo.

–Que yo sepa no. La relación de Franco con los aliados era muy distinta.

El favoritismo franquista pro alemán era notorio, mientras que el reducido grupo de cooperantes británicos tenía que deshacerse en peripecias y actuar a escondidas para no poner en peligro sus vidas y las de sus protegidos.

–El Colegio Alemán jugó un importante papel como centro de operaciones y acogida a los alemanes de paso por Vigo. Igual que en Soutomayor e incluso en Redondela –comenté, basándome en las noticias salpicadas que iba recopilando por aquí y por allá de parientes y vecinos que aún se acordaban.

Existía una finca llamada La Tapadera... ¡Qué nombre tan adecuado! no lejos de nuestra La Portela, donde se solían resguardar muchos alemanes, quizá en circunstancias parecidas a los refugiados encubiertos por los ingleses. Los motivos, la verdad, los ignoro.

–El puerto ha atraído desde siempre a muchos extranjeros, es cierto –afirmaba mi madre–. Familias relacionadas con la industria que ya estaban consolidadas desde décadas atrás. Seguro que algunos, de paso, también servían de tapadera... –rió ella–. O para cobijar a las tripulaciones y que pasaran desapercibidos. Desde que yo puedo recordar, tanto los alemanes en diferentes actividades, como los británicos que recalaban en el Cable Inglés, traían a sus propios ingenieros. Cumplían distintos cometidos: reparaciones de buques y otras necesidades marítimas costeras, con o sin guerra. Una labor profesional que funcionó antes y después durante años por las necesidades técnicas lógicas. Así que no sería extraño que alguno lo alternara con una buena labor de espionaje. Aquí hablamos de ambos bandos, que conste. La guerra es la guerra.

—Vete tú a saber. Los consulados debían trabajar a toda máquina. Nuestra neutralidad era una gran ventaja, y de eso se aprovechaban. ¿No crees que esos veintidós consulados británicos repartidos por España se traerían su buen trajín de espionaje mutuo? —Ahora reí por lo bajo, al desconocer aún cuántas labores humanitarias sacaron adelante estos mismos cónsules que se llevaron su secreto para siempre.

—No lo dudes...

—¡Ah!... También requisaron el pazo de Torres Agrelo, cerca de Redondela. Esos eran unos vascos que andaban medio escabullidos por Vigo —saltó mi madre al hacer memoria—. Con la típica coacción franquista y sin darles explicaciones, obligaron a los propietarios, desterrados del País Vasco, a que acogieran a las tripulaciones alemanas en su casa. Claro que no sé si tan confortablemente como en la finca de tu abuela, ¡con aquellas comidas tan exquisitas que nos hacía Lola!

—Bien pensado, mamá, ¿no te parece que tenían motivos para sospechar unos de los otros? Si se pisaban los talones, entrando y saliendo de los mismos sitios; todos girando alrededor del puerto de Vigo. Los mismos bares, las calles, las familias conocidas. Los burdeles, imagino, je, je. Esas casitas pegadas unas a otras por los caminos estrechos. ¿Cómo no se iban a enterar de lo que se cocía en sus narices? Con aquel control policial, la censura y los cotillas. Es de cajón.

—Prefiero no pensarlo, la verdad, Patricia. Aunque no es imposible. Qué habría pasado si las actividades de Lalo se hubieran llegado a saber... El ambiente venía cargado desde la Guerra Civil, y encima esos extranjeros enfrentados pisándose los talones alrededor de casa.

–Entran escalofríos de pensarlo –reconsideré, preocupada–. El trajín de actividades por la ría aprovechando la tranquilidad del entorno para sus fines. El contrabando de personas, de artículos, de tantas clases. Tú dirás.

–Seguro que los vecinos sospechaban. Aunque no hablaran.

Lo cierto era que las noticias muy reservadas de los extranjeros con los que se pudieran cruzar donde fuera apenas se comentaban muy bajito en el discreto corrillo limitado de vecinos y parientes próximos de La Portela. El eterno misterio de leyendas susurradas e imprecisas que se esparcen con la neblina brumosa con la que conviven los gallegos costeros desde tiempo inmemorial. Es muy posible que además del Bedrines de Faustino hubiera otras lanchas y barcos pesqueros para cooperar en las evacuaciones. Pero no tenemos pruebas. El que los marineros de Redondela adaptaran sus costumbres a las necesidades acuciantes de los fugitivos no significa que lo tuvieran fácil.

–¿Pero tú no crees, mamá, que aquel trato profesional de los asuntos del puerto con los alemanes, aunque no se comentara, coincide con el traslado de nuestros judíos? ¿O el traspaso de los indocumentados que hacía papá? Que los refugiados a su vez ayudaban a pasar los documentos y cosas por el estilo.

–La valija que traía Elizabeth Creswell la noche antes de casarnos salió al día siguiente con los hombres que dormían en La Portela. Debían ser documentos importantes para entregar a alguien que no debía estar muy lejos.

Así y todo, el *modus operandi* no nos quedaba claro. Ni cómo funcionaba el siguiente enlace hacia Portugal. Los guardacostas de la Ria de Vigo y los rumores rondaban por todas partes. Aparte de la confianza en el trato con los vecinos, que podrían facilitar –u ocultar– si veían gente extraña por allí, está claro que los agentes de la Gestapo se entrometían a sus anchas hasta por los recovecos. Que mis padres de novios se cruzaron con ellos en más de un lugar y ocasión. Todo es posible. Pero que existía un mar de fondo entre los Servicios Secretos alemanes y británicos en las Rías Bajas es indudable. El salón de baile Suevia, durante muchos años propiedad del alemán Walter Jurhans (también propietario de la sala de fiestas Erika en Madrid), era muy popular entre los jóvenes, a donde también acudían mis padres. En plena posguerra, cualquiera sabía que ese era un centro de reunión nazi, algo que por otra parte no parecía alterarlos. Uno de los aficionados al baile de mi familia recordaba que algunas tardes, en pleno baile, de repente alguien gritaba: «¡Ya están ahí los de la Gestapo!». Y los jóvenes seguían bailando sin prestarles mayor atención.

Estas actividades irrelevantes, unidas a encuentros sociales sin mayor trascendencia, sí contribuyeron por otra parte a intercambiar noticias entre los consulados británico y alemán, más sueltos al estar alejados del foco de las embajadas en Madrid. Quedan aún innumerables archivos por desclasificar, y es probable que muchos sucesos privados no se lleguen a saber jamás sobre estas y otras secretas actividades alrededor del puerto de Vigo. Pero que ocurrieron, eso ni dudarlo. Estas aguas y sus paradisíacas costas guardan entre sus numerosos secretos milenarios otras tantas leyendas de lo que pasó por allí en el siglo XX, que quizá nunca se sabrán. Acontecimientos paralelos a otros sucesos más arriesgados, reales y palpables, sobre el trasiego soterrado del MI6, en la zona frente a los representantes de los países del Eje.

XVI. UN TESTIMONIO INESTIMABLE

Unos cepillos gigantes empapados de agua espuma rotan a un ritmo atronador. Me envuelven de izquierda a derecha y a la inversa, alternando unos chorros a presión al deslizarse acompasados y enérgicos. Las ruidosas máquinas de lavado entre las que me siento atrapada y liberada, escurren el agua o resoplan un aire huracanado a un compás robótico. Aislada del tumulto asfixiante entre el crack, el cractch y el rumbanbanban metálico de unas compuertas que retumban al abrirse y cerrarse, subir y bajar estruendosas, ducho el coche. Este anticlimax refrescante me planta en un presente que a pesar del encajonamiento ensordecedor de las máquinas de lavado me permite disfrutar de las chulerías cantadas por Sabina en la radio.

Van pasando los meses y no acabo de redondear una interpretación coherente sobre lo ocurrido con los salvamentos humanitarios que me ocupan. Al darle vueltas a las proezas de mi padre desde que apareció el dichoso diario de 1942, he tratado de asimilar las versiones indirectas que iban apareciendo sobre su colaboración secreta con los aliados, apenas comentadas a mi alrededor de niña, soslayadas de refilón en las conversaciones de adultos, o cazadas al vuelo ya de mayor. Pero había traspasado los cincuenta años y seguía sin situar bien estas intrigantes experiencias familiares, paralelas a las históricas, en su verdadero contexto. Ciertos hechos reales se desvanecían entre los imaginarios, o quedaban suspendidos en recónditas interrogantes sin llegar al fondo de la cuestión. Por las dificultades que tuve para sonsacarle ciertas noticias concretas a mi madre, y a pesar de su buena voluntad cuando le expliqué mi intención de profundizar en lo ocurrido, llegué a la conclusión de que el mismo halo de misterio paralizante que ella había sufrido en los años 40 le impedía hurgar hoy en sus secretos de recién casada. Cuanto más hablábamos, más me convencía de que ella ignoraba cantidad de cosas sobre la doble vida de su marido con los aliados. Decidida a ordenar mis fantasías, a los pocos meses de instalarme en Alamares comprendí que por ese camino nunca llegaría al fondo de esta historia. Madre e hija debíamos dejar las emociones en un segundo plano y marcar la distancia necesaria para poder adentrarme más en la realidad que investigaba. La única forma de encajar las piezas desbaratadas de esta incógnita y reunir los elementos que faltaban para transportarlos a un libro legible.

Sin Franco ya no había nada que temer. Desinhibidos de aquel interminable mutismo impuesto, ahora podía desvelar por fin lo que un día fuera una colaboración ilegal y clandestina durante su dictadura. Incluso era meritorio destacarlo. Claro que podía presumir de la audacia de unos amigos fieles, capaces de violar unas leyes inhumanas, indefinidas, enfrentándose al dictador con coraje y sin violencia para salvar a miles de víctimas sin su consentimiento. Esta había dejado de ser una historia para comentar a hurtadillas, como cuando vivíamos en el temor de desvelar cualquier asunto antifranquista, tan limitados como recibíamos aquellas noticias distorsionadas por la censura. ¡Por fin había dado la vuelta a la tortilla! Ya demócratas podía desvelar sin tapujos unos secretos que se debían difundir. Pero antes tenía que estar segura de lo que decía. Me sentía libre de publicar lo ocurrido sin temor a las críticas de los chaqueteros. De los que sustituyeron la camisa azul de falange por el blazer azul marino con el parche snob de los demócratas de siempre de UCD. La mayoría respirábamos hondo. Ya era hora de difundir unos hechos memorables, aunque los principales protagonistas no estuvieran entre nosotros. Alardear de haber conocido y tratado de cerca a unas personas excepcionales capaces de exponerse por los demás hasta ese extremo. Entre tanto lastre nefasto de martirios y otros horrores de los crímenes nazis, la intransigencia fascista o la rigidez comunista, como irremediables consecuencias sociales de las crueles guerras del siglo XX, era un alivio divulgar un episodio humanitario positivo paralelo sin miedo a la censura. Demostrar de lo que fueron capaces algunos amigos valientes frente a la adversidad con ejemplos gratos y un final feliz frente a las infinitas crueldades bélicas; encima burlando con éxito las ajustadas normas neutrales impuestas en nuestro país. Todo eso que al fin se podía contar sin miedo.

Con esa discreción familiar inculcada desde la infancia, al fallecer mi padre también yo me había retraído de comentar lo poco que sabía de estas experiencias, ni siquiera con mis amigos más íntimos. Un silencio comparable al de sus secretos profesionales, que ignorábamos en su mayoría y que ni se comentaban entre nosotros. Fueron otros chispazos de casos similares, ya fuera de los rescatadores o de los rescatados, que iban apareciendo, los que me movieron a divulgarlo. Temía que influenciada por el tamiz opaco de la paz franquista en la que crecí, ya liberados de eso se trastocara el verdadero significado de esta clandestinidad conservadora. Una actividad más propia de los malos de izquierdas que de un grupo de amigos liberales de tendencias moderadas, demócratas de antes de la guerra y valientes hasta la temeridad. Una historia mucho más atractiva y real que aquellas versiones de catequesis en las que se les daba la vuelta a unos acontecimientos bélicos, edulcorados e inconcretos, con las oportunas adaptaciones censuradas del momento. Las noticias recuperadas tenían que ser veraces. Sin tapujos oportunistas. No había razón para que el nuevo horizonte político y social deformara la verdad histórica de lo que hicieron mi padre, Margarita Taylor o Juan Bourgignon en España bajo las indicaciones de Alan Hillgarth junto a un puñado de anónimos valientes. Por lo tanto, lo ocurrido durante la II Guerra Mundial tenía que dejar de ser un gran enigma; había que reconstruir las proezas y relatarlas como lo que eran: auténticas.

Si durante la II Guerra Mundial murieron cerca de ochenta millones de personas irremediablemente, es muy gratificante saber que crecí rodeada de gente que se esforzó por evitar que murieran unos cuantos más. Los protagonistas del lado amable de la guerra, los que salvan vidas a cambio de nada de la manera que mejor sabían dentro de este *mare magnum* de sufrimientos. No puedo negar que me satisface enormemente proceder de gente así, cuya callada aportación, a pesar del tiempo transcurrido, no se ha evaluado en su auténtica dimensión, lo que ahora me ha dado la fuerza necesaria para desvelarlo. Entonces pensé que quizá Consuelo Alan, la hija de Margarita Taylor, ya fallecida, podría contribuir con sus testimonios a aclararme algunas dudas. Cruzar sus noticias y recuerdos con los míos, aunque solo fuera por las vivencias directas que ella compartió con su madre de niña, sobre el establecimiento del Paseo de la Castellana 12. Estaba segura de que con su apoyo podría reconstruir unos acontecimientos exclusivos, que ella estaba dispuesta a desentrañar. Ambas compartíamos una información secreta, excepcional e intransferible sobre su madre y mis padres. Intercambiar esta experiencia con Consuelo para contarla como hijas de los héroes desaparecidos era una ocasión privilegiada.

Titubeé antes de decidirme. Las dos andábamos distanciadas por nuestras ocupaciones, y por tanto mal de tiempo. Ella en Inglaterra, yo en Madrid. Remoloneaba mareando la perdiz hasta que al fin me puse a ello. Realmente no sabía aún por dónde empezar a contar. Hasta que a mediados de los años 1990, durante una agradable comida entre mujeres en una de las múltiples visitas de Consuelo al piso que heredó de su madre en el Paseo de la Castellana, se dieron las circunstancias adecuadas y me atreví a comentarle mi proyecto.

Por el respingo inconsciente que dio cuando se lo comenté comprendí que este era un secreto tan íntimo para ella como lo había sido para mí.

—Piénsatelo: tú y yo tenemos algo muy importante en común. Los salvamentos que llevaron a cabo nuestros padres. ¿No crees que ha llegado el momento de unir fuerzas, recopilar noticias juntas y darlas a conocer? Las dos compartimos ese compromiso moral.

—Están todos muertos —susurró.

—Por eso mismo, Consuelo. Es nuestro deber contarlo. Tú y yo debemos relatar lo que pasó entre las paredes de tu casa y unirlo a los acontecimientos gallegos hasta donde sabemos. O en tu caso, aún mejor, cómo lo viviste. Eres el único ejemplo directo que conozco. A mí me parece que es nuestro deber rendir este homenaje tardío a la heroicidad de nuestros padres. Yo no tengo la menor duda.

El asombro de Consuelo Alan me confirmó que esta era también para ella una experiencia inconfesable. Nunca habíamos pensado en desvelar nada, eso seguro, influenciadas por una cautela familiar exagerada a esas alturas. Pero mi amiga reaccionó rápido y no puso más pegas; pensándolo mejor, sí estaba dispuesta a acompañarme en ese proyecto común. Alborotadas por los planes imprevisibles que se nos avecinaban, ese mismo día comentamos algunas noticias coincidentes, guardadas recónditamente en nuestra memoria y seguro que nunca confesadas hasta ese momento. La misma conversación nos iba trazando el plan a desarrollar juntas, admitiendo que su información era mucho más rica y extensa que la mía, aunque solo fuera por haberlo experimentado en carne propia cuando tenía poco más de diez años. Al rato de hablar ya nos sentíamos cómplices de un asunto exclusivo. Enseguida sentí que era algo excepcional poder sacar a la luz la tramoya de los salvamentos humanitarios que recorrieron medio país. Que además se resguardaron entre los clientes de un salón tan elegante e impensable como Embassy, en una de las avenidas más concurridas de Madrid, frente a la embajada alemana y en plena guerra sería nuestra gran revelación. Y quedamos comprometidas para otra cita sin fecha. Aún no podíamos dedicarle el tiempo necesario a la investigación, ni montar la estructura necesaria antes de dar forma a ningún escrito. Pero esa misma tarde Consuelo comenzó a contarme espontáneamente anécdotas de aquel Madrid de los años 1940 que yo ignoraba. Lo hacíamos tan ilusionadas que ni nos importó charlar sentadas, incómodas, en las banquetas de la cocina hasta horas después de terminar de comer.

—Mamá estaba feliz con su negocio, Patricia. Ya sabes. Siempre estuvo muy apegada a su empresa y a sus empleados. Yo crecí con ellos, como en familia. Juntos conocimos muchos Madrid diferentes. Compartimos de todo. Aunque hay que reconocer que fue el tesón de mi madre, incansable, el que logró mantener el negocio a flote.

Observadora inteligente, Margarita Taylor llegó a la capital de España asimilada ya la decadencia de los viajeros románticos ingleses del siglo XIX, y coincidiendo con la aparición de los primeros hispanistas como Gerald Brenan, en Andalucía, aunque mucho antes de que el turismo de masas nos invadiera. Era a finales de los años 1920, reinando aún Alfonso XIII. Al alojarse en el hotel Palace con su marido, dieron un paseo por la Castellana y se quedó fascinada de ver a aquellas amas de cría cuidando orgullosas a los niños del aristocrático vecindario, como se estilaba entonces. Con sus faldas largas acancanadas, delantales blancos y chal de ganchillo a los hombros, el moño alto recogido con una pequeña cofia que escasamente lo cubría, rematado con los característicos pendientes de enormes bolas, su atuendo tradicional. Esas amas de cría tan exclusivas que solo se veían en Madrid, mientras supervisaban los juegos de los niños más importantes de España.

—Mamá enseguida advirtió, en el recorrido que bordeaba los palacetes aún existentes, desde la plaza de Neptuno hasta pasado Colón, que no había un solo lugar cómodo donde resguardarse. Un salón elegante desde el que las madres de esos niños les pudieran observar jugando a distancia mientras ellas merendaban. Así es como se le ocurrió iniciar Embassy.

Claro que, influenciada por su propio instinto maternal, Margarita Taylor no cayó en la cuenta de que aquellas madres aristocráticas, dispuestas a dejar a sus hijos literalmente criados a los pechos de otras mujeres, no se preocupaban por detalles tan tiernos como el de contemplarlos jugando. Ni de cerca ni a distancia. En consecuencia, el local que podía haber servido para esos sencillos menesteres femeninos dio un giro hacia otros encuentros más sofisticados y menos maternales entre las élites madrileñas.

Con un olfato envidiable a la hora de situar su negocio, la irlandesa se colocó visiblemente ante el público que ella buscaba: la aristocracia y la alta burguesía vecinal en la frontera social entre el barrio de Salamanca y Chamberí. A tres calles de la embajada británica, justo allí donde vivían los rezagados de los últimos flecos monárquicos. De forma que para llamar su atención la dueña comenzó a exhibir unos exquisitos dulces en los escaparates, que dentro del local iban acompañados de una auténtica taza de té británico. Después se ampliaron con los *cocktails* y demás especialidades de la casa para esos aperitivos tan a la española y las *soirés* del anochecer que caracterizaron el local. La proximidad de su vivienda sobre el negocio le ahorró a Margarita muchos problemas y tiempo de ir y venir. Pero sobre todo la ató el resto de su vida a unos menesteres de los que apenas se pudo librar hasta cumplidos los ochenta. Así es cómo se convirtió al instante en vecina del duque de Medinaceli, o de la duquesa de Sueca, de los Villabrágima, de las Ortueta, de los marqueses de San Nicolás, de los duques de Lerma, de los marqueses de Quintanar, o la duquesa de Lécera, inquilinos de los palacetes próximos y de las casas principales de la zona, que no tardaron en acudir a su sutil reclamo. De forma que el resto de la nobleza española pronto les siguió casi sin proponérselo. La gente bien de Bilbao, la aristocracia sevillana y lo mejorcito de Jerez de la Frontera, anglófilos endémicos desde tiempo inmemorial por sus infancias entre *nannies* inglesas auténticas (que les imprimieron ese sutil sello británico en la madurez), no podían pasar por Madrid sin visitar el salón de té. Los Terry, González Byass, Osborne, o las atractivas hermanas Larios, alternaban cómodamente con la duquesa de Luna, los Aznar, junto a otros importantes vecinos madrileños y los diplomáticos de alrededor, de tal forma que el salón de té Embassy no tardó en impregnarse de un caché exclusivo en un ambiente eminentemente madrileño con un auténtico sabor inglés.

–Yo recuerdo muy bien que los Wolf alternaban con los Pahle, que vivían en Monte-Esquinza; o los Kirkpatrick con los Holstein, que vivían cerca igual, en Serrano. Mientras las señoritas de Orgaz o las López-Chicheri esperaban sin alterarse a que quedara mesa libre para sentarse a merendar junto a las ventanas del paseo... y ver pasar a los chicos de cerca –me contaba Consuelo riendo, al ponerle nombres a las caras que había visto desde su infancia.

En poco tiempo, las amas de cría se quedaron donde estaban, cuidando de los niños en el paseo, mientras las mamás departían con las amigas en Embassy, hasta que gradualmente las necesidades, las modas y los cambios sociales las hicieron desaparecer. Era el periodo también en el que una influyente colonia británica se iba formando en España, atraída por las nuevas oportunidades que ofrecía la sutil influencia de la reina Victoria Eugenia, casada con Alfonso XIII, lo que empujó a personalidades expresamente llegadas desde Inglaterra a integrarse por diversos motivos económicos y sociales. Comenzaron a aflorar hombres de negocios, profesionales y banqueros, como el magnate de los aviones De Havilland, Peter, instructor de vuelo de la primera generación de pilotos militares españoles como Alfredo Kindelán.

Personalidades del comercio, la cultura y las élites europeas que por distintos motivos recalaban en la capital aparecían en Embassy como punto indispensable de encuentro social. Es así como por su habilidad y buenas maneras, Margarita consiguió aglutinar en su pequeño salón lo más chic nacional e internacional que pasaba por Madrid desde que se inauguró en 1931.

La Segunda República, sin embargo, no fue una buena época para el negocio. Las revueltas sociales influyeron en los asiduos al local, que dejaron de ir, y las ventas decayeron. Pero ni siquiera entonces Margarita pensó en abandonar. Como comenzaron a fallar los clientes, asustados por las revueltas políticas, la quema de conventos y el desastre que eso significaba, aún cuando presenció cómo ardía la parroquia del Pilar de Zaragoza en la calle Cartagena, con todo y eso, apenas unos meses después de su llegada, la muy fervorosa Margarita Taylor vivió aterrorizada la barbarie y el destrozo de los símbolos sagrados que ardieron sin misericordia. Juntando los restos astillados de las imágenes, los bancos de madera, las casullas, los ropones, las estolas, los cíngulos, albas, amitos, roquetes y los paños pulcramente almidonados y bordados en hilo de oro utilizados por los sacerdotes, los apilaron en mitad de la iglesia para prenderles fuego. Asfixiado y acorralado por el humo, abucheado entre los aullidos de los feroces asaltantes, arrastraron al temeroso viejo párroco muy en contra de su voluntad. Nadie pudo evitar que lo pasearan hasta la Casa de Campo, agregándole al cupo del furgón que lo conducía a su desdichado final. Allí los fusilaban. Ante semejante salvajismo, ningún parroquiano se atrevió a interceder a su favor, temeroso de correr la misma suerte. Pero Consuelo recordaba que a los pocos días, los mismos mendigos que vendían estampitas, rosarios e imágenes de los santos en la puerta de la iglesia, una vez quemada y sin culto religioso, los sustituyeron por otras del diablo exponiéndolas junto a los grandes letreros que decían: ¡Viva la República! y ¡Viva Rusia!

Entonces Margarita Taylor tuvo el valor de visitar a una de las infantas, hermana de Alfonso XIII –clienta desde el inicio del local–, rogándole que volviera por allí para sostener el negocio. Ella sabía bien que su presencia atraería a los asiduos. Y la infanta no solo la recibió personalmente en su casa, sino que regresó a tomar el té en el Paseo de la Castellana 12, arrastrando tras ella a la alta sociedad que aún quedaba por la zona. El hecho de que en el Palacio de Oriente hubiese merodeado hasta hacía poco tiempo una reina de origen británico, nieta de la reina Victoria, con la que se sentía identificada buena parte de aquella aristocracia española, influyó para concentrarlos alrededor de esta atenta irlandesa, lo que sin duda contribuyó a reafirmar su éxito.

–Pero mira, aquella época pasó y ella la superó, con esa fortaleza de carácter que tenía mi madre –seguía contándome Consuelo, aún sentadas en las banquetas de la cocina de mi casa, medio siglo después de que todo esto ocurriera

–Igual que se superaron los difíciles momentos de la Guerra Civil, cuando ya no tuvimos más remedio que marcharnos y cerrar el negocio. Nos fuimos a París, donde mamá también tenía amigos. Tan precavida como era, ella vio entonces la oportunidad de que yo aprendiera francés. Ni en plena guerra podíamos perder el tiempo... ¡Qué graciosa! Muy práctica. Pero aguantamos lo justo lejos de aquí. En cuanto se acabó la Guerra Civil, regresamos. No veíamos el momento de volver a nuestra casa. Porque Madrid se había convertido en nuestra casa desde hacía mucho tiempo. ¡Cuánto lo habíamos echado de menos!

XVII. LA PRODIGIOSA MARGARITA TAYLOR

Cuando Margarita Taylor se instaló en su famosa esquina del Paseo de la Castellana, había elegido vivir en la capital más provinciana de Europa. Así que algo debía tener ella en mente, como la mujer de mundo que era, al elegir ese rincón madrileño y no otros en Bruselas o Estocolmo. Lo que tampoco sabía su hija. Quizá lo eligió porque al mostrar intencionadamente el cartel de su salón en inglés dejaba claro que su interés era atraer a un público mundano, influyente, social, económica y políticamente hablando. Un público cosmopolita, y español, nostálgico de su reina inglesa, Victoria Eugenia, como una asociación de atinadas ideas. ¿O recomendada quizá por algún experto que veía más allá en el tiempo?

A pesar de la atmósfera explosiva de aquel Madrid efervescente de la II Guerra Mundial, para usar las mismas palabras del embajador Hoare, Margarita Taylor aglutinó entre sus cuatro paredes, como en un ritual sentimental y estratégico, además de a la élite madrileña, a los últimos monárquicos románticos que quedaban, conviviendo con el franquismo. Ella sola logró armonizar con un estilo propio al público más influyente con los representantes diplomáticos de las embajadas suiza, belga, norteamericana, holandesa, británica y noruega de la vecindad, además de la embajada de Alemania, situada en el Paseo de la Castellana 5. De forma que pudieran codearse unos y otros relajadamente, olvidando dentro de lo posible la guerra en sus países. Un referente glamuroso de encuentros distinguidos y comerciales entre los nacionales y extranjeros de entonces, lo que nadie duda que se logró y perduró durante años.

Al reincorporarse a su dulce quehacer acabada la Guerra Civil en 1939, para conseguir los productos comestibles de primera necesidad –harina, azúcar, o huevos– Margarita tuvo que hacer milagros casi bíblicos de multiplicar los panes y los peces, con el fin de reunir las materias primas imprescindibles en sus dulces. Investigando sobre aquella época, el frutero de la calle Ayala próxima a Serrano –aún existente hoy– me contó que Margarita iba en persona a comprarle las fresas, las ciruelas, las cerezas y los higos que luego usaba en sus dulces a la salida de misa del Cristo, enfrente, otra costumbre diaria de la fervorosa irlandesa. Esta atención tan personalizada significaba que ni con la II Guerra Mundial de fondo Embassy perdiera su clientela y siguiera siendo el centro de las reuniones sociales cosmopolitas, abiertas o clandestinas. La reducida presencia anglófila en la sociedad madrileña siguió alternando con los españoles más *chic* en este asueto social, ignorantes de que se les usara de tapadera inusitada ante unos nazis airados casualmente de paso por allí. No era extraño que sus funcionarios acudieran a tomar un té, o un jerez según la hora del día, cruzándose en la misma puerta giratoria como cualquier cliente del Barrio de Salamanca, interesados en curiosear el ambiente. El embajador Von Stohrer podría aparecer de un momento a otro, sabiéndose protegido por los arrogantes oficiales de la Gestapo, de porte mucho más altivo que los mismos aristócratas. Y ahí no pasaba nada. El país y el negocio estaban en territorio neutral. Jamás una discusión, nunca una palabra más alta que otra. Respeto total.

Elsa Bruckmann, princesa Cantacuccene, anfitriona destacada en los comienzos de Adolf Hitler en el Munich de los años 30 y a quien le había abierto los principales salones de sus simpatizantes alemanes, merodeaba con la mayor libertad entre los clientes de Embassy en sus estancias madrileñas igual que departía con las elegantes bien perfumadas como ella, sentada junto a la condesa Ciano, hija del Duce, con total naturalidad. Otra asidua en sus largas temporadas madrileñas, junto a sus amigas españolas dispuestas a alternar y divertirse, entre ellas quizá la marquesa de Llanzol, la amante reconocida del ministro de Asuntos Exteriores, Serrano-Súñer, y exclusiva maniquí volante de Balenciaga en los privilegiados ambientes madrileños. No era ningún secreto a otras alturas que su último embarazo era fruto de sus amores encubiertos con el cuñadísimo de Francisco Franco cuando cada uno estaba casado por su lado. Todas se preocupaban de destacar sus modelos y sombreros de última moda y lucir las últimas colecciones de la temporada, mientras saboreaban el más puro té con pastas de la capital de España, sin que nada las alterase fuera de ese círculo cerrado. Unos clientes que pasaban de largo ante los horrores de una guerra más próxima de lo imaginado. De vez en cuando aparecía el príncipe Max de Hohenlohe, ciudadano de Liechtenstein, casado con Piedita Iturbe, a quien no le importaba utilizar este medio social para pasar mensajes sutiles a los diplomáticos aliados. Estaba deseando mediar en unas posibles negociaciones pacifistas entre Alemania y Gran Bretaña, cosa a la que, como él mismo confiesa, siempre se negó el embajador Hoare.

Por todos estos motivos —pero sobre todo por su habilidad para aglutinar semejante clientela en sus escasos setenta metros cuadrados y gracias a su gentileza natural—, Margarita Taylor logró congregar a unos seres irreconciliables y abiertamente enfrentados a muerte en cualquier otro lugar de Europa. Además de procurarles un ambiente frívolo en agradable armonía, en contraste con el caos que asolaba al viejo continente, cuando lo cierto es que dentro de ese recinto mágico el público se comportaba como si ese mundo solo fuera suyo. Esto es Madrid, neutral, aquí y ahora. Lo que ocurre detrás de la frontera no es nuestro asunto. No hacía tanto tiempo que algunas damas de la reina Victoria Eugenia, como Rosario Silva, la duquesa de Lécera, cliente aristócrata, castiza y anglófila hasta la médula, no se cortaban un pelo al departir en el más pulido inglés con la cuñada de la reina Victoria Eugenia, Irene, marquesa de Carisbrooke, de visita en el Palacio de Oriente, ante un *cocktail* especial o un té oriental, sin importarles quién pudiera escuchar en la mesa de al lado. En definitiva, unos asiduos fieles e impasibles ante los horrores bélicos, dando a entender con su indiferencia que lo que realmente les unía eran sus afinidades sociales, no las políticas. Una curiosa amalgama, incluso entre los que fueran enemigos en los campos de batalla, capaces de convivir pacíficamente en este recinto, atraídos por la agradable atmósfera social que la propietaria había propiciado.

Durante las tardes en que se citaba la joven duquesa de Montoro con sus primas Falcó, o las Silva, mientras su padre, el duque de Alba, ejercía de embajador de España en Londres, en las mesas próximas departían con toda naturalidad los ignorados cooperantes del MI6 respaldando las acogidas clandestinas en el piso de Margarita Taylor. Tom Harris, el matrimonio Creswell, el propio Alan Hillgarth, o corresponsales de prensa como Ed Knoblaugh –uno de los pocos que logró entrevistar al Caudillo cuando todavía mareaba la perdiz en Burgos sobre su incierto futuro político–. Cualquiera de ellos departía con los diplomáticos, médicos, financieros de renombre, con o sin sus esposas en sus ratos sueltos de copas o tés. Conversaban tan tranquilos de asuntos intrascendentes. Para reforzar las reuniones-tapadera de los refugiados, a veces también aparecía Marjorie Hill, la matrona del Hospital Hispano-Inglés, involucrada en las fugas y el respaldo sanitario de los evacuados, puesto que según en qué momentos de alta tensión, los contados colaboradores del MI6 no tenían inconveniente en echarle una mano a su amiga irlandesa cuando hubiera que disimular merodeando por el local como cualquier cliente.

En este tejemaneje encubierto de frivolidad, risas y coqueteos, ¿quién podría imaginarse que unos británicos tan valientes como osados fuera de su hábitat natural llevaban en paralelo una labor humanitaria de gran alcance delante del público cuando lo que primaba era un puro esnobismo generalizado? Nadie perdía la compostura. Ni una palabra más alta que otra. Ni una sola discusión política. Nada de chismes improcedentes, sabiendo lo que realmente se cocinaba en aquella trastienda, mientras los asiduos, ignorantes de lo que encubrían con su presencia, servían de tapadera a los refugiados camino de la frontera. Por lo que he ido averiguando durante años, nadie notó nunca nada raro, ni siquiera los empleados más antiguos con los que hablé y que recordaban aquellas escenas sociales, absolutamente ignorantes de la actividad encubierta de su dueña. Y yo les creo. O, si lo supieron, no han querido reconocerlo por el respeto y la devoción que le tuvieron a doña Margarita. En este salón de té solo se pasaban ratos entretenidos en buena compañía; sería impensable cualquier conversación desagradable. A fin de cuentas, los colaboradores de los aliados apoyando a los perseguidos programaron sus estrategias tan atinadamente que las víctimas no se distinguían de los clientes.

Tantos años después todavía asombra descubrir que nadie supo, hasta que yo lo publiqué por primera vez en el año 2003, que Margarita Taylor amparaba en su establecimiento –además de acogerlos en su casa, como otro punto intermedio en su huida por España–, a cientos de víctimas de los nazis, como colaboradora de los aliados, de principio a fin de la guerra, en plena actividad clandestina. El ambiente distendido que ella creó sin duda la encubría para escudarse de posibles observadores malintencionados, mientras la dueña seguía las instrucciones de un ingenioso MI6, que tampoco la dejaba sola un momento. La más insospechada colaboradora *underground,* que salvó la vida y ayudó a evacuar de las formas más rocambolescas a innumerables hombres perdidos por culpa de la guerra gracias a su valiente y generosa aportación. Personas que además de cobijarse a su amparo aprovechaban la desorientación de sus rastreadores para camuflarse entre la clientela hasta huir en los coches diplomáticos, desafiando al enemigo. Es decir, en pleno día, con el salón abarrotado y en la arteria central más concurrida de la capital de España. A todo esto enfrente de los más circunspectos funcionarios de la embajada alemana. En esas situaciones era normal ver departir al Dr. Wissman, un alemán vecino de Monte Esquinza, con su colega Emilio Ley, o con el propio director de la Cruz Roja, Francisco Luque, junto a mi padre y otros simpatizantes reconocidos, sin que ninguno hiciera alusión a los que ellos amparaban, o a su ideología, conociendo las espeluznantes crueldades que se llevaban a cabo bastante más lejos del recinto. De esta manera, la admirable anfitriona aglutinó en sus dependencias, con toda naturalidad y en los duros años 1940, a unos seres irreconciliables en cualquier lugar de Europa, disfrutando de una asombrosa y relajada armonía, en contraste con el caos que asolaba ya medio mundo.

Embassy se convirtió así en un centro neurálgico y aislado para que, entre otras cosas, pudieran alternar sin correr peligro los enemigos declarados a pocos kilómetros. A todo esto conservando una atmósfera de colonia británica con olor a colonia Yardley, estilo Hong Kong o Kenya, mientras la clientela ignoraba lo inimaginable: que esa señora discreta, eficiente y amable que los atendía con suma elegancia, además de concentrar a un círculo social privilegiado en su selecto rincón madrileño, los desafiaba por detrás, delante de sus narices. Nadie (fuera del entorno más íntimo) conoció los entresijos humanitarios que ella se traía entre manos, en paralelo con esa guerra que seguía su curso en Europa. No por eso Margarita dejaba de trajinar desde su cocina, entre pasteles y cacerolas, con la misma naturalidad con la que atendía a los clientes y a sus amigos del MI6.

Cuando los enfrentamientos en los campos de batalla acabaron, el toque británico continuó siendo la característica de este singular local, impulsado por su dueña y discretamente asociado a su admiración por la olvidada reina de España, Ena. Quien incluso después de despedirse de su cargo de su cargo dejó una estela de añoranza entre los escasos monárquicos españoles que no la podían olvidar. Una mezcla que por otra parte podría haber sido explosiva en plena ebullición franquista si no hubiera sido porque Margarita Taylor manejó la situación con tacto, pulcritud y profesionalidad haciendo gala de una prodigiosa habilidad.

—¡Puaf! ¡Qué mujer, Consuelo! Sabía muchas cosas de tu madre, pero no hasta ese punto. Me dejas asombrada. Y de paso me estás dando la razón. ¿Entiendes ahora por qué tenemos que publicar lo que tú me cuentas? —afirmé convencida de que nuestro proyecto en común sería un éxito. Ella permaneció callada y de momento no quiso añadir más. Y así nos despedimos ilusionadas con nuestro proyecto común, dejando en el aire un esperanzado encuentro próximo.

Al día siguiente de esta comida yo salía para un corto viaje a Nueva York, dejando aparcado el tema como un gran proyecto a futuro, sin día ni hora establecidos. Tenía muy claro que en el siguiente reencuentro con Consuelo comenzaríamos a elaborar nuestra historia común. Y con ese proyecto ilusionado cogí el avión. Mis amigos Mary y John Haldi me habían prestado su apartamento en Manhattan en su ausencia, cuando al llegar me encontré con que en la terraza habían anidado unas palomas que ya estaban criando polluelos. Tomé esa señal de paz, inverosímil en un piso 22 en plena ciudad, como el afortunado presagio de que algo estupendo estaba por ocurrir, cuando desgraciadamente solo un par de días después, y con los polluelos ya asomando el pico en su nido, me llamaron inesperadamente de Madrid: Consuelo Alan acababa de fallecer, de repente, en su casa de Brighton nada más llegar del Madrid que adoraba, apenas unas horas después de compartir nuestra agradable comida y la charla que le siguió en la cocina. Prácticamente en el mismo instante en el que yo descubría fascinada a las palomas arrullándose en los tejados de Manhattan. Aquello no había sido un buen augurio, no. Mi instinto había fallado.

Impresionada por la noticia, me preparé un *gin tonic* para digerirlo a lentos sorbos. Estática, aferrada al vaso helado, a falta de una mano a la que agarrarme comencé a divagar mentalmente observando, distorsionados, el enjambre de rascacielos a través del enorme ventanal que me separaba de los pájaros. Al contemplar el atardecer envuelto en las luces esporádicas que se iban encendiendo a intervalos, el enorme y desparramado árbol navideño prendido en plena primavera, Nueva York me regalaba un espectáculo único. Pero la lejanía de mi pensamiento me impedía disfrutarlo. Ni esa imagen o el alegre aleteo de los recién nacidos me distrajo de la mala noticia. ¡Cómo habían cambiado las circunstancias! Una tristeza furiosa, rebelde, me impedía aceptar la realidad, incapaz de admitir lo inadmisible. Aquel agradable proyecto a dos comentado apenas un par de días antes sobre lo ocurrido en la trastienda de Embassy durante la II Guerra Mundial se había desvanecido de un plumazo. Mirando sin ver por la ventana, ahora solo quedaba yo para contarlo.

Lo que en principio hubiera sido un trabajo compartido muy placentero se presentaba como un proyecto tambaleante e incierto. Aunque sabía que Margarita y Lalo habían cooperado en la misma labor humanitaria, no resultaba fácil relatar sus experiencias en una novela coja de información. Los testimonios de Consuelo, frente a las notas del diario de 1942, contrastados con los escasos comentarios de mi madre, dejaban todavía numerosas incógnitas. Pellizcos incoherentes sin un sólido hilo conductor. Estaba claro que no me quedaba más remedio que seguir rebuscando y comenzar a preparar la trama de mi novela a solas. En resumidas cuentas, que no sabía por dónde empezar. Sin la valiosísima información de conjunto que pudiera proporcionarme Consuelo Alan se perdía para siempre una oportunidad única.

Así que transcurrió bastante tiempo entre aquella inolvidable reunión con Consuelo y el comienzo de los relatos caseros mano a mano con mi madre, cuando por fin me lié la manta a la cabeza y decidí instalarme a vivir con ella para elaborar este libro de una buena vez. La fórmula idónea de sonsacarle plácidamente la información que me interesaba. A partir de ahí, sus testimonios serían la base de todo lo demás. Lola, mi antigua niñera, aún vivía con ella, de forma que juntamos recuerdos y anécdotas de las que yo no había oído hablar antes de ponerme a rebuscar en bibliotecas y archivos. Un *bra-*

in-storming sentimental a varias bandas que se prolongó más de lo imaginado y nos proporcionó unos momentos divertidos e inolvidables, igual que discusiones acaloradas cuando algún detalle no encajaba bien. Curiosamente mi visión infantil de algunos recuerdos chocaba con la versión adulta de ellas, y un mismo suceso, supuestamente intrascendente, aparecía magnificado y hasta contradictorio al exponerlo juntas. Hasta que entre charlas y discusiones encontré el punto medio coherente que me ayudó a enfocar lo que yo buscaba.

La hora del desayuno era la más fresca y adecuada para recordar. Siguiendo el hilo de las noticias, difusas a veces, más claras otras, fui desenmarañando, con las observaciones añadidas de Lola, una trama familiar revuelta, ampliada gracias a los recuerdos de mi madre.

Ella me lo contaba a su aire. Luego yo lo he ido colocando como me parecía.

XVIII. LOS NATIONAL ARCHIVES

ola pica tomata en la cocina sobre una tabla ruidosa al ritmo fresco de la tarde. Desde mi cuarto la escucho trajinar con el clarinete de Sydney Betchet como música de fondo. Un cassette medio escondido le permite combinar sus actividades culinarias con lo mejorcito que ha pasado por el Carnagie Hall, sin haberse movido de casa. Así y todo, su afición al jazz no le impide atender otras labores domésticas. Ella está atenta a nuestras charlas, pero no nos interrumpe. Yo la mantengo en la reserva porque sé que sabe mucho más de lo que calla sobre unos secretos familiares que lleva escuchando y ocultando hace demasiados años. Un respeto recalcitrante a nuestra intimidad le impide interrumpirnos aún siendo mi segunda madre. No obstante, la reafirmación de nombres, situaciones o hechos inciertos los concretó ella cuando nuestra memoria titubeaba. Tampoco quiero abrumarla con excesivas preguntas; es mejor reservarla para cuando las dudas puntuales se tambaleen.

Se acerca el verano y la familia va apareciendo. La escapada a la playa despeja las tensiones del invierno y se agradece la renovación relajante al ir preparándonos para el chapoteo. Las interrupciones inesperadas renuevan el pensamiento y favorecen los repasos retrospectivos con nuevas anécdotas. Cruzamos recuerdos coincidentes a veces. Otras, los distintos enfoques de una misma situación nos confunden. Así somos en esta familia. La brecha ideológica y generacional se acentúa. Hablar y hablar de las guerras al observar por el catalejo de la memoria las penalidades sufridas por la anterior generación sumergida en sus luchas mientras gozábamos de la tranquila primavera mediterránea estrenando siglo requería cierta adaptación, pero sobre todo poner a punto una imaginación adaptable. Inmersos ya en el mundo de la inteligencia artificial, del Internet y de la cacareada globalización, enfilados hacia el siglo XXI, estamos listos para recibir el euro −con cierta inquietud, a decir verdad−, disimulando las dudas y el peligro que significan los cambios. El ambiente bélico tan dispar al relax actual, curiosamente provoca a ratos una rara pugna interior. ¿Estoy aquí o allá? «Oye, tú, regresa al siglo XXI», trato de convencerme cuando intento situarme. De vez en cuando uno se cruza con extraños que gritan al suelo encorvados. Protegen su intimidad imaginada, atrapados en su teléfono móvil, junto a una joven de mirada displicente, que no aprecia siquiera el inmenso espacio mediterráneo que tiene enfrente. Deambulan en chancletas ligeros de ropa agarrados de la otra mano con semblante ausente y un ansia particular por engullir el presente a su aire. Es el aquí y ahora que devoran deprisa. Sospecho que a estos *millennials* no les interesan lo más mínimo aquellos personajes desconocidos que les precedieron y yo intento investigar. Las tragedias de las que no han oído hablar; ni falta que les hace. Estos jóvenes viven ajenos a las crueldades que padecieron sus abuelos, mientras otros titubeamos ante lo que nos deparará el cambio provocado por la nueva moneda y los avances de las redes sociales. El gran impacto de la aparición digitalizada aún está por ver, pero promete. Lo que sí está claro es que Internet se ha colado entre la juventud con total facilidad. No hay duda ya de que es el futuro. Para bien o para mal. La desgana de estos jóvenes, sin embargo, nacidos en otra era me hace pensar si llegarán a comprender aquellas penalidades ya históricas con las que ellos juegan en su *playstation*, al disfrutar del progreso casi opuesto –a pesar de los sueldos congelados– y un nivel de vida inimaginable durante la sórdida escasez de las guerras. Sus preocupaciones y sus intereses también son otros. El pavor diario ante el peligro que padecieron sus abuelos ha dejado de ser visceral. Ni lo conocen. Tristezas obsoletas, relegadas incluso por los protagonistas, que hace mucho desearon olvidar.

Cuesta aceptar que los nietos de los soldados del siglo pasado, esos góticos de uñas y labios pintados de negro, luciendo unos llamativos tatuajes rematados con *piercings* incrustados en las partes más delicadas de su anatomía puedan captar el significado de aquellos tristes sucesos, imbuidos como están en escuchar, incansables, un ensordecedor bacalao. Caminan en soledad agrupada junto a un compañero escuálido, abrazado con apatía a una botella de agua mineral, arrastrando un no-se-qué tristón que no encaja con la alegría estival de esta sociedad del bienestar por la que vagan. Atrapada entre ambos mundos, cuesta nivelar su desabrida efervescencia con las hazañas entumecidas de sus abuelos. Saber interpretar el espíritu de esta insondable juventud, adoradores de las novedades consumibles, para confrontarlo con la supervivencia al límite de mis protagonistas me desorienta. Pero no tengo alternativa. Hay que aceptar el inevitable cambio generacional al intentar plasmar esta retrospectiva histórica desde la actualidad.

Según pasaban los días, las largas charlas de los desayunos con mi madre se fueron alternando con paseos matutinos, abstraídas por el reflejo cegador del sol que reverbera sobre el mar... y nuestras conversaciones. Saboreando tranquilas unas tapas exquisitas, sardinas asadas, sepia, calamares a la plancha..., como un reflejo placentero de esta grata pre-jubilación. Sentadas delante del tradicional casino centenario, ya en la tarde, sigo observando la variedad de turistas, el curioso resultado de una evolución social, tan distinta al tema que nos traemos entre manos. Ellos son precisamente los herederos de la Europa que rechaza esas guerras que yo trato de revivir. Igual que los *millennials* de esta mañana, a sus padres tampoco les interesa saber más de los padecimientos de sus mayores. A pesar de estos pequeños inconvenientes, sin proponérmelo había puesto los medios idóneos para trabajar y observar los resultados positivos de otras tragedias un par de generaciones después. Todo rema a favor del trabajo relajado en el lugar y la compañía idóneos. Son estos contrastes precisamente los que me ayudan a poner los pies en el suelo y aceptar el contraste entre aquella y esta realidad para poder describirlas.

—Nuestro noviazgo fue tan atípico como todo lo demás. Lalo y yo nos conocíamos hacía muchos años. Sus hermanas Peggy y Guillermina, que habían pasado la Guerra Civil con su madre en Bayona, me invitaban a su casa con frecuencia. Como no se hacía mucha vida social, nos dedicábamos a preparar paquetes de ropa y comida para los chicos en el frente. Joviales, siempre con esa alegría juvenil. Además les escribíamos y reunimos unos cuantos ahijados de guerra. ¡Qué ingenuas! Ellos a cambio nos enviaban fotos y cartas amorosas sin conocernos.

—Sí, ya he visto el álbum. Uniformados, muy puestos, como galanes de cine para ligarte desde la distancia. ¡Qué risa!

—Gran parte de la familia estaba aún en Inglaterra con su padre y estudiando. El único hermano que se presentó para ir al frente en 1936 fue Lalo. Así que cuando llegaba a pasar unos días de permiso había mucha algarabía. Tu abuela preparaba una estupenda merienda y luego salíamos por ahí. Como a los dos nos gustaba mucho bailar, después Lalo me invitaba al Suevia. Ni una palabra sobre las tragedias no tan lejanas, y eso que él estuvo siempre como médico en campaña. Imagina lo que pudo pasar en Extremadura. Y después en Mundaca. Fue una suerte que en nuestras familias no padeciéramos ninguna desgracia. Pero cuando se acabó nuestra guerra y se empezó a involucrar con los ingleses, Lalo cambió mucho. Maduró en esos meses. Venía entonces con más frecuencia a ver a su madre a Vigo. Viajaba unas veces en tren, otras en coche. Solo o con sus amigos. Por eso nos veíamos tanto. De ahí que la relación empezara a ponerse tan formal como él en pocos meses. Y, de repente, un día en pleno verano me pidió que nos casáramos.

—¿Tú no te lo esperabas?

—Bueno, sí y no. No tan pronto. Entonces fue cuando me dijo que tendría que ser pronto porque él estaba obligado a marcharse de España. Nada político, anti franquista o cosa por el estilo. Siempre fue muy sincero, dentro del secretismo. Eso me tranquilizó. Pero sin grandes explicaciones. Él tenía muy claro que no se quería marchar solo. Los dos sabíamos que de ser así no volveríamos a vernos en mucho tiempo. Y para irnos juntos, a mis veintiún años, teníamos que casarnos. Fuimos novios ese verano y poco más. Los meses se pasaron volando entre los preparativos y sus idas y venidas entre Vigo y Madrid.

De muchas otras cosas que sucedieron por detrás nos hemos ido enterando después. Como lo de las 2.500 libras en medicamentos que se enviaron al director de la Cruz Roja en Madrid, Dr. Francisco Luque, a través del *Information Ministry* por intermediación de mi padre. Aquello fue en compensación a las ambulancias que esta institución puso a disposición de los británicos para rescatar a los detenidos en Miranda de Ebro durante la falsa epidemia de tifus. Aparte de los envíos de suero en 1942 que se sucedieron durante un tiempo a través de la embajada de España, supervisados por el embajador Hoare, que los recibía directamente en Madrid. Atando cabos durante estas conversaciones caseras, caímos en la cuenta de que la colaboración entre la Cruz Roja Española y el MI6 continuó a lo largo de la II Guerra Mundial. Estos detalles sueltos reafirmaban la importancia que tuvo la neutralidad española en los rescates. Era crucial. Por eso ponían tanto empeño los ingleses en que Franco no se uniera a los alemanes.

En sus memorias, mi padre hace breves comentarios de lo que ocurría en Vigo después de su fuga, recién casados. No explica quién le informaba –*top secret*, imagino–, pero es fácil suponer que fuera cualquier familiar cercano, ya que el puerto seguía más activo metidos de lleno en esa guerra ajena que durante su participación clandestina del comienzo. Los constantes rumores sobre si había o no submarinos alemanes bajo las rías gallegas, sin las exclamaciones airadas del Ministerio de Marina, como se hacía con los buques de los países beligerantes, era muy común. Unos asuntos que los vigueses sospechaban pero que quedaban colgando sin confirmar. Sin una evidencia palpable, ni un excesivo interés local por averiguar más, el tema no se tocaba. Y ningún comentario en la prensa, por supuesto. Habladurías que los vigueses escuchaban sin inmutarse, acostumbrados a los falsos rumores, a las noticias tergiversadas y a los bulos costeros de ida y vuelta. Lo clásico de los ambientes portuarios: el cruce de informaciones distorsionadas al entrelazarse con otros rumores sin concretar, ni averiguar de dónde provienen realmente. Y, si me apuras, saber siquiera si eran ciertos. Al fin y al cabo esta guerra no iba con ellos, así que para qué preocuparse por un submarino más o menos. Aunque era cierto que algunos buques permanecían ocultos en el Estrecho de Rande y repostaban en Redondela, donde también se hospedaban sus tripulaciones, no lejos de nuestra La Portela. Pero por suerte esto ya ocurrió en 1942, cuando los refugiados protegidos por el MI6, alojados por mi familia, y los marineros alemanes transformados en vecinos circunstanciales no podían coincidir por las calles próximas o en las tascas. ¿Qué hubiera pasado entonces? Eso sí que era vivir al filo del pavor. A pesar de su discreción y de la neutralidad del territorio, nadie habría quedado impasible en tales circunstancias.

Juzgando con la distancia del tiempo y basándome en la desclasificación de los documentos posteriores, es obvio que Alan Hillgarth tenía unas sólidas fuentes de información directas. Por eso insistió tanto en que mi padre abandonara su colaboración y que se marcharan cuanto antes a Inglaterra. Esta suposición encaja perfectamente con los hechos.

A pesar de la experiencia milenaria de los vecinos de esa zona, cansados de cruzarse con forasteros llegados por mar sin inmutarse, de alguna forma se sabía que estos ingleses y alemanes andaban medio escondidos evitándose entre ellos. Aún cuando nadie se entrometiera, se sabía que en otras partes del mundo estaban en guerra, de forma que los rumores se extendían muy bajito en el estrecho corrillo limitado de parientes y amigos íntimos, quedando sin confirmar el eterno misterio de leyendas susurradas por estas costas norteñas, tan acostumbrados como están a cruzarse con visitantes de paso generación tras generación. Además de la neutralidad política española, esta estrategia geográfica era clave para ambos bandos internacionales. Por lo tanto no es casualidad que los enemigos realizaran maniobras similares en las costas gallegas.

—Pues a mí me parece que además de «El Bedrines» de Faustino, Moncho y Manolo, que colaboraron con tu padre, había otras lanchas y barcos pesqueros que ayudaron a los británicos. Pero a saber por dónde y cómo se movían —añadió uno de mis tíos una tarde de sopor veraniego junto al Mediterráneo.

—He escuchado decir que por detrás de las Islas Cíes siguen fondeados los restos de cuatro submarinos alemanes. Y ahí quedaron, sin que nadie se encargara de averiguar más —respondió su hijo Juan.

—Sí, es extraño sí.

—¿Y tú crees, mamá, que estas operaciones navales estuvieron relacionadas con los rescates humanitarios a los que me refiero? ¿Iban por separado o serían los mismos que de paso que trasladaban a los refugiados hacían sus trabajillos paralelos?

—Hombre, recuerda la valija que traía Elizabeth Creswell la noche antes de casarnos cuando cenamos en el puerto de Vigo. Esa salió con los dos judíos que pasaron esa noche en La Portela. Esos documentos no podían ir demasiado lejos.

Sin embargo charlando plácidamente en la terraza décadas después de sucedido, tenemos aún demasiados interrogantes. Tampoco sabemos cómo se llegaba al enlace interior entre Redondela y la frontera en Portugal. Por mucho que disimularan los guardacostas, tanto los británicos como los alemanes no tendrían fácil moverse a hurtadillas por la Ría de Vigo. Que se saltaran las normas no significa que fuera sencillo. Entre tantas cábalas y recuerdos se me ocurre que quizá mis padres de novios atravesaron su ría felices hacia Cangas para disfrutar de la puesta de sol detrás de las Islas Cies, navegando junto a los paisanos en el romántico vaporcito, ignorando que unos submarinos alemanes se deslizaban sigilosamente por debajo, bien escudados por la profundidades naturales; todo puede ser. Pero lo que sí es seguro es que los funcionarios de la Gestapo aparecían tan tranquilos en más de un lugar público, ahora que sabemos la trascendencia estratégica de esa costa. El salón de baile Suevia, ya mencionado, era un lugar de encuentro conocido y admitido de alemanes y gallegos. Y, por supuesto, los escasos residentes ingleses relacionados con los negocios del puerto, a quienes no los dejaban de observar. De que hubo un sutil mar de fondo entre los cooperantes del MI6 y los alemanes en Vigo no queda duda. Igual que las discretas actividades gallegas en general contribuyeron a facilitar las relaciones de sus respectivos cónsules con los embajadores centralizados en Madrid.

La recopilación de datos caseros, que me esforzaba por canalizar hacía meses, hizo que mi madre reviviera unas vivencias rejuvenecedoras, lo que favoreció enormemente la información que yo buscaba. Nunca había dudado de que aquella fase feliz, dentro de las dificultades, había sido lo mejor de su matrimonio, pero la misma concentración me impedía ponerle distancia a la situación de conjunto. A las pocas semanas de nuestras interesantes charlas, forcejeábamos entre sus recuerdos en blanco y negro y la actualidad a todo color, con brillo, que yo iba desvelando. La valiosa reconstrucción de los hechos familiares, más bien anecdóticos, sin embargo no acababa de completar la realidad completa que yo buscaba. Entre las risas y el llanto dulce de nuestras gratas reuniones, intimidades confesadas por primera vez, con sus correspondientes discusiones acaloradas, largos silencios y otros buenos ratos de vinos, comidas y copas, el contraste de opiniones había cumplido una parte muy importante de su misión. Era imprescindible poner distancia a la concentración familiar y contrastar los hechos por otro lado. Cuanto más sabía de la colaboración de mi padre con el

M16, más necesitaba respaldarlo en un complemento oficial. No dudaba de las declaraciones de mi madre, pero no era suficiente: había demasiados huecos y, sobre todo, era imprescindible demostrarlo con documentos. Al llegar a este punto tenía la obligación de encontrar y confirmar la verdad, precisamente por la proximidad familiar. Londres era la respuesta. La mejor manera de librarme de esa pesadilla obsesiva y encauzar su ruta completa era bucear en los archivos. De forma que tras unos meses tranquilos junto al mar mediterráneo continué con mi búsqueda inglesa.

El edificio, entre vanguardista y austero, estilo barracón militar, modernizado con una arquitectura acristalada y minimalista, proclama con su transparencia su apertura al mundo. Por lo tanto, no tuve ninguna dificultad para entrar en los *National Archives*, a donde se llega cruzando un río Támesis, que define la frontera entre Londres y Surrey, después de atravesar los espaciosos *Kew Gardens*, uno de los jardines botánicos más cuidados y floridos de Inglaterra, que ya es decir. Y si además disfrutas del buen tiempo, es todo un regalo. Para colmo, quien quiera consultar estos archivos tan bien organizados no encontrará muchos impedimentos: todo un equipo de bibliotecarios están ahí para orientarte, lo que facilita la búsqueda hasta a inexpertos como yo. Para rematar la sensación de paz que transmite el lugar, en el pequeño lago artificial de la entrada conviven unos displicentes y estilizados cisnes negros con unos inquietos patos salvajes que se deslizan, o se sumergen, con total espontaneidad, ajenos a los mirones. El espacio idóneo para combinar una naturaleza rebosante con la vía libre al conocimiento. ¿Qué más podía pedir? No tuve la mínima duda de que allí encontraría los documentos oficiales deseados, algo imprescindible a esas alturas de mis pesquisas.

Tras un amplio recorrido en metro, bajo y sobre Londres, durante unos cuantos días en los que afortunadamente lucía el sol y no tuve que sufrir grandes mojaduras, aparecía temprano para investigar con cuaderno y lápiz en mano; prohibidos los bolígrafos. Hoy las notas van directamente a la *tablet* para ahorrar tiempo, pero no existían entonces. Enseguida me advirtieron de que muchos documentos de la II Guerra Mundial tardaban más tiempo de lo usual en abrirse. Y en el caso concreto de la Inteligencia, justo lo que me interesaba, estaban clausurados durante setenta y cinco años. Esto me situaba por lo tanto hacia el 2020[27], en cuyo caso, otras generaciones tendrían que hacerlo por mí. No obstante, sí averigüé que los documentos sin desclasificar se encontraban en los archivos HS9, inaccesibles de todo punto para mi propósito. Paciencia y cambio de escenario. Busqué, no obstante, otras pruebas que encajaran con los salvamentos referidos y las vías de evacuación entre España e Inglaterra. Enlaces de algún tipo entre Embassy y Galicia, que no se mencionan en ningún momento. Verifiqué hechos inéditos y reconocibles, escritos a mano y a máquina, en papel con membrete oficial fechados en 1940 y 1941. O las copias de carbón encabezadas con el inconfundible sello rojo TOP SECRET, noticias que de alguna forma encajaban con mi búsqueda pero que no eran exactamente lo que yo quería.

Por la intrascendencia de ciertos textos deduje que la correspondencia entre la embajada británica en Madrid y el *Foreign Office* debía estar en clave. Ocultaba forzosamente mensajes cifrados. Por las fechas y los acontecimientos paralelos que se llevaban a cabo, ciertas reseñas eran demasiado insignificantes como para intercambiar comentarios tan simples. Otro escritos accesibles estaban excesivamente subidos de tono y mostraban la auténtica tensión de sus pro-

---

27 Finalmente los documentos se desclasificaron antes, el 1 de enero del 2005 con el inesperado Freedom of Information Act, como se explica en este libro.

tagonistas. En concreto cuando trataban sobre la posible entrada de España en la II Guerra Mundial, un tema recurrente y trascendental para Inglaterra. En este punto los diplomáticos británicos se sentían desbordados. Pero Ramón Serrano-Súñer transmite mensajes tranquilizadores con relativa frecuencia, asegurando que el Caudillo no tiene intención de intervenir. Y así de esperanzados lo transmiten ellos desde Madrid a sus superiores en el *Foreign Office*. Pero yo ya tenía en mente que en ese momento Alan Hillgarth trataba en paralelo y por detrás los sobornos de millones de pesetas con los generales encabezados por Aranda.

Rodeada de investigadores sesudos llegados del mundo entero a los *National Archives* me sentía privilegiada de oír mentalmente las discusiones y percibir los enfrentamientos y las dificultades del Gobierno franquista al releer hoja por hoja desde la perspectiva británica esa parte crucial de la historia moderna. Una investigación *in situ* no solo estimula, sino que permite interpretar con insospechada proximidad la situación de conjunto. En las notas no paran de quejarse del favoritismo pro alemán entre los españoles, gracias al gran despliegue de propaganda repartida por todo el país. Estaba claro que la información desvirtuada que sobre los aliados presenta la prensa nacional también tiene sus repercusiones sociales, otra importante razón que obliga a los británicos a estar a la defensiva por su clara desventaja. Pero a pesar de que lo que yo buscaba comenzaba a fluir, también sabía que los papeles que tenía sobre la enorme mesa redonda del *Public Record Office* ocultaban mucho más que unos comunicados, a veces irrelevantes. Gracias a que ya conocía gran parte de lo sucedido, en su mayoría alejado de estas noticias, pude ir encarrilando mis primeras averiguaciones. Tanteando la búsqueda, sin saber de antemano detalles concretos, hubiera sido imposible encontrar lo que buscaba.

XIX. LA CONSPIRACIÓN DEL SILENCIO

En los archivos confirmé sin embargo otras lecturas sobre Miranda de Ebro que no tenía nada claras. Descubrí que lo que mi padre y el embajador Hoare transcribieron en sus respectivos memorias coincidían. Los documentos oficiales de 1940 ratifican la llegada a España de los pilotos de los países aliados, aterrizados en paracaídas sobre Francia para escabullirse hacia España. Es decir, militares de distintos cuerpos y rangos de los ejércitos invadidos que no tenían otra salida. Judíos e indocumentados aislados, o medio perdidos, que iban huyendo de la invasión alemana con la esperanza de librarse del nazismo. Como ya sabía, la gran mayoría entraban por la frontera pirenaica desperdigados y sin ninguna relación local. Pero tarde o temprano alguien se hacía cargo de ellos. Así lo explica el embajador Hoare en su libro publicado en 1946:

«Con los judíos que no fueran alemanes, las dificulta- des nos creaban problemas casi insolubles. Era imposible controlar los orígenes y ningún país los quería recibir... A ellos, y a la mayoría de los refugiados, no había cómo evacuarlos. Había que organizar un destino, los permisos de las distintas autoridades españolas, y acercarlos a los puertos para embarcarlos adecuadamente, un puzzle que nos suponía grandes esfuerzos... A veces seleccionábamos a cierto número de judíos dentro de la cuota de emigrantes a Palestina: permisos, transporte por España y viajes por el Mediterráneo, lo que podría llevar meses de organización interna, mientras los interesados vivían en precario a la es- pera en Madrid y Barcelona. Finalmente, llegaban los indi- viduos distinguidos a los que ayudábamos de vez en cuando a cruzar el país. Los detalles de sus viajes no pueden descri- birse en este momento[28]».

Que es precisamente lo que he ido contando aquí. So- bre los permisos oficiales a los que se refiere el embajador, además de las dificultades para conseguir los visados, el ré- gimen policial español sometía la clasificación de los refugia- dos al derecho internacional a su manera. Se pasaba por alto los acuerdos del Convenio de la Haya, igual que en Alemania, y lo manipulaban a su antojo, añadiendo obstáculos e im- pedimentos a los apátridas para conseguir cualquier docu- mentación. Una labor que en Madrid recaía en el Ministerio de Asuntos Exteriores o en el del Ejército indistintamente. Pero como los alemanes les obligaban a ajustar cada caso por separado, la labor recaía sobre los diplomáticos, inclu- so las solicitudes que se derivaban al Ministerio del Ejército. Para complicarlo aún más, a los refugiados se les clasificaba como extranjeros beligerantes, militares, organizados y ar- mados, o civiles. De acuerdo con esta evaluación aleatoria se

---

28   Hoare, S., ob. cit., pág. 78.

les repatriaba, expulsaba, o se autorizaba su estancia «según la forma y el alcance determinados por la práctica internacional», siempre y cuando se ajustara a la ley española. Un rompecabezas enrevesado cuya finalidad, estaba claro, era enredar y posponer la liberación de los detenidos por la clara influencia alemana. Lo que obviamente no se menciona, y a todo esto mientras se aceptaba «la neutralidad vigilante» de 600 hombres procedentes del Eje, entre italianos y alemanes, que se movían por España sin dificultad, como señala Paul Preston. Es decir, que la diferencia de trato a los que llegaban a España por vía inglesa o alemana era patente.

Solamente de los pasos ilegales a Portugal tenían por lo menos seis carpetas; desgraciadamente necesitaría meses para revisarlas. Por su volumen entendemos la densidad e importancia de estas relaciones diplomáticas. En otro documento, Samuel Hoare notifica a lord Halifax que el mayor Alan Lubbock (con quien mi padre viajaba a Miranda de Ebro) había visitado el campo de concentración en varias ocasiones, ya para el 28 de noviembre de 1940, a fin de atender a los militares británicos acogidos allí. Las palabras textuales del embajador son: «gran ayuda la que se prestó a nuestros hombres escapados desde Francia» (FO371/24507). Ni una mención a mi padre, como médico de la embajada en Madrid, a las acogidas domiciliarias posteriores, en tránsito o en Madrid, ni por supuesto citan a Margarita Taylor en ninguna parte. Pero a renglón seguido sí comentan que una comisión alemana estaba situada en Perpignan, peinando la falda de los Pirineos españoles, temerosos de que pudieran intervenir en cualquier momento. ¡Justo! La estrategia que le describió a mi padre la extraña visita del *Foreign Office* a los pocos días de llegar a Londres recién casado. El misterioso militar que le convenció para que hiciera su secretísimo entrenamiento escocés por si tenía que participar en las operaciones anti nazis desde España. Bien, mi búsqueda progresaba. Aunque iba cotejando ciertos puntos comunes con pinzas, al fin encontraba coincidencias oficiales e históricas.

No obstante, transcurrían los días, ya más lluviosos que al principio, y en los que al fin podía relajarme con un gin tonic en el pub antes de desaparecer en el *bed & breakfast* de King´s Cross en el que me alojaba, pero no aparecía ninguna referencia concreta sobre las evasiones gallegas, ni nada que tuviera que ver con las conexiones madrileñas de Embassy. Tampoco era fácil canalizar (por no decir, imposible de averiguar) quiénes habían utilizado estas rutas de evacuación entonces, aunque en el telegrama cifrado 719, dirigido al embajador Hoare el 15 de septiembre de 1940, aparece una lista informal de nombres por país de origen a su paso a Portugal, mientras que en la lista del *Foreign Office* el número de hombres varía. Hay que tener en cuenta también a las personas que llegan a su albedrío pidiendo auxilio a los británicos, de donde se deduce que la confusión entre «legales» e «ilegales» debía ser caótica, agravada por el retorcido escrutinio español, (FO 371/32655). Así se explica en otro telegrama al *Foreign Office* del 4 de febrero de 1942, un mes después de la boda de mis padres en Vigo, mientras ellos pasaban unos días tranquilos en Madrid a punto de viajar a Lisboa, cuando ya se habían trasladado ilegalmente a Portugal 839 refugiados, entre belgas, checos, holandeses, griegos, polacos, yugoslavos, franceses, norteamericanos y noruegos.

A pesar del aparente desorden, estos documentos me daban una idea de cuántos evacuados y con qué agilidad se colaban, con o sin permiso oficial español. Y el mérito de los que manejaron este asunto en secreto, ahora que conocemos la directa intervención alemana en muchas cuestiones oficiales españolas, lo que obviamente complicaba aún más la situación para los ingleses.

Alan Lubbock presenta comunicados regularmente a su embajador en Madrid sobre las visitas a Miranda de Ebro.

Algunas descripciones son chocantes de puro ingenuas. Leídas en la distancia del tiempo, imaginando cómo debían vivir los presos en semejante ambiente y sabiendo que atravesaban por unas circunstancias extremas, Lubbock asegura que en cada viaje intentaba liberar al mayor número posible de hombres. Pero mientras, «tratamos de hacerles la vida lo más agradable posible», a pesar de las limitaciones. Y aunque también sabía que mi padre formaba parte de todo aquello, su nombre seguía sin aparecer. Como cabía esperar, la liberación de los presos seguía las normas españolas, de forma que la documentación por lo regular se atascaba en Gobernación o en Asuntos Exteriores, prolongando indefinidamente su encierro hasta la desesperación. No nos extraña que esta fuera la causa por la que se inventaron otros métodos de rescate, como las enfermedades «falsas» durante los reconocimientos médicos, una epidemia de tifus y otras estratagemas similares. Aunque también es cierto que en este primer período de 1940 se libraron de la prisión española 82 militares, 11 oficiales del Ejército, 62 oficiales de Marina, 42 marineros y 5 civiles británicos, arrestados cuando intentaban cruzar los Pirineos indocumentados y por su cuenta. Debido a que los problemas fronterizos van en aumento, el embajador informa a sus superiores de que los súbditos británicos que deseen viajar a partir de entonces no deberían pasar más allá de la frontera de la Junquera, en los Pirineos.

Ya empezaba a comprender por qué Winston Churchill se decidió por las evacuaciones clandestinas para liberar a tantos presos, al punto de recurrir a las estrategias del MI6 y los SOE, enmascarados como voluntarios de la Cruz Roja. Por su situación geográfica, España era una vía de escape natural, con suficientes puertos de salida y entrada entre el Mediterráneo y el Atlántico, y múltiples pasos, oficiales o clandestinos, a un Portugal también neutral y aliado británico tradicional. Con semejante intromisión alemana en los asuntos españoles, incluido el trato a unos prisioneros extranjeros, que repercute en el ambiguo comportamiento de la administración local, no es de extrañar que el Premier británico tirase por la calle del medio e interviniera sin titubear en el auxilio de los detenidos a través de su embajada en Madrid. A grandes males, grandes remedios. La variedad de nacionalidades de los que piden ayuda, las dificultades para contrastar los documentos –si los había– y el flujo masivo de evacuados hacia España les obligaba a tomar unas medidas drásticas, rodear la vía espinosa de las autoridades españolas y los choques frontales con los alemanes con el mayor sigilo. El mutismo sobre estas actividades ilícitas era por lo tanto una cuestión de vida o muerte para demasiadas personas. No debe extrañarnos pues que la conspiración del silencio entre los participantes se llevara a rajatabla como consigna y escudo protector para los involucrados en estas operaciones, lo que explica también cómo ha podido mantenerse este secreto tantos años.

Como suele ocurrir en las tragedias –y en España particularmente– donde se combinan por tradición y con toda naturalidad la pena y la alegría, también hubo situaciones amigables y hasta graciosas en este tira y afloja de los salvamentos humanitarios. El embajador británico escribe el 2 de julio de 1940, que mientras los jóvenes polacos, los checos y los británicos en edad militar siguen dirigiéndose cada vez con mayor frecuencia hacia España, escapando de la Francia ocupada y cayendo bajo la responsabilidad de la embajada británica en Madrid, atascando sus posibles traslados, el Gobierno español invitó a un cierto número de militares alemanes a presenciar las corridas de toros de la Semana Grande de San Sebastián en calidad de turistas. Según se supo luego, la intención era que se relacionaran festivamente con miembros del Gobierno español, especialmente con sus antiguos camaradas de la Legión Cóndor. En esta ocasión Hoare no disimula el revuelo que se organizó con tal motivo en su embajada madrileña. Los británicos sintieron esta provocación como una sutil cortina de humo que ocultaba otros peligros aún mayores al no tener acceso a la información. Hasta el punto de que Samuel Hoare escribe airado a sus superiores en el *Foreign Office* que cree que los alemanes preparan el terreno para encontrar el mejor momento de dar un golpe militar en España, de manera que el agregado naval, Alan Hillgarth, tiene que enviarles otro informe tranquilizador de seis páginas afirmando todo lo contrario. No solo porque ya estaba en tratos bajo cuerda con el general Aranda –que obviamente no menciona–, sino porque también se lo había confirmado en una prolongada entrevista personal el ministro de Asuntos Exteriores, Ramón Serrano-Súñer. El documento especifica que no hay motivo de alarma para pensar que esa visita exclusivamente festiva (como hicieron ver) escondiera otras intenciones con el Tercer Reich.

Durante este encuentro veraniego hispano-alemán en el País Vasco, totalmente inaccesible a los británicos, se debió proyectar la visita del Führer a Hendaya y el famoso encuentro donde –según la prensa española– Franco se negó en redondo a participar en la II Guerra Mundial, además de otros acuerdos firmados ese otoño en Madrid. Cuando volvieron a asistir a las corridas de toros de Las Ventas. Mucho les debió gustar nuestra fiesta nacional a las autoridades alemanas como para repetir.

Continuaban pasando los días de búsqueda en los *National Archives* sin dar con la clave definitiva de mis pesquisas, absolutamente familiarizada ya con el agradable camino a través de Kew Gardens, lloviera o tronase, y ni media palabra sobre mi padre, ni mención alguna a Margarita Taylor. Soslayados los nombres de Alan Hillgarth y su equipo de forma oficial, por lo tanto, nada que me diera idea de la labor humanitaria furtiva en paralelo con la política del momento.

Pero, cuando ya empezaba a flaquear aparecieron tres archivos relacionados con el salvamento español de los refugiados polacos, enlazado al portugués, aunque sin especificar si eran judíos o gentiles, ni qué métodos se llevaron a cabo. En palabras del mismo Samuel Hoare: «los refugiados polacos liberados en España serán enviados posteriormente a la Argentina». Y una nota escrita a mano el 8 de enero de 1942 sobre los judíos polacos confinados en los campos de concentración españoles, «quienes serán enviados a Jamaica con la ayuda de las autoridades de seguridad británicas». Por fin mi búsqueda iba por buen camino. Siempre que intervenía el M16, en colaboración con el M19 y los miembros del SOE, los salvamentos eran clandestinos, sin pasar por el escrutinio de las autoridades españolas y, por lo tanto, hasta su propia fuga en 1942, en los que participaba mi padre. Pero tampoco se detalla el proceso utilizado y cómo se actuaba en los eslabones intermedios españoles. Al tratarse en concreto del rescate de judíos polacos –de los que sí estaba segura que tenían que ver con mi padre–, debía seguir buscando, dadas las fechas, conociendo su relación directa con el enlace gallego y las acogidas en el Embassy madrileño. Enseguida me vino el flash mental con la imagen de Alan Hillgarth resumiéndome de jovencita lo que ahora tenía escrito delante. Al fin confirmaba con los documentos en la mano los resultados favorables de estos salvamentos en concreto. Aunque jugaba con un caso similar, si no el mismo que me contó Alan, los nombres y las fechas coincidían con los de las cuatro listas del 6 de enero de 1942 en la embajada de Polonia en Londres. Aquí se distribuye a los polacos asistidos en oficiales en activo, personas en peligro y las que son útiles para la guerra. Por último, ciudadanos polacos sin garantía oficial. Los apellidos confirman que muchos son de origen semita. Aquí ruegan que se evacue a estas personas si surge algún contratiempo, como de hecho ya se estaba haciendo desde meses atrás, junto a las instrucciones a Lisboa de cómo proceder con los traslados hasta América. La carta concluye con un SOS suplicante: en caso de emergencia confiamos en que se les ayude para evitar que permanezcan en territorio enemigo (FO 371.32655).

Tampoco era descabellado pensar que las notas del día 8 y la carta del 6 de enero del 42 se referían a los dos últimos judíos que pasaron por Redondela. Aquellos que esperaban acurrucados en el maletero del coche en Vigo, mientras los novios y el matrimonio Creswell comían ostras (¿tranquilamente?) y brindaban por su futuro matrimonio en un restaurante del puerto. Las fechas y el tema coinciden.

Con este hallazgo la parte principal de mi proyecto de investigación había concluido. Los polacos rescatados tenían nombre propio y su elaborado traslado a Portugal era un hecho. Si aparecían en Lisboa es que habían llegado sanos y salvos vía España. Pero, como siempre, Londres no cita a ninguno de los liberadores involucrados, ni los métodos de salvamento utilizados; cómo atravesaron la Península Ibérica y cuánto tardaron hasta llegar a su último destino. Sería necesario seguir averiguando, o esperar a que se abrieran esos archivos tan codiciados que aún pueden tardar años. Una vez en Lisboa, el coste del transporte de los judíos a América recae sobre el Hicem y el Comité de Distribución Judío, con la garantía del Gobierno polaco, como aseguran por escrito desde su embajada en Londres, el 7 de enero de 1942. A partir de ahí, otras asociaciones judías como Joint (*Jewish International Organization* desde Nueva York) se unen para costear los viajes de los refugiados ya desde el 10 de octubre de 1939, solo cinco semanas después de la invasión de Polonia. Otro ejemplo que confirma la eficiencia y la rapidez con que se trató de aliviar, con la extraordinaria colaboración británica, las persecuciones y los asesinatos ligados al antisemitismo nazi en cuanto se conoció la persecución judía en paralelo a la guerra de Europa. En fin, ejemplos de la admirable solidaridad de sus congéneres al proporcionarles el apoyo inmediato a través de los enlaces ocultos o, de sus asociaciones. Y gracias también a que en numerosas ocasiones se pudieron desviar los auxilios humanitarios a través de las insólitas conexiones aliadas junto a los colaboradores de la Resistencia europea.

Los documentos que Patricia encontró en sus investigaciones sobre el campo de refugiados de Miranda de Ebro se pueden ver con ayuda de este bidi:

XX. UN NIVEL HUMANO POCO COMÚN

Pasaba el tiempo y no conseguíamos descifrar el significado de la clave 055A; aquella consigna que memorizara mi madre por recomendación del MI5 cuando su marido se marchó a los entrenamientos en Escocia procedía de España, y lo tuvo ligado al Gobierno británico mientras duró su colaboración. Pero no sabemos en función de qué. Otro secreto inconfesado en vida que quedó sin desvelar a su muerte. Durante ese periodo, Lalo continuó escribiendo largos informes para los británicos, otra fuente de los honorarios cuidadosamente anotados en la última página del diario y que tanto me sorprendió descubrir durante nuestra mudanza madrileña veinte años atrás. En estos informes mi padre opinaba sobre la situación social, económica y política española, qué consecuencias se preveían después de la Guerra Civil, cómo podría clasificaban a los rojos y a los falangistas, y cómo se clasifican entre ellos. Pero, sobre todo, qué significa para él la función del Ejército y cómo veía el futuro de España a corto plazo. Tampoco se pasaba por alto el rol de la Iglesia y la relación del Gobierno con el Vaticano. Unos simples borradores en apariencia, con la opinión de un ciudadano español común, pero que se convertirán en una información muy útil para el *Foreign Office*. Otras veces se los pasaba a su amigo Tom Harris, responsable del sector ibérico B21, dentro del MI5, quien junto a Alan Hillgarth y Alan Lubbock viajaban continuamente entre Londres, Lisboa y Madrid.

Teniendo en cuenta la asepsia política de mi padre, algo que trataba con el ojo crítico del afranquista sin ninguna afiliación, y sí como un observador distante, está claro que esta información imparcial de un ciudadano de a pie debía resultarle muy útil al Gobierno británico. Unas notas no tan informales que se intercalaban entre unas escuetas referencias a los salvamentos humanitarios con nombres de amigos y cooperantes, como Faustino, Moncho y Manolo, los marineros de Redondela, y cuya meritoria labor de respaldo nunca se agradecerá lo suficiente. Faustino era el único que poseía la dorna utilizada para los salvamentos marítimos.

Reposando las noticias en frío y en la distancia del tiempo, estoy convencida de que si mi padre no hubiera estado tan bien informado de la situación oficiosa a través del agregado naval, Alan Hillgarth, sobre ciertas actividades del MI6 en España, no habría puesto tanta carne en el asador cuando le pidió su cooperación. Que se arriesgara hasta ese punto, con semejante ilegalidad. Lo que indirectamente ponía en peligro a parte de su familia acogiéndolos en su propia casa. Y todo para ayudar a cientos de desconocidos. Estoy segura de que para el capitán Hilgarth esta colaboración significaba demasiada responsabilidad sin ofrecerle a mi padre ninguna garantía. Aunque el proyecto humanitario que compartieron tuviera un sesgo más romántico que político. Pero creo sinceramente que nunca sabremos realmente qué movió a los protagonistas a arriesgar tanto. Solo la gratificación personal de salvar miles de vidas al ayudar a unos desconocidos a escapar de un peligro extremo. Quizás. Lo que ya es suficiente.

La ineludible ley de vida hace que los hijos enjuicien a los padres, no siempre equitativamente, cierto, tendiendo a ser más exigentes que arbitrarios con ellos. Algunos nos relacionamos de adultos con la misma ingenuidad con la que comenzamos a conocernos, aunque el trato evolucione con la edad. Esta actitud, derivada de una inmadurez posesiva, sin embargo nos hace sentir como gajos inseparables de una naranja exclusiva, vedada a los intrusos. Una unión afectiva, pero opresiva, muy particular. Al ser los padres la primera referencia a la que imitamos inconscientemente, parece que quisiéramos epatar con ese admirado y exclusivo modelo, el primer y principal espejo en el que nos miramos, pero cuya ley de vida nos hace asimétricos. Con los años, la inflexibilidad juvenil se va relajando, al comprobar en nosotros mismos (no sin asombro, es verdad) un comportamiento similar al suyo; o aún peor, sus defectos reflejados en los nuestros. Incluso cometemos los mismos errores que ellos cometieron y que tanto nos chocaban entonces. Temerosos de que sus meteduras de pata trascendieran al percibirlas con la torpeza de la ingenuidad, es curioso que con la experiencia y los años no seamos capaces de utilizar los resortes de aquella lógica basada en la inseguridad para evitar repetir los mismos errores en nuestra madurez.

En el caso concreto de esta generación de posguerra, frente a los que nos siguen por edad, sin duda fueron esas mismas circunstancias y sus inevitables consecuencias las que recrudecieron, sin querer, unos parámetros y exigencias mutuos. Algo que seguramente habría sido más relajado en otro momento más favorable marcado por la prosperidad de la sociedad del consumo y del bienestar. Por eso, conforme se va acoplando la visión desclasificada de la infancia hasta convertirse en una reflexión madura con su carga emocional inevitable, no podemos pasar por alto un comportamiento tan valeroso, temerario incluso, al reparar en acontecimientos como los que he relatado, inconcebibles en ocasiones diferentes. Admiramos su valía, pero sobre todo, elogiamos los resultados.

Aún con su discreción, el carácter y la personalidad que emanan de las personas descritas aquí, dejan huella, y más si constituyeron la base fundamental de la infancia. Sus sorprendentes experiencias los convirtieron en unos seres excepcionales que a pesar de su extrema cautela en tiempos de guerra sí exteriorizaron en múltiples facetas después. Inevitablemente esto me colocó un listón muy alto sobre el comportamiento humano, y que aún siendo positivo, ha llegado a distorsionar muchas evaluaciones posteriores, afectando no siempre a favor otras relaciones a lo largo de mi vida. Sin proponérselo, ellos nos acostumbraron a movernos con naturalidad entre gente de un nivel humano poco común, distintos a los que nos vamos encontrando después, sin poder evitar compararlos. Eso es lo malo porque no volvemos a cruzarnos fácilmente a lo largo de la vida con otras personas tan generosas ni con aquellas particularidades humanísticas que los caracterizaron.

Y seguimos buscando, buscando...

Así y todo, aunque solo he querido resaltar aquí su grandeza, no podemos descartar que mi padre y sus amigos también tenían sus pies de barro, asuntos inconfesables que quedan archivados en mi disco duro, ahora que ya no usamos el tintero. No voy a negar que las personas que describo con tanta admiración no tuvieran sus defectos, lo que afortunadamente también les hace más humanos. Pero este no es el lugar para criticarlos, ni soy la persona idónea para hacerlo. El afecto que les tuve a cada uno en particular, fundado en esa camaradería tan sincera y entregada, se reflejó en el cariño que me profesaron a cambio. Airear unos trapos sucios que sin duda mancharon para equilibrarlos con sus virtudes estaría injustificado aquí. El mérito de salir airosos de unos acontecimientos excepcionales estriba precisamente en que los amigos de Embassy eran mortales corrientes, con sus fallos humanos, sin ningún entrenamiento especial, y que a pesar de eso se esforzaron por superarse solo para ayudar a los demás. Por amor al prójimo, por caridad, por compasión, por responsabilidad, sencillamente. Su mérito deriva de su altruismo solidario, siendo personas corrientes movidas por su buen corazón; del bien sigiloso que hicieron a miles de personas, no solo sin rechistar, sino con alegría. Sencillamente por humanidad, sin juzgar a nadie y acabando sus días en el anonimato sin la menor alusión, no digamos ya alarde, a su heroicidad individual o conjunta. No necesito añadir por lo tanto que, excluyendo a Alan Hillgarth, cuyo nivel económico ya era superior al de los demás, ninguno de los participantes en este proyecto del MI6 en España durante la II Guerra Mundial murió rico o famoso. Una consecuencia lógica de su actitud ante la vida. Aunque cada uno alcanzara unas metas personales y profesionales respetables, pasar desapercibidos fue otra característica común.

El final de esta historia, elaborada entre el presente lejano y los vivos recuerdos testimoniales, coincide con el comienzo del siglo XXI viviendo en Alicante con Lola y mi madre. Aún no es primavera y ya están los almendros en flor. Las ramas cuajadas, intercalando a capricho desde el lila rosáceo al blanco entreverado, brotan en el degradé borroso de una primavera prematura que convive con la plenitud invernal de los naranjos y los limoneros cuajados. De vez en cuando los parcos olivos de tímidas hojitas escasas aparecen desperdigados entre un enjambre de palmeras africanas, recordándonos la proximidad de ese continente y una influencia que no sé bien por qué rechazamos. Detrás, unas montañas cinematográficas cortadas a hachazos acorralan un horizonte acartonado. Y el mar, variando de aroma y color según las estaciones, absorbe el sol que reverbera luminoso sobre todo lo que toca, siempre cambiante, siempre diferente. Este Mediterráneo de moros y cristianos, al conmemorar con una alegría marcial en sus fiestas locales a los auténticos moros y cristianos del pasado deja un rastro imborrable en unas norteñas de paso, como nosotras, asombradas por sentir tan diferente, otra gente, otro mar y ¡tanto sol! Ardiente. Brillante. Excesivo para quienes no estamos acostumbradas a la opresiva calima y a las agradables temperaturas que irradian nuestros días.

Los meses no pasan, vuelan. Desde que comenzamos los desayunos-recordatorio entre madre e hija llegamos a la siguiente primavera y atravesamos la canícula del tórrido verano con asombrosa velocidad, hasta saltar a la luz apaciguada del invierno, ya sin necesidad de escabullirnos a la sombra. El anti-clímax de la narración en este ambiente natural ha favorecido la relajada concentración que da la distancia del tiempo, imprescindible para plasmar unos recuerdos menos fáciles de revelar de lo que pensé al comenzar. Al ir desvelando confidencias muy íntimas hemos situado numerosos acontecimientos en perspectiva y deshecho algunos mitos, no solo propios, gracias a las aportaciones imprevistas de los parientes que se han prestado a contestar a mis interrogatorios, sonsacándoles unas confidencias que seguro no habrían desvelado en un ambiente menos relajado. Madre e hija hemos disfrutado en la lejanía de la geografía y del tiempo entre alegrías, llantos, discusiones acaloradas y otras risas, una dedicación impensable en la bulliciosa opresión de la gran ciudad. Unas condiciones favorables inesperadas que han contribuido por sorpresa a sopesar y templar las proezas de nuestros héroes, que nunca ejercieron, ni consideramos como tales. La complicidad del anonimato fue otra característica de un pasado marcado por nuestro recuerdo admirado, que me satisface enormemente desvelar ahora.

Como cabía esperar, el grupo se dispersó cuando terminó la guerra mundial, y exceptuando a Hillgarth, Margarita Taylor y Juan Bourgignon, con quien nos seguimos tratando hasta sus últimos días, jamás sacamos a relucir aquel pasado delante de nadie.

Las condecoraciones polaca y británica que andaban rodando por los cajones del cuarto de mi padre sin la mínima alusión a los motivos que se escondían detrás se las entregaron con el mismo sigilo y discreción con que realizó sus actividades clandestinas. Ni rastro de que estuvieran relacionadas con los salvamentos de los perseguidos polacos en asociación con el MI6 y la Cruz Roja. Indiferente a todo aquello, mi padre siguió ejerciendo de gallego inglés el resto de su vida.

Mucho después de llevar a cabo estas aventuras, y sin dejar de visitar la Galicia recóndita que adoraba, así como a su gente y su familia en Vigo, Lalo se recreó a fondo en el escenario madrileño, la ciudad que escudriñó desde estudiante, a caballo entre Liverpool y Madrid, hasta el fin de su vida. Aquí disfrutó de un singular ambiente profesional, además de codearse con taberneros, marquesas, cantaores, toreros y pitonisas, esos personajes que tanto le atraían y que eligió buscar desde los barrios bajos hasta los salones del Ritz, pasando por las corridas de toros de las Ventas, avivando siempre ese palpitar castizo y cosmopolita que disfrutó y entre los cuales tuvo la suerte de alternar gran parte de su vida. Hoy, al igual que Margarita Taylor, descansa en paz también en Madrid y junto a mi madre, fallecida en el 2005.

El editor que publicó sus memorias en la Editorial Doubleday de Nueva York describe a mi padre como «un entusiasta simpático cuya dedicación al trabajo se equipara a su interés por todo tipo de gente». Quizá. Pero, como yo lo recuerdo con los años, Lalo se convirtió en un seductor locuaz, ambivalente y coqueto, envuelto en múltiples intereses y contradicciones, provocados por su ilimitada curiosidad y una exagerada sensibilidad al medio que le tocó vivir. Inclinado a merodear entre faldas prohibidas, otra de sus muchas aficiones, escudado en un atractivo que emanaba más de sus inquietudes contagiosas que de su físico, Lalo vivió esos enredos informales sin perder el compás de la familia. Unos asuntos propios que tampoco le impidieron anteponer siempre su máximo interés: el bienestar de sus pacientes. Habiendo vivido una existencia plena, al final resultó ser lo que siempre había sido: un solitario versátil y orgulloso que nunca perdió el interés por seguir aprendiendo. Sometido como cualquier español a la censura nacional de los diarios, soportando el largo periodo franquista, se informaba en paralelo a través del Times y el Newsweek sin perder el hilo de la actualidad literaria en varios idiomas. Al final de sus días las dudas agnósticas van quedando en entredicho, justo cuando empieza a recalar en el subconsciente y en la antesala de la despedida final, ese pelo de la dehesa que mamó entre rumores de rosarios y fiestas de guardar. Entonces podía recrearse leyendo *Las Moradas* de Santa Teresa de Jesús, o detenerse en los mensajes amorosos de la Biblia, para justificar −o tal vez comprender mejor−, los motivos de una incredulidad religiosa latente. Él decía buscar en estas lecturas el contrapeso de los males espirituales, tan próximos a los físicos, en el ser humano. O posiblemente los propios.

Aunque tenía un temperamento fuerte, que controlaba igual que su genio, mi padre trató de vivir en armonía entre sus colegas, pero de vez en cuando intercambiaba impresiones y tanteos curativos con Eulalia, una curandera de Torrelodones con quien llegó a tener una gran amistad. Ya en la madurez, la escuchaba como un inquieto estudiante de medicina, por si todavía tuviera algo que aprender de ella y adaptar alguno de sus populares remedios a los propios. Las pitonisas siempre le inquietaron. Sin embargo, es curioso que después de unas experiencias de la vida tan valiosas no tuviera la capacidad de prever el futuro de otras cosas, como fue la socialización de la medicina. Se negó a aceptar la creación de la Seguridad Social, ni quiso participar en ella, motivo principal por el que no quiso quedarse a vivir en Inglaterra al terminar la Guerra Mundial. Nunca creyó en los beneficios sociales de un *Welfare State* en ciernes, ni que eso condujera a la desaparición de la medicina privada. Un sistema estatal que no acababa de convencerle, con todo lo avanzado que fue para otras cosas. Y si lo veía difícil de lograr entre los británicos, más aún en España con un Gobierno franquista. Para él el trato médico-enfermo debía ser directo y personal. Como continuó haciendo durante cuarenta años como jefe de servicio de Cirugía Torácica en la Cruz Roja en Madrid sin cobrar nunca a los pacientes necesitados. No concebía clasificar a las personas por fichas con número, en vez de individuos con nombre y problemas propios. Él prefería prestar una atención exclusiva a los enfermos, por aquel concepto humanista que siempre tuvo del trato directo entre médico y paciente. Por lo tanto, mi padre rechazó trabajar en una Seguridad Social, que extrañamente no consideraba un avance social tal como estaba planteada la posguerra. Pagó cara su terquedad y en ciertos aspectos el medio le hizo el vacío.

Acostumbrados a convivir con unos gustos muy suyos, sin considerarlos excéntricos, tampoco nos chocaba que nos reprendiera por olvidarnos de ponerle la ópera de turno a la alondra colgada en una jaula rústica en la terraza. La delicada música sonaba desde un *pick-up* cercano para que el pájaro se entretuviera (y aprendiera) escuchando las frases musicales del italiano. Pero, sobre todo, para que el pájaro se inspirase en las melodías y así él poder recrearse en la influencia del cantor. En las primaveras sabíamos que sobornaba al jardinero del palacete de enfrente para que le cortara a escondidas la primera magnolia de la temporada. Un delicado capricho que inundaba con una penetrante fragancia hasta el último rincón de casa, irrumpiendo en la paz familiar. Mientras él gozaba de esa efímera intensidad arrullado por su aroma, colocaba la única flor exquisita a los pies de su cama hasta verla deformarse y morir.

Estas delicadezas en un hombre muy varonil, acentuadas por las contradicciones de un país machista y pre-democrático como el nuestro, nos enseñaron sin notarlo a manejar ciertas ambivalencias sociales con naturalidad. Cosa que afortunadamente conservamos gracias a que aprendimos a contrarrestar ciertas sutilezas en un medio más pedestre.

Alan Hillgarth, retirado de la Royal Navy y del mundo diplomático, sobrevivió algunos años a mi padre y se fue a vivir con su familia a Tipperary, Irlanda, aunque nunca dejó de mantener sus contactos españoles hasta el último momento. La ausencia definitiva de mi padre no alteró su relación con mi madre y conmigo. Siempre nos dedicaba su tiempo para reencontrarnos en cada viaje que hacía a Madrid, hasta que falleció en 1978. Una amistad auténtica e imperturbable que estuvo marcada por ese emocionante pasado al que apenas se hacía mención, al menos en mi presencia, pero muy especialmente, por el respeto y la lealtad entre amigos incondicionales que supieron compartir y superar unas experiencias poco comunes y cuya secreta complicidad les mantuvo unidos para siempre. Sin embargo, al concluir estas confidencias una de las mayores sorpresas ha sido precisamente descubrir la trayectoria completa de Alan Hillgarth a partir de su paso por España. Si no lo hubiera leído en más de un libro, aún habiendo tenido en mis manos sus informes oficiales enviados al *Foreign Office* y que tuve la oportunidad de leer en el *Public Records Office* londinense años después, nunca me habría imaginado que fuera el máximo responsable de la Inteligencia británica desde la embajada en Madrid, o sea, el principal organizador de los salvamentos que aquí describo. Es decir, el coordinador de las actividades clandestinas del SOE, MI9, el SIS y el MI6 para el sur de Europa y Marruecos, encubierto en su puesto diplomático y en secretísima línea directa con Winston S. Churchill.

Mi madre y yo no ignorábamos que Alan había desempeñado un gran papel, oculto y reservado en los salvamentos de tantos judíos, refugiados e indocumentados, que recalaban en España escapados del Tercer Reich, pero han sido los libros de historia consultados los que nos lo han desvelado al completo. Algo que a pesar de la estrecha amistad de tantos años compartidos él nunca nos acabó de contar. Mientras nos tratamos con mucha familiaridad, nosotras ignorábamos la duplicidad de sus actividades bélicas, y mi padre nunca se paró a contármelo en su día, hasta que me puse a indagar sesenta años después. Pero aún hay más. Concluida con éxito su secreta labor en España, le nombraron responsable máximo de Inteligencia británica en los Países del Este de Europa, donde colaboró directamente con el contraespionaje japonés, a todo esto sin dejar su estrecha relación como amigo y consejero de inversiones internacionales con Juan March en Madrid, cuando él aprovechaba sus visitas regulares para escaparse, al menos tres veces al año, y visitarnos con su alegría característica, siempre ignorantes de sus actividades paralelas.

Conociendo ahora más a fondo las experiencias españolas de Alan, comprendo que estas tuvieran unas consecuencias imborrables para él. Aquella mezcla de tratos oficiales y clandestinos directamente con personajes tan variados y en crisis sin duda le hizo vivir con la adrenalina reactivada, aunque también le permitió profundizar en unos entresijos humanos y políticos únicos. Pocos extranjeros han podido como él tratar tan de cerca a los españoles, desde las más altas esferas hasta los más sencillos marineros gallegos, pasando por los cortijos andaluces que conducían a Gibraltar. Algo que se convirtió en un vínculo de honda admiración por todo lo español. Su hijo Tristán nació en Jerez de la Frontera, a su única hija Nigella la bautizaron con el nombre de Pilar, mientras Jocelyn, el hijo mayor, nunca se desvinculó de la isla de Mallorca, donde conservaba su antigua casa y vivía gran parte del año.

Tratando de analizar el comportamiento de este entrañable y pintoresco amigo, me queda la duda de si ese interés personal de Winston S. Churchill por mantenerlo en un puesto clave en Madrid no estaría relacionado, entre otras muchas razones, con el hecho de que el capitán tuviera acceso al almirante Canaris, máximo responsable del Abwehr o Servicio Secreto Militar del Tercer Reich, a través de Juan March. No es ningún secreto que el financiero español y Canaris se trataban, igual que con el general Franco, desde que se conocieron en Cartagena en 1919, una idea no tan descabellada pero que no he podido probar. ¡Hay tanta leyenda secreta alrededor de estos singulares personajes!

Al comenzar la Guerra Fría, Churchill retoma sus antiguas simpatías por Alan, de cuya afortunada participación en un incipiente MI6 bélico anterior no se había olvidado.

Diez años después, Alan Hillgarth se convierte de una fuente de información regular e independiente sobre defensa e Inteligencia internacional para Gran Bretaña, por su innegable fidelidad al viejo político inglés. Cuando aún balbuceaba la estrategia anglo-americana sobre la bomba atómica, se restablece la primera base aérea norteamericana en el Reino Unido. Pero las noticias facilitadas por Hillgarth conmueven a los altos mandos. No existe ningún plan anglo-americano sobre el uso de la bomba atómica si tuvieran que enfrentarse a la Unión Soviética, ahora la gran enemiga de los que fueron antiguos aliados durante la II Guerra Mundial. Una vez más, Hillgarth muestra la eficiencia de su información de alta estrategia secreta internacional y la pone al servicio de sus compatriotas, manteniendo siempre su característica discreción. Afirma David Stafford, el autor de este descubrimiento, que Alan Hillgarth fue un soporte trascendental en las consultas de seguridad internacional para Winston S. Churchill. Para darnos una idea de la discreción con que se manejaban estos asuntos, concluye su crónica diciendo que ninguna de las visitas privadas que le hizo a Churchill en su finca de Chartwell, o en Downing Street 10 (nuevamente reelegido Primer Ministro entre 1951-55), aparecen registradas, ni se mantienen reseñadas en ninguna parte. Todas fueron extraoficiales.

Esta prudencia extrema nos da idea de lo que significa tener un carácter adaptable y una gran capacidad de trabajo, lo que de alguna manera también se refleja en el resto de su estrecho equipo de colaboradores en España: los héroes anónimos de Embassy.

Lola la Grande tiene noventa y un años. Es una anciana preciosa de pómulos marcados, con un cutis pulcrísimo y manos de hilandera. Por la agilidad con que mueve sus dedos finos al gesticular parecería que acabara de dejar los palitroques de camariñas a un lado para hablarnos, si no fuera porque está ciega. Por la distinción y apostura innatas de esta gallega costera, nadie diría que hace cincuenta años labraba la huerta de mi abuela Guillermina y ordeñaba las vacas de La Portela. Lola fue muchos años la guardesa junto a Angelito, su marido. Por lo tanto, mientras yo investigaba estas aventuras ella seguía siendo la única testigo superviviente de aquellas íntimas experiencias anglo-gallegas durante la II Guerra Mundial. Aunque solo podía escucharme y no me había vuelto a ver desde mi infancia, enseguida me distinguió entre los numerosos nietos de Guillermina en cuanto me identifiqué.

—Sí, claro que me acuerdo de Lalo. Y de ti, cuando te escapabas a mi casa para comer el caldo que yo hacía. —Cierto, un caldo gallego exquisito acompañado de un pan de maíz irrepetibles.

—No puedo olvidar que aprendí a hablar gallego jugando con tu hijo Angelito, Lola. Y otros muchos juegos que compartimos con mis primos aquí mismo. La verdad es que fuimos unos niños muy felices. ¿Pero tú te acuerdas de las noticias que yo busco?

—Desde luego... Lalo me lo explicó. Llegaba mucha gente extranjera bien vestida. Paraban poco y salían enseguida. Traían un hambre tremenda. No hablaban mucho. Tampoco yo los entendía, claro. Yo preparaba la casa y hacía la comida como me indicaban.

—¿Pero sabías a qué iban?

—Andaban escapando. Así me lo decía tu padre... Todo con mucho secreto; yo lo entendía y tampoco lo comentaba con nadie. ¿A quién se lo iba a decir? Al marchar, los invitados cruzaban el río Miño por Guilarey. En Tuy está más hondo. Tu abuela tenía una muchacha que era de allí y estaban enlazados con su hermano. Él quedaba esperando para pasarlos a Portugal. Eran gente perseguida. Extranjeros. Antes de que marcharan, tu padre firmaba los certificados de defunción, como si hubieran muerto. Y luego salían otra vez de viaje.

–¿Y cómo cruzaban el río?

–A nado.

Descubrí esa alternativa de fuga, utilizada cuando se hacían más peligrosas las salidas acuáticas por la Ría de Vigo, en otra conversación que tuve con Lola en Redondela. Debían de ser sin duda situaciones de extrema gravedad, cuando a aquellos fugados, además, había que darlos por muertos. Totalmente borrados del mapa. En el registro del juzgado de instrucción de Redondela, donde verifiqué esta conversación, no aparece ni un solo fallecido extranjero entre 1937 y 1943. Al igual que con los certificados médicos firmados por mi padre durante la falsa epidemia de tifus en Miranda de Ebro; una intervención crucial para librarlos de su persecución. Pero en ese caso, ¿a quién le podían interesar esos certificados de defunción? Eso queda aún por descubrir.

Embassy se cerró tras ochenta años de actividad y mucho después de que falleciera Margarita Taylor. Entre tanto, otras generaciones, unos nuevos dueños y una renovada población merodeando por Madrid en unos menesteres muy diferentes a los de sus abuelos siguieron disfrutando del ambiente exclusivo y de los riquísimos dulces que se vendían allí, aunque una decoración más moderna no les impidiera disfrutar del mejor té de Madrid con la misma distinción que siempre caracterizó el lugar. Supongo que cuando se publique este libro, esa famosa esquina del Paseo de la Castellana con Ayala estará dedicada a una actividad comercial diferente.

Al recuperar las noticias de estas hazañas humanitarias desde distintas perspectivas no he podido evitar enjuiciar a los que persiguieron a mi padre y promovieron su huida hacia un indeseado destierro. Lejos ya de un revanchismo absurdo tantos años después, simplemente haciendo un análisis retrospectivo sobre la información que recibiera la Gestapo, aparte de los soplones de Gobernación sobre sus movimientos extra profesionales, o las extrañas apariciones del Dr. Martínez Alonso en el campo de concentración de Miranda de Ebro, junto a los diplomáticos británicos, algo a lo que siempre tuvo acceso Lisardo Álvarez Pérez. Viejo amigo de la familia de mi madre en Vigo, y quien no dudó en facilitarle los pasaportes desde la Dirección General de Seguridad en Madrid para que huyeran en 1942. Nadie me ha podido rebatir que a fin de cuentas fuera él quien realmente les abrió la puerta de salida, evitándoles un fatal final en manos de la Gestapo. Pero yo tengo mis sospechas. Creo que quienes realmente acorralaron y denunciaron a mi padre a la Gestapo fueron los confidentes que merodeaban en el salón de baile Suevia de Vigo y su contrapartida Erika en Madrid. Los locales regidos por el mismo dueño alemán, Walter Jurghans, amigo de la juventud. Lugares que mis padres frecuentaron desde solteros y que continuaron visitando después de casados, especialmente Erika, en Madrid. Si el dueño alemán, establecido en Vigo desde hacía años, era o no espía, agente simpatizante de la Gestapo, o utilizaba sus locales como tapadera para facilitarles sus operaciones en España, también se llevó el secreto a la tumba. No tengo ninguna evidencia de que así fuera.

Walter era un gran amigo con el que se trataron hasta muchos años después y a quien también conocí de niña; lo que tiene un relajado significado amistoso. Sin embargo, jamás oí que uno sospechara del otro, ni que Walter hiciera referencia alguna a las actividades de mi padre, además de ejercer la medicina, fuera de las horas de baile en sus establecimientos. El trato educado, recíproco, característico de su relación, duró aproximadamente los mismos años que con Alan Hillgarth, aunque fuera en contextos diferentes. Sin duda, los buenos ratos compartidos atenuaron cualquier diferencia, si es que alguna vez la hubo. Pese a todo, no me ha pasado desapercibido el que Erika, el nombre de su sala de fiestas en Madrid, fuera también el del tren que trajo a Hitler hasta la frontera de Hendaya para la famosa reunión con Franco en otoño de 1940.

La Portela la vendió mi abuela siendo yo niña aún. Fue un enorme disgusto para toda la familia, pero cabezota ella, se empeñó en deshacerse de la finca por el trabajo que le suponía mantenerla, cansada de hacer tantos churros para los nietos y organizar y atender la casa para las invasiones familiares veraniegas. Demasiado esfuerzo y preocupaciones para su edad. Incapaz de disuadirla y ante la irremediable decisión de su madre, furioso, mi padre mandó cortar el nogal bajo el que le había declarado su amor a mi madre en el feliz verano de 1941. No solo como recuerdo; él no quiso que nadie más se cobijara a la sombra del primer testigo de su devoción amorosa. El mudo espectador del intercambio de ternuras impregnadas en sus ramas y envueltas en el aroma de los marisqueros del estrecho de Rande, frente a la Isla de San Simón, no podía quedar sujeto a un terreno al que ya no tuvieran acceso los protagonistas. Nadie más podría volver a repetir aquella enternecedora experiencia amorosa bajo su sombra. Derribado en pedazos desiguales, el tronco llegó a Madrid, donde quedó guardado en un trastero. Algunas maderas se repartieron entre los amigos, que las acondicionaron a su medio. Hoy aún conservo una reliquia de aquel tronco original. Transformado en un taburete rústico, discretamente colocado en el hall de los pisos cronológicamente habitados en los últimos tiempos, muchos años después de fallecidos los protagonistas de esta romántica historia, los restos del nogal gallego han estado presentes en cada momento de nuestra vida diaria, como un tótem protector, ancestral y amoroso que refuerza silencioso nuestro arraigo cultural y afectivo. Como si el tronco del que procedo quisiera recordarme con su imperceptible presencia cuáles son nuestras verdaderas raíces.

XXI. LOS LEGENDARIOS PAPELES VEN LA LUZ

De: National Archives. Gov. UK
Enviado el: Viernes, 31 de marzo, 2006; 12:19:02pm
Para: Patricia Martínez De Vicente
Asunto: Call Reference F0007023

Estimada señora:

Gracias por su consulta. He examinado el archivo de su padre, y puesto que nació hace más de cien años, estoy capacitado para abrirlo para el uso general de los investigadores, como así he hecho. La carpeta incluye la información específica que Vd. solicita y reproduzco a continuación lo más esencial del texto:

RECOMENDACIÓN DE LA CONDECORACIÓN PARA LA MEDALLA DEL REY (KING GEORGE MEDAL FOR COURAGE) POR SERVICIOS: Dr. Eduardo Martínez Alonso, ciudadano español.

Durante los años 1940-41, el Dr. Martínez (que prestaba servicio a la embajada de S.M. en Madrid como médico) estuvo comprometido en una labor clandestina en España para la causa aliada. El Dr. Martínez organizó una «ruta de escape» entre España y Portugal, por la que huían de la Europa ocupada por el enemigo y utilizaron camino del territorio aliado. Se incluye la detallada organización de los viajes de estas personas a través de España, así como el de las casas de acogida en el trayecto. El Dr. Martínez también los acompañó en algunas de estas operaciones. Entre los que utilizaron este medio algunos eran de interés para el SOE y otras organizaciones británicas. En diciembre de 1941 se le advirtió al Dr. Martínez que su arresto era inminente por sus simpatías pro británicas y actividades a favor de los aliados. Entonces tuvo que salir de España, lo que supuso abandonar su profesión y comenzar de nuevo en el extranjero. Por los servicios que ha prestado el Dr. Eduardo Martínez Alonso a la causa aliada se recomienda le sea otorgada la Medalla al Valor del Rey Jorge por los Servicios Prestados y la Causa de la Libertad.

Se hizo esta recomendación el 12 de noviembre de 1945 y se le otorgó el año siguiente, como aparece en la reseña del Londres Gazette el 2 de enero de 1947. También se menciona que el Dr. Martínez y su esposa llegaron a Inglaterra el 5 de febrero de 1942, donde parece que él cooperó en el Servicio de Urgencias del Queen Mary Hospital, de Roehampton, Londres SW. De los comentarios que se desprenden, se le consultó concretamente a «C», Director del Servicio Secreto Británico (MI6), quien dio su aprobación. La «otra organización británica» mencionada debe haber incluido al

M16. El archivo de su padre es extenso, consta de unas 200 páginas, la mayoría de la cuales se refieren a sus acuerdos profesionales y económicos en Inglaterra, pero también hay detalles biográficos, descripción de las vías de escape y por la Península Ibérica, referencias y cartas que él traía, así como sus actividades durante la guerra en España, que pueden interesarle. Si tiene pensado venir por Londres próximamente, quizá pueda visitar los archivos y revisar la carpeta. De lo contrario se le podría enviar una copia a través de Internet, como aparece en nuestra web, citando la referencia HS 9/26/5 si prefiere solicitarlo directamente.

Espero que esta información sea relevante para usted.

Atentamente, Howard Davies,
Record Management and Copying Department

El original de este correo, así como la recomendación de Mr. Creswell para el otorgamiento de dicha condecoración, pueden descargarse con ayuda de este bidi:

Aparecían por fin los documentos oficiales definitivos y personales de mi padre en los archivos británicos, gracias a las indicaciones que me pasó el agregado militar de la embajada británica en Madrid. Sin esta sugerencia espontánea habría sido mucho más difícil dar con la carpeta mágica que conservaba la prueba fehaciente y oficial de los hechos reales que compartió mi padre con el MI6 en España. La confirmación de las noticias que yo iba recabando durante años, por lo tanto un gran logro como hija e investigadora. Un respiro. Un orgullo. El premio a la constancia. En fin, remataba mejor de lo esperado las largas averiguaciones rebuscadas aquí y allá, añadidas a las que compartí al alimón con mi madre, aunque por desgracia ella se acababa de despedir para siempre cuando me llegó este *e-mail* y no pudimos brindar para celebrarlo juntas. Pero en contrapartida veía recompensados los esfuerzos de años buscando la verdad de unos hechos que sabía reales pero que no podía contrastar. Por otra parte, unos esfuerzos no tan grandes, es verdad, como los que llevaron a cabo los verdaderos protagonistas de este libro. No solo para ocultar su audacia encubierta, equiparable a la de los organizadores británicos, al preservar uno de los mayores secretos bélicos realizados a través de la Península Ibérica. Al fin y al cabo, los más interesados en proteger el secreto entre sus documentos oficiales durante tres generaciones. Con esta decisión su intención era sellar para la posteridad unos acuerdos prácticamente imposibles de escrutar. Pero el destino sacó su barita mágica oportuna y el inesperado *Freedom of Information Act* del 1 de enero del 2005 truncó el inflexible silencio oficial de los aliados y abrió las puertas a los curiosos.

Otros tiempos, nuevas generaciones y una ola rejuvenecida de investigadores lograban destapar los legajos oficiales clausurados durante demasiado tiempo por los viejos planes (¿o temores?) políticos, lo que a cambio favoreció los históricos. Era increíble que la ley nos abriera las puertas, por fin, permitiéndonos contrastar las evidencias históricas y personales que nos interesaban a unos cuantos después del interminable silencio hasta alcanzar la verdad oficial. Muertos los principales protagonistas, ya no había temor al desagravio en caso de destaparse algún grave error o queja.

Aunque dada la envergadura de los acontecimientos internacionales de estos documentos reservados es obvio que ciertos protagonistas quisieran protegerse. No cualquiera puede comprender las arriesgadas intenciones del momento, juzgar el contenido en su verdadera dimensión, ni por lo tanto saber interpretar los hechos de conjunto sin un conocimiento global de lo sucedido. De cualquier manera, fue emocionante tocar con mis manos los papeles legendarios de unos acontecimientos desmedidos a cargo del equipo humano amparado por la embajada británica en Madrid. El insospechado resultado de las averiguaciones que yo venía investigando hacía demasiado tiempo. La ley nos ahorraba diez años de espera, y a mí en concreto me permitía contrastar las sigilosas proezas de gallegos y británicos en la España neutral. Además, aunque no fueron tantos los extranjeros que firmaron el compromiso de silencio del *Official Secret's Act*[29] como mi padre, sorprende que este proyecto comunitario silenciado, en el que se involucraron y rescataron miles de personas de distintas procedencias, en su mayoría derivadas al extranjero, se mantuviera oculta cerca de sesenta y cinco años. Sobre todo al tratarse de personas que no tenían por qué callar su participación en el salvamento de unas víctimas de orígenes, países e ideologías variadas, ya dispersas por el mundo, sujetas o no al famoso pacto de silencio. Pero así es.

«Ha sido nuestro principal agente del SOE al ayudarnos con los rescates desde fuera y a través de España, y por tanto sugiero que continúe asesorándonos»[30], confirma la embajada desde Madrid al MI5 de Londres del 11 de febrero de 1942 explicando quién era mi padre. La nota de presentación más destacada entre las que anuncian la llegada inmediata de ese

---

29   Con ayuda de este bidi se puede descargar una copia del *Official Secrets Act* firmado por el Dr. Martínez Alonso.

30   Ref: ADW/144/112 en HS9/26/5.

Dr. Martínez Alonso, desconocido e inesperadamente aterrizado en el aeropuerto nevado de Bristol acompañado de su mujer.

Al fin confirmaba oficialmente su secreto recorrido bélico como uno de los primeros miembros del SOE en España, con la salvedad de que a Eduardo Martínez Alonso los británicos no le condecoraron por sus servicios a la causa aliada, como dice la carta y firma la solicitud Michael Creswell, sino por el valor (*courage*), que Michael destaca y ratifican estos documentos y la medalla que conservo. No obstante, sí he averiguado a través del historiador David Stafford que ese misterioso «C» que aprueba su condecoración, como me comunican en el *e-mail* de los *National Archives*, era sir Steward Menzies. Es decir, el máximo responsable del Servicio Secreto británico en ese periodo[31].

Así, que en cuanto abrí su carpeta personal n.º 22666/A, sellada con un típico SECRET rojo y vi que entre sus 200 documentos aparecía una copia del *Secret's Act* firmado el 27 de enero de 1943, se me despejaron aún más incógnitas. Este era el auténtico motivo por el que mi padre nunca quiso –ni pudo– comentar sus admirables aventuras junto al MI6, ni siquiera con su hija. No es que Lalo no quisiera hacerlo; es que había jurado callarse. Un paralelo a su juramento hipocrático como médico al que ya venía acostumbrado desde muchos años antes. Silencio total. Nunca, jamás y para siempre. Y como complemento, por coherencia, por fidelidad, y aún más, por respeto a las víctimas, aunque no aplicara en su caso, también lo cumplió mi madre. Solo yo sé lo que me costó arrancarle ciertos comentarios a ella, así que es muy posible que él le transmitiera ese respetuoso silencio a las víctimas. Exceptuando los recuerdos personales revelados entre risas, discusiones y anécdotas en la intimidad alican-

---

31   Stafford, pág. 191.

tina que le fui sonsacando durante años, al quedarme sola, el destino me permitía verificar que mis padres acataron las normas y permanecieron callados hasta la tumba. Incluso delante del mismo Alan Hillgarth, el verdadero responsable de estas actividades, y quien me contó de jovencita, durante una de tantas cenas compartidas en Madrid veinte años después de la guerra, en qué estaba basada su antigua y estrecha amistad.

Y seguí leyendo conmovida; es cierto que mi padre se ofreció voluntario para participar en unas operaciones tan sigilosas como expuestas, aunque jugase con la ventaja de recibir información de primera mano de los acontecimientos globales de su gran amigo, Alan Hillgarth, quien no solo se agarró a su oportuno ofrecimiento como una tabla de salvación para liberar con artimañas a los presos de Miranda de Ebro, sino que aportaba de paso la infraestructura gallega de su familia caída del cielo. Un refugio costero, recóndito y privado con salida directa a la Ría de Vigo, bordeando la frontera portuguesa, con un soporte humano paralelo, discreto y generoso, además de que Lalo fuera uno de los pocos médicos españoles licenciado entre Inglaterra y España ejerciendo en Madrid y, para más señas, en el Hospital de la Cruz Roja. La asociación benéfica internacional que respaldaba muy discretamente los Servicios Secretos británicos en el proyecto humanitario europeo frente a la invasión nazi. Todo eso añadido a la confianza y al trato directo con los marineros colaboradores en este tramo crucial de las salidas ilegales, de inestimable valor, además, por su antigua amistad y conocimiento de la zona. En resumen: los ingleses habían dado en el clavo. Contaban con el intérprete cultural y profesional idóneo que necesitaba el MI6 para cubrir varios flancos a la vez, dadas las necesidades acuciantes del momento. Las valiosas coincidencias que Alan Hillgarth supo apreciar entonces y agradecer el resto de su vida.

Aquella referencia HS9/26/5 guardada en los *National Archives* la primera vez que los visité y volvía a consultar sin trabas pocos años después, al fin me permitía verificar los hechos reales. Con enorme satisfacción remataba unas averiguaciones clausuradas durante los setenta y cinco años de rigor, que además confirmaban gran parte de los testimonios de mi madre, aunque por desgracia ella ya no los podía disfrutar.

Pero no todas las referencias del doctor que se conservan en su archivo son favorables. He leído críticas –anónimas– sobre su excesivo arrojo. Demasiado desenvuelto, muy audaz para ejercer como agente aliado, donde la discreción es esencial. Alguien pone en duda que Martínez Alonso tenga las cualidades necesarias para convertirse en un auténtico SOE. No todos opinan que su perfil se ajusta favorablemente a lo que se espera de un colaborador en un momento tan crucial. Quizá los mismos críticos del capitán Hillgarth, contrarios posiblemente al excesivo riesgo de los métodos proyectados por Inteligencia. Envidiosos de su estrecha amistad, con o sin conocimiento de causa. Más interesados en poner trabas, no tanto al incierto proyecto, sino a que ese par de amigos lo sacaran adelante con éxito sin soltar palabra. Provocadores de controversias sobre la valía del doctor Martínez Alonso para unas actividades tan arriesgadas y ocultas que ni se comentaban. Es lógico que la misma tirantez del momento favoreciera la desconfianza. En este remolino de criterios y chismes –incluso me atrevo a imaginar que alentado por el propio capitán Hillgarth para despistar–, cualquier observador próximo sabe que Lalo no ejercía de agente secreto al uso. Ignoran su verdadero cometido. Mi padre lo deja estar; ni tiene la madera, ni el talante, del conspirador. ¿Entonces, qué pinta en ese ambiente un español de paisano codeándose con tanta naturalidad entre unos ingleses abrumados por sus circunstancias? Es que algunos detalles no encajan:

Lalo es sociable y educado, y no hay ningún indicio de que se codee con falangistas, gente oscura o beatas. Nunca habla de política, ni critica a Franco, y aunque su tendencia personal sea monárquica, sabe demasiado y se calla más aún de lo que imaginan. Nada que ver con esos soplones de chismes de los que abundaban entre los fascistas a la caza de rojos, muy bien avenidos con sus amiguetes de la Gestapo. Ni mucho menos. Este gallego educado es un anglófilo de corazón que ha superado los más delicados trances durante la Guerra Civil ejerciendo como médico de campaña a través de la neutral Cruz Roja, precisamente para no decantarse por ningún bando concreto. Una decisión que le evitó definir su ideología durante y después de la guerra. Hoy es afranquista. El partido en el poder ni le va ni le viene. ¡Qué raro! Tampoco tiene nada en común con esos simpatizantes de la Alemania nazi infiltrados por las cuatro esquinas más insospechadas de la sociedad actual. Incluso podría existir algún sospechoso entre quienes lo criticaban. Quizá esos que tanto cuchichean a sus espaldas estuvieron provocados por terceras personas desinformadas, y desde luego malintencionadas, máxime desde que se rumorea que Hillgarth tiene reservado a este amigo para un proyecto de alto secreto, indeterminado, delicado y acorde con su carácter y profesión. ¿Espionaje? No. ¿Entonces, de qué se trata exactamente?

Conociendo a los protagonistas es de suponer que esos observadores maliciosos no supieran que por su gran amistad con el doctor, el capitán tenía muy claro cuáles eran los auténticos intereses de ambos: sacar adelante los delicados y secretísimos asuntos humanitarios relacionados con los presos europeos que recalan en España, respaldados por la Cruz Roja Internacional, y en los que ambos tienen puestas muchas esperanzas. Alan conoce de sobra la trayectoria personal y profesional de Lalo. Su buena reputación como cirujano y con consulta privada en el barrio de Salamanca son garantías suficientes para incorporarlo al equipo de la embajada británica. Se me ocurre entonces que al ser la envidia un mal endémico español, es posible que ese fuera el trasfondo de las críticas maliciosas que soslayan airadas los documentos. Las sospechas de quienes no acaban de ver claro de dónde le viene tanta soltura a este simpático doctor que se comporta con total naturalidad entre los altos cargos británicos. Que además de hablar inglés como un nativo es social e ideológicamente idóneo para cierta labor indeterminada en la sombra, los mejores ingredientes de un espía, cierto. Pero se equivocaban. Esa no era la función que le tenía asignada el MI6. Ni tampoco era su intención, o el rol que el capitán Hilgarth tenía preparado para él. Quizá los críticos ignoren que Lalo es también hijo de diplomático ejerciendo en Liverpool. Aunque les sorprenda que este español locuaz y educado se mueva con la misma naturalidad en este reservado mundillo social que entre los marineros de las cantinas gallegas, con un dominio impecable de ambos ambientes. Eso sí: al observarlo en directo, para colmo, nadie duda de que Lalo está acostumbrado a merodear entre la alta sociedad internacional. A Hillgarth y a Lalo les divierte jugar al despiste. Ante semejante desconcierto, ciertos observadores maliciosos no atinan al clasificarlo. Son incapaces de atar cabos, sin imaginar qué esconde en realidad la fachada social del doctor, que tan bien encaja como mediador idóneo de los funcionarios locales –y carceleros–. O su maña para camelar a los aduaneros entre Galicia y Portugal, al rematar la huida de los indocumentados en su peligrosa fuga europea sin mayores consecuencias.

«Deberán tener en cuenta su experiencia directa en las evacuaciones por el río Miño. Conserva valiosos detalles sobre la ruta de Valença que él ha organizado», insisten en el telegrama 4130 una semana después de su llegada a Inglaterra. Pero ni con esas: el recibimiento pinta mal. Las recomendaciones desde la embajada en Madrid no convencen

a unos agentes desconfiados en Whitehall, que debían acogerlo con la simpatía que esperaba Alan Hillgarth. Al tenerlo delante, los ingleses prefieren desmenuzar mas quién es, a qué viene y qué espera de ellos ese desconocido Dr. Martínez Alonso, por muy recomendado que llegue, para amortiguar el escrutinio inicial del tenso forcejeo de presentaciones. Desde la distancia Alan tampoco cuenta con los medios para sacar a mi padre del apuro, a pesar de su insistencia y de su interés personal quejándose desde Madrid y preocupado por la situación, como lo demuestra el tono insistente de sus telegramas mientras mis padres permanecen retenidos sin recibir grandes explicaciones. Sintiéndose responsable de haberle causado tantos inconvenientes, como cabeza del M16 en España, a Hillgarth se le nota harto e insiste con firmeza:

«No preguntadle acerca de sus actividades clandestinas. Esto podría desvelar nuestros movimientos y contactos actuales en España. Principalmente porque él se ha encargado de las rutas de evacuación a Vigo desde Miranda de Ebro... Ha cooperado en muchas negociaciones difíciles, como el cruce de fronteras, ayudándonos eficazmente y sin desfallecer nunca». Además, *«...tiene una relación extremadamente íntima con esta embajada y... nos es de gran utilidad en este momento».*

Durante el recuento de pros y contras que van llegando a Whitehall sobre este médico desconocido, es evidente que el interés de su amigo Hillgarth le favorece. Al lograr separar el heno de la paja, y concluidos los exasperantes interrogatorios, el MI5 finalmente cede y clasifica a este doctor recién llegado como quien era: una persona apta para *«organizar, armar y controlar los movimientos clandestinos europeos..., y contribuir a los propósitos militares británicos[32]».* Un valioso y arriesgado soporte del SOE, complementario

---

32   Messenger 2005.

del MI6 y del SIS, como los que comenzaban a dar unos resultados espectaculares entre la Resistencia francesa, aunque actuaran *underground*. Atando cabos, décadas después de muertos los protagonistas, ahora entendía mejor por qué mi padre se ofreció de cobaya voluntaria para ayudar a su amigo inglés. Incluso antes de que estas siglas tuvieran un significado, por las prisas en socorrer a los presos de Miranda de Ebro.

Además de las dificultades y contratiempos de los recién casados para huir de la Gestapo en Madrid, camuflados como en viaje de novios a Lisboa, y con las que se encontraron al llegar a Londres ante las autoridades del MI5, vemos que, para colmo y con las prisas de su marcha, las instrucciones de recibimiento desde la embajada en Madrid no llegan a tiempo. De ahí el desconcierto y el inevitable rechazo de los responsables en Whitehall, razón por la cual la pareja permanece retenida sin saber por qué. Hasta que gracias al rápido intercambio de telegramas se aclara la situación. Se contrastan por fin sus datos personales y resuelven que, en efecto, el Dr. Martínez Alonso era el médico de esa embajada en Madrid desde septiembre del 39, fecha en que se presentó ante el agregado militar, brigadier Torr, cuando se ofreció voluntario para cooperar en lo que hiciera falta en su calidad de médico. Es decir, el mismo día que Hitler invade Polonia, e Inglaterra declaró la guerra a Alemania. Incluso en esta declaración manuscrita hecha directamente en Londres, mi padre indica que estaba dispuesto a viajar. *«Pero me pidieron que me quedara para ayudarles desde la embajada. Estoy muy interesado en las relaciones anglo-españolas y la restauración de la democracia»*[33] afirma en el exhaustivo

---

33   La declaración manuscrita del Dr. Martínez Alonso a las autoridades británicas puede descargarse con ayuda de este bidi:

manuscrito donde detalla su vida de pe a pa, y resume una tercera persona:

«El Dr. Eduardo Martínez Alonso es claramente monárquico, anti falangista y no simpatiza con la izquierda, ni tiene ninguna relación con los rojos. Tampoco hay duda de que es pro-aliado. En cuanto a su carácter, es sociable, osado y discreto, y ha demostrado una gran habilidad a la hora de solucionar problemas».

Y las dudas se van despejando. Aunque fuera muy arriesgado dejar escrita una declaración tan personal para cualquier español en 1942, que obviamente nunca debería caer en manos de las autoridades locales. Calificándolo hoy desde la distancia, considero que detallar hasta ese punto su función como SOE en España fue otra jugada inteligente del agregado naval. Mi padre dejaba constancia de su valiosa labor entre los ingleses, pero sin que quedara rastro en ningún archivo español. Alan tenía en mente, seguro, las posibles consecuencias que su delicada cooperación pudieran significarle en su país, por eso era mejor que solo se supiera en Inglaterra. El escrutinio de su mujer, Ramona de Vicente, es igualmente exhaustivo y su detallada ficha personal permanece en el mismo archivo, aunque siempre como acompañante, no como cooperante.

El destino ha mantenido a la pareja sutilmente unida así para la eternidad.

Estos papeles privados, así y todo, no explican el motivo concreto detrás de su precipitada huida, ni cuál fue el detonante que les obligó a salir deprisa y corriendo con la coartada de su boda. Ninguna mención a la Gestapo. Tampoco se desmenuzan las experiencias de Redondela junto a los marineros Faustino y Moncho Otero. No obstante, en este *dossier* privado, y siempre encabezado con los «secret» en rojo, aparece, unas fechas después, un largo reportaje de las experiencias clandestinas y humanitarias, que Lalo escribe con calma ya instalado en su casa de Kensington. Es muy probable que fuera Hillgarth, pendiente del mínimo detalle, quien le pidiera que aclarase los malentendidos del recibimiento, ajustándose precisamente a sus ruegos de que no le hicieran hablar más de la cuenta. Una declaración detallada de la función de Lalo escrita en Londres por él mismo despejaba cualquier duda sobre su labor clandestina. Ya se había encargado el mismo agregado naval de ir detallando previamente por cable al capitán Strong los antecedentes del recomendado, que sin embargo no parecen ser suficientes cuando le ven aparecer en persona. Está claro que no sirvieron de mucho las advertencias del telegrama cifrado 3092, donde se explica que el doctor de esa embajada estaba amenazado de arresto por sus inclinaciones pro británicas (sin demasiadas explicaciones). También garantizan que él es *«un pro-británico atrevido y resuelto, aunque discreto. Gran conocedor de su país y su gente. Este español nunca nos ha fallado en las difíciles negociaciones durante el cruce de fronteras. Perfecto conocimiento de inglés y español y algo de francés. Los detalles completos se envían por valija. Sigue telegrama».* Hasta que el 3 de febrero envían de Madrid un escueto: *«Alonso sale mañana. Notifiquen la dirección de Bristol donde tendrán habitaciones reservadas».*

Pero este requisito no llega a tiempo y tampoco se cumple. El telegrama enviado al día siguiente de su boda no hace efecto, de manera que los recién casados continúan en Madrid un par de semanas más, hasta que Alan –imagino que exasperado– les empuja a marcharse a Lisboa temiendo la inmediata y peligrosa intervención de la Gestapo. Como sabemos, la pareja aún continúa a la espera otro par de semanas más en Lisboa lejos del peligro español hasta que llegue la aprobación británica para aterrizar en su país. Entre tanto trasiego de comunicados, para colmo, cuando al fin llegan a Bristol a mis padres no les espera ninguna reserva de hotel. Qué va. Sin comprender qué está ocurriendo, mis padres permanecerán retenidos y por separado unos días en el *Royal Victoria Patriotic School* entre cientos de extranjeros «sospechosos» que han llegado allí en circunstancias indefinidas semejantes a las suyas. Inglaterra está en guerra, no lo olvidemos. No todo vale y ellos son extranjeros. Parece que en el cruce de los últimos informes las advertencias de Hillgarth no convencieron. También hay que entender las circunstancias. Los datos que van llegando desde hace meses sobre el doctor no concuerdan y las referencias solicitadas por el capitán Strong no coinciden con las del archivo 5593, donde por fin aparecen sus datos mucho más detallados y aclaran la situación de una vez gracias a la firme intervención de Hillgarth. Contrastados los informes enviados durante meses, y tras unos días de incertidumbre y entrevistas desconcertantes, al fin la pareja queda libre.

Es curioso que en este minucioso escrutinio, las salidas de los refugiados por la Ría de Vigo desde la finca familiar de Redondela entre 1940 y 1941, o las primeras casas de acogida entre los amigos de Madrid, así como en el piso de soltero de mi padre en Gurtubay 6 no se detallen. Por no mencionar las complejas tácticas de salvamento de los refugiados utilizadas en el salón de té Embassy que continuaron hasta el final de la guerra. No se describen, ni se dan nombres, o las funciones desempeñadas, ni los métodos de rescate. Ninguna referencia concreta sobre los enlaces de estas primeras rutas de evacuación españolas. Aunque sí aparecen otras muchas descripciones paralelas en otras carpetas después de que mi padre desmenuzara los métodos utilizados, como muestra en los mapas dibujados desde la distancia, archivados hoy entre la abundante información privada de su carpeta. Una cooperación que él sigue supervisando desde Londres para que otros colaboradores continúen la labor sobre el terreno.

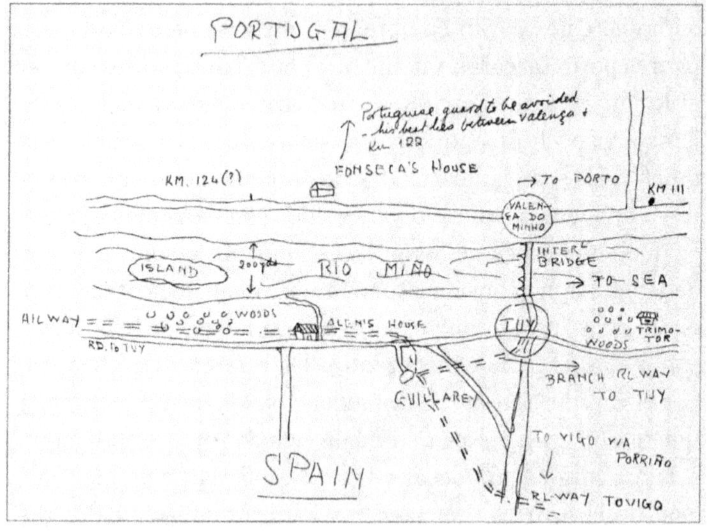

Como afirmo desde un principio, ha sido imposible rastrear noticias más concretas sobre Margarita Taylor, o los verdaderos orígenes de su negocio, entre los documentos oficiales. No solo los que yo he consultado a lo largo de estos años, sino otros compañeros e historiadores con los que he estado en contacto. Aunque ella podría tener un seudónimo que desconocemos, o que de acuerdo a la ley británica cambiara de apellido al casarse y no sea posible identificarla por esta razón. Tampoco aparecen en los *National Archives* los diplomáticos que cumplieron la doble función profesional con el MI6, y sabía de antemano quiénes eran. Claro que al hacer doblete con la Inteligencia utilizaban seudónimos que podrían muy bien estar clasificados en otro lugar. Sí aparecen, sin embargo, distintas rutas de evacuación y casas de acogida posteriores, no solo en Madrid, dentro del mismo apartado del HS9/26. Para entonces, «Susan» y «Daisy» ya tenían sus propios grupos de respaldo y dirigían tres guías en dos domicilios, al punto de que para octubre del 42, «Daisy»

viaja por España para controlar su buen funcionamiento[34]. Si se incluye a la veterana Margarita Taylor entre estas casas de acogida años después de su famosa actividad cara al público será difícil de confirmar sin tener unos datos más concretos.

Durante los inicios gallegos, entre tanto, me he enterado de que mi padre llegó a involucrar en otros traspasos a Portugal[35] a su tío Rogelio, famoso párroco de Berducido y Gende, quien había casado a mis padres en la iglesia de Santiago de Vigo en enero del 42. Por lo que me cuentan unos familiares próximos, parece que él también recibía en su casa del recóndito Gende a unos jóvenes de aspecto extranjero con los que cruzaba el Miño hacia Portugal vestidos de seminaristas, posiblemente a la altura de la «raya seca», en Pousa, en la provincia de Pontevedra. Cuando baja el caudal del río, en esa zona se puede pasar andando, incluso en taxi, o en el coche con matrícula diplomática y volante a la derecha del cónsul en Vigo, Mr. Rogers, que conduciría mi padre. Es evidente que mientras Lalo iba y venía de recoger a los refugiados en Miranda de Ebro, dejándoles a buen recaudo con su familia a la espera de huir hacia Portugal por un camino distinto, su tío Rogelio los conectaba con los hermanos Alén en Guillarey, una aldea próxima a Tuy, apenas separada de Portugal por el río Miño con el fin de depositarlos en la orilla portuguesa en lancha, sin mayor problema. Lola la Grande, la antigua guardesa de La Portela, ya me había sugerido esta relación cuando la visité un tiempo atrás. Recopilando noticias de aquí y allá, es fácil deducir que unos cuantos fugitivos con documentación falsa también cruzaran como turistas el puente de Tuy en el taxi del agente Manuel Ríos, otro vigués

---

34   Ref. HX/150 en HS6/969.

35   Con ayuda de este bidi se puede ver el documento de 1942 al *Foreign Office* acerca del número de aliados estimados operando en Portugal.

(descrito como uno de sus mejores colaboradores por los propios británicos), que encontré entre las carpetas paralelas a las de mi padre en los *National Archives*. Finalmente, unos y otros se reincorporarán en Valença do Minho con el siguiente enlace portugués camino a Lisboa, el tan deseado final del trayecto hacia su libertad.

Al intentar despejar las dudas sobre los prófugos entre España y Portugal no sería imposible deducir que estos extranjeros callados (la mayoría solo hablaba polaco), a los que muchos años después alude mi familia de esa zona, se unieran a la Ruta Riley por Salvatierra do Miño. Es decir, el tramo que seguía supervisando mi padre desde Londres, ya que en el archivo HS6/969 se afirma que dos años después, «*los pasos en Salvatierra están funcionando correctamente*»[36]. Pero como siempre, ni un nombre propio de los responsables, o los participantes. Hay que tener en cuenta que, dadas las circunstancias, con una guerra europea en pleno enfrentamiento detrás de los Pirineos y a punto de extenderse por medio mundo, el MI6 no desmenuzara detalles por escrito, mientras la improvisación y los desvíos estaban a la orden del día. Es lógico que los trayectos no fueran lineales y que se vieran obligados a adaptarlos a inevitables giros inesperados. La necesidad del MI6 debía ser tan acuciante como para buscar estos vericuetos, confiando en la buena voluntad de su equipo al facilitar las salidas a sus protegidos a través de la Galicia más recóndita.

Como era de esperar, tampoco he encontrado ningún documento complementario a las evasiones gallegas en España. Mientras, las prisas impiden desmenuzar los detalles sobresalientes de otros rescates similares por medio país,

---

36   Nota n.º 76 del 6.1.43.

son demasiado abundantes e imposible de concretar al no estar mi padre involucrado. Por lo tanto, aquí solo resumo sus declaraciones en el reportaje del Dr. Martínez Alonso con la puntualidad requerida por el MI6 sobre el itinerario entre Miranda de Ebro-Vigo y Valença do Minho, o Ciudad Rodrigo, supervisados por él. Aparte de ser el promotor de estas vías, Lalo siguió dirigiéndolas desde Londres. Leamos:

«Después del cruce [de los refugiados] por los Pirineos, descanso y recogida en coche con matrícula diplomática. Viaje hasta Madrid. Descanso y última etapa hasta la frontera portuguesa. Ruta que toma unas doce horas de viaje en coche, aparte de las paradas para comer, repostar, etc... Los hombres que entren por Navarra (cobijados por los frailes capuchinos) están al cuidado de Sabas, quien los atiende en su granja de Pamplona; allí les recoge un nuevo coche con matrícula CD. Desde que descubrimos a este agente con Michael Creswell ha resultado enteramente fiable y hasta ahora ha hecho un buen trabajo[37]. *Sé que existen otras zonas de acogimiento, pero no tengo contacto ni con Barcelona, ni más allá de los Pirineos.*

»Yo me limito a los pasos de la frontera gallega [lo que el SOE llamó la ruta de Valença do Minho] y estudio las posibilidades de la frontera salmantina entre Ciudad Rodrigo y Fuentes de Oñoro, paso que se ha utilizado con éxito para los polacos, aunque ha habido algunos casos desafortunados, quizá por falta de medios apropiados, mala organización y porque se intenta contrabandear a demasiada gente a la vez». Aquí mi padre recomienda cómo deben moverse por esa zona, las horas más convenientes para pasar a la gente camuflada en una llanura fronteriza y tan despoblada, puesto que la frontera de Ciudad Rodrigo se cierra de noche

---

37 Puesto que las fotos lo avalan y por la descripción y la zona que trata, Sabas debe ser el *pater* de la orden capuchina establecida en Navarra. Otro alojamiento que dejó mi padre en manos de Michael Creswell a su marcha.

etc. Lalo propone que continúe explorando este territorio David Babington-Smith, el diplomático con quien se fugaron de recién casados a Portugal. E insiste:

«La ruta de Vigo no debería utilizarse tanto, aunque sea segura y conveniente; en cualquier caso siempre es bueno contar con alternativas».

»Mecanismos de la Ruta de Vigo. Los primeros que cruzaron bajo mi dirección lo hicieron el verano pasado (1941), cuando los días son más largos y pude acogerlos en mi piso de Vigo y en la casa familiar de Redondela, a diez km. La Policía parece que está informada y por ello hemos discontinuado esta ruta. Acordamos con los portugueses la hora y el día del cruce, que eran las 9:30 h de la noche. Ahora utilizamos dos puntos diferentes: el de Guillarey, junto al río Miño, que corre paralelo con la carretera y el tren, y donde los hermanos Alén tienen una casa [que aún existía en el año 2008 cuando los visité], *una tienda y una pequeña granja. Esta familia tiene un negocio de contrabando y son muy conocidos de los carabineros, con quienes se llevan de maravilla. El siguiente punto está próximo al río, donde nuestro agente Trimotor, cuñado de uno de los carabineros, tiene otra casa y un barquito de pesca que podría transportar doce hombres y una tripulación de seis personas.*

»Utilizamos los dos puntos alternativamente. También avisábamos al taxista Manuel Ríos (nuestro agente en Vigo) sobre la hora de llegada del coche de Madrid.

»Eso lo hacíamos a través de mi novia (ahora conmigo en Inglaterra como mi mujer), pero se puede hacer a través del cónsul Rogers, o por telegrama al mismo taxista...».

Continúa una detallada descripción de varios procesos realizados con David Babington-Smith, escondites de los refugiados en casas particulares y demás. Aunque recalca con firmeza:

«*No recomiendo usar la ruta de Vigo, ya que las autoridades saben que nos encargamos de pasar gente por el río Miño hacia el norte de Portugal, y en cuanto ven aparecer un coche británico con matrícula diplomática, las autoridades, de acuerdo con la Gestapo, están pendientes de sus movimientos... Conveniente alternar las paradas en Guillarey. Los agentes cobran 2.000 pesetas por cruce, que cubren todos los gastos, incluidos los carabineros y sus colegas portugueses. A Ríos 500 pesetas más. Las autoridades están al tanto de lo que hacemos en Vigo*».

Insiste en el desvío por Santiago de Compostela vía Porriño:

«*...haciendo noche en la carretera desviándose por la Bañeza, o el Hotel Olíden de León, viniendo desde Madrid. Los salvoconductos son fáciles de falsificar; he traído dos conmigo. Si la persona no tiene un aspecto muy extranjero puede pasar por español, pero no debe dejarse ver demasiado, en cuyo caso se registrarán como españoles y como chóferes del coche. Este proceso alternativo evitará que paren en Vigo a la ida y a la venida*». Y añade que:

«*Santiago de Compostela es un centro turístico, con lo cual es más fácil que los visitantes del cuerpo diplomático aparezcan por allí. Sugiero que todos los ocupantes (que procedan de Madrid, incluidos los refugiados) se bajen a contemplar los monumentos en la mañana y coman en la carretera Pontevedra-Vigo. Como en Ponte Sampayo, donde hay un criadero de ostras (una estupenda disculpa para parar un par de horas), y llegar a Redondela al atardecer. Los hermanos Alén y Trimotor quedan a 25 km de distancia y Ríos podrá recogerlos por el camino y acompañarlos hasta el Miño. Evitar pasar por Vigo al regreso*».

Mientras, mi padre busca en Londres un acomodo profesional, preocupado por el futuro incierto que les espera en una Gran Bretaña revuelta, insegura y totalmente inmersa en la II Guerra Mundial, como ya sabía por el diario de 1942, Hillgarth desde Madrid trata de encontrarle salidas profesionales que le ayuden a cubrir gastos. Su asesoramiento sobre las rutas y métodos de fuga españoles a distancia sigue siendo muy útil, pero también lo necesita en otra importante faceta de las relaciones hispano-británicas: el suministro de bienes y donaciones de buena voluntad, acordado entre ambos gobiernos en agosto de 1941. Su íntima amistad, pero más aún, la identificación con el dramatismo humano que comparten y desean aliviar en lo posible, favorece todo lo demás. De forma que en cuanto Lalo se encarrila como médico en el Queen Mary's Hospital, sin dejar su colaboración con el MI5, e intercala otras intervenciones esporádicas con la BBC para América del Sur, sigue participando en el auxilio humanitario paralelo a su propio país. En concreto, en el envío de medicinas, ropa y alimentos de un Gobierno a otro. Algo por lo que yo hubiera dado lo que fuera por escuchárselo contar de primera mano. Saber qué sentía al intentar aliviar la situación de sus compatriotas en unos momentos tan difíciles para cualquiera y sin que nadie se enterase[38]. Aunque el cometido principal de los SOE eran los ataques subversivos de los países ocupados, estaba claro que la función directa de mi padre era otra. Seguro que Alan Hillgarth no tardó en percibir que su amigo gallego no servía para volar puentes, descarrilar trenes y poner toda clase de zancadillas físicas a los posibles avances alemanes en España si se diera el caso. Así que de aquella enriquecedora experiencia humana del entrenamiento militar en Camus Daruch le quedó el magní-

---

38   Ver nota del diario del 29/4/42 incluida en página 355.

fico sabor del whisky escocés de cosecha privada y la sana camaradería entre unos compañeros sin nombre.

Al llegar a este punto debemos recordar que mientras el proyecto humanitario auspiciado entre la Cruz Roja y el MI6 sigue respaldando la liberación de los presos europeos retenidos en España, Hillgarth intenta convencer al general Aranda en Madrid para que Franco no se alíe con Hitler en la guerra europea, como cuento en un capítulo anterior, cuando finalmente consigue el apoyo económico de Juan March y reparten entre los generales elegidos unas sumas millonarias que acabaron dando los resultados esperados. En efecto, como sabemos, España no participó en la II Guerra Mundial gracias a la sigilosa intervención financiera de la Inteligencia británica. O lo que es lo mismo: las sustanciosas partidas económicas a repartir entre los generales monárquicos seleccionados, al margen de las pequeñas contribuciones de buena voluntad sanitarias en las que participa mi padre, entre una embajada y otra.

En contraste con la aparatosa y prepotente propaganda germánica que tanto entorpece los proyectos de Hillgarth, al entrecruzarse unos temas bélicos esenciales, es inevitable que se acumulen las fricciones entre el embajador Hoare y los responsables del MI6. El embajador alega que no era su cometido involucrarse en las causas humanitarias, cosa que obviamente debería correr solo a cargo de la Cruz Roja (como declara en el capítulo 22 de sus memorias, publicadas en 1946). Pero también sabe de sobra que la necesidad de los españoles es acuciante, mientras los presos extranjeros se amontonan en las cárceles padeciendo el desastroso vacío legal de los países sometidos al Tercer Reich. En esta situación, cualquier aportación que se haga a favor de unos y otros les beneficia a todos. Tengamos en cuenta que a los militares desertores de los países ocupados se les persigue a muerte, o se les deporta a sus orígenes –que sería lo mismo–, mientras miles de indocumentados, ya sean judíos, o polacos, checos, o belgas, continúan entrando a raudales por los cien pasos recónditos de los Pirineos para no caer en las manos del Tercer Reich. Coyunturas bélicas insalvables que en breve necesitarán sufragarse por auténticos profesionales, mejor adiestrados que la buena voluntad de las esposas de los diplomáticos organizando tómbolas de caridad para recaudar fondos. O los voluntarios rasos y sin experiencia de la Cruz Roja Británica, que sin duda echan una mano con su mejor intención a Lady Hoare desde la plaza de Rubén Darío.

El London Economist publica el 29 de noviembre de 1941 que la Dirección General de Salud reconocía 8.000 casos de tifus en España[39], y aunque aún están en proceso de experimentación, Madrid solicita dos millones de vacunas contra el tifus, otra grave amenaza sanitaria que arrastra de años atrás. Dado su elevado coste, los británicos dudan si colaborar o no. Mi padre recalca la importancia del suero para paliar el tifus y las carencias que se padecen en su país, mientras el capitán Hillgarth afirma que esta donación serviría como «una propaganda extremadamente beneficiosa». y discreta frente a la fanfarronería alemana. Él sabe bien por qué lo dice. Estas medicinas favorecerán las evacuaciones ilegales de los prisioneros e indocumentados que transitan por las rutas españolas, forzando sutilmente al Gobierno español a que haga la vista gorda a cambio de esta necesaria aportación médica. Hillgarth (siempre dentro de una inteligente discreción) desea que el donativo se infiltre a través de los principales médicos españoles, que saben apreciar y darle el mérito correspondiente para equilibrar el proyecto, ya en marcha, con el soborno de los generales monárquicos y evitar que entren en la guerra europea del lado alemán. El

---

39   Memorando sobre España de abril de 1942. Joint, Nueva York.

agregado naval también era hijo de médico y conocía bien ese ambiente.

Samuel Hoare insiste en que bajo ningún concepto deberá involucrarse al Ejército en el reparto de medicinas, como era su intención. La sombra del desvío hacia el mercado negro podría entorpecer la buena voluntad política británica. Pero las fricciones llegan al extremo en el que acaban interviniendo los norteamericanos hasta resolverlo. En consecuencia, se acuerda que las vacunas se enviarán directamente a la embajada británica, como confirma el comunicado 4521 que anuncia la salida de esta expedición por valor de 2.500 libras:

30 Days **APRIL, 1942** 119

29 WEDNESDAY (119-246)

«*La dirección recaerá sobre el doctor de la embajada, junto al agregado naval y el agregado de prensa* [Tom Burns]; *por tanto, se administrará desde la embajada en Madrid*[40].

»*El embajador se asegurará de que los medicamentos lleguen a los más eminentes doctores a través de la Cruz Roja Española. Cuando se crea The Madrid Scheme* [Proyecto Madrid] *bajo la competencia aliada del War Organization*». Además de ser una solución práctica muy necesaria, estas donaciones tuvieron una repercusión propagandística favorable[41], sin que la prensa, u otros medios oficiales, tuvieran que hacer eco de ello.

Puesto que las necesidades acuciantes desde distintos flancos siguen desbordadas, al llegar a este punto entendí que debería recabar más información en otros archivos colaterales. Recordando que mi padre era SOE e intermediario entre ambos países, sospechaba que la Cruz Roja Británica había jugado algún papel en este proyecto. Por su amistad con el director del hospital madrileño, el Dr. Francisco Luque, su respaldo caía por su propio peso. Así que seguí indagando en Londres, convencida de que mi presentimiento no fallaría. Cuando di con el reportaje confidencial del *Red Cross of St. John* (1939/47), escrito del que solo se publicaron cincuenta ejemplares en 1949, quizá para ajustarse al secretismo del MI6 en unas funciones paralelas, delicadas y ocultas durante esos famosos setenta y cinco años obligados para

---

40   Ybarra E. de la Orden, C .*Testigos de la Historia II, Al Servicio de la Historia*: Archivo de la Fundación Francisco Franco. pág. 122: nota manuscrita del jefe de los Servicios de Escuchas del Gobierno español en la embajada británica en 1940 (números 38-53). Ellos sospechaban que Tom Burns era el jefe de la Inteligencia británica, lo que demuestra lo desorientados que estaban. Además, como imaginaban los diplomáticos, tenían escuchas dentro.

41   HS9-26/5.

los casos de Inteligencia; por tanto desclasificados también en el 2005.

Para abril de 1941, siempre a través de la embajada británica en Madrid, ya se habían repartido desinfectantes, ropa y tabaco para los presos aliados retenidos en diversas cárceles españolas. No solo en Miranda de Ebro. A pesar de las naturales reservas, el embajador Hoare admite que tanto él como sus agregados militares habían trabajado arduamente al respecto[42]. Y eso que nunca disimuló su disconformidad con que esta responsabilidad recayera sobre él. No obstante, gracias a las hábiles maniobras entre la Cruz Roja y su embajada ante el Gobierno español, en los siguientes diez meses ya se habían liberado 400 presos, aunque sorprende que dentro de una incomprensible desinformación interna el embajador no comprenda cómo el *War Office* no está al corriente de esta situación. En estas fricciones se percibe la influencia directa y velada del Premier Winston Churchill con el capitán Hillgarth y Michael Creswell sobre unas reservadas noticias de Inteligencia que no siempre desea que lleguen al embajador. Para calmar las aguas, le explicaron a Hoare que por su trascendencia, las listas de refugiados las manejaba el MI9 (es decir, Michael Creswell, como responsable del Servicio de Evacuaciones y Evasión). Debido al riesgo que corrían estos protegidos en territorio neutral, el *Foreign Office* se reserva la información, pues, desgraciadamente, *«llegado a este punto debemos atender a otros presos de los países aliados»*[43]. Un entramado extremadamente delicado que no podía filtrarse bajo ningún concepto. Ni siquiera al propio embajador. ¿Sería debido a estos secretismos fuera del control oficial, por lo que mi padre firmaba en la mesa de la cocina de mi abuela en La Portela los certificados de

---

42   Cruz Roja, 550.

43   Cruz Roja, 551.

defunción falsos de ciertos fugitivos hospedados allí antes de pasarlos a Portugal? Perseguidos a muerte por los nazis, fueran o no judíos, era mejor darlos por muertos de antemano. Esa versión que de forma simplificada me había contado Lola la Grande cuando la visité unos años antes en Redondela. Muchos de los refugiados que pasaron por nuestra casa eran sin duda perseguidos a muerte, cuyas vidas corrían grave peligro y para quienes la única protección era quitarles de la circulación como fuera. Dónde y cuándo reaparecerían tampoco se explica, aunque estaba previsto que su ruta finalizara en Inglaterra.

No es tan descabellado que escenas como estas ocurrieran en lugares tan pintorescos como las cocinas familiares a miles de kilómetros de los sucesos que los originan y lo más lejos posible del ambiente oficial. Más aún existiendo un Servicio de Escuchas del Gobierno español, que funcionaba a sabiendas de todos, y no solo dentro de las embajadas. Había que aguzar el ingenio para evitar que ciertas operaciones llegaran a los oídos indeseados.

En esta situación, es lógico que entre los diplomáticos hubiera momentos de una tensión insostenible por motivos diversos. En aquella ocasión en concreto la tirantez fue tal que durante una acalorada discusión en la embajada, Michael Creswell le tira el teléfono a la cara al embajador. Hoare inmediatamente avisa a Londres de que «habrá que sustituir a este colaborador por motivos de salud», como cita en su correspondencia privada. Pero la afortunada intervención de las esposas respectivas lo impide. A pesar de las fricciones personales, el responsable del MI9 permanecerá en su puesto madrileño hasta concluir, con un éxito espectacular y siempre silenciado, su labor paralela en las ayudas humanitarias, prácticamente en la clandestinidad.

En el interminable rifirrafe entre funcionarios de alto nivel, finalmente se acuerda que las arriesgadas maniobras humanitarias a cargo del MI6 vayan a partir de ahí de la mano de la Cruz Roja Británica, la más acertada pantalla apolítica e imparcial para respaldar los auxilios humanitarios. La mejor cobertura, por otra parte, contra cualquier sospecha negativa del Gobierno español. Esa imagen benéfica internacional despejará el campo político y encubrirá el grueso de unos problemas humanos insalvables directamente relacionados con la persecución nazi fuera de su territorio. Una inmejorable tapadera, de paso, para la compleja labor de Inteligencia paralela que, ahora sí, ya necesita el sólido apoyo de expertos estrategas políticos.

Entre estas angustiosas tensiones, parapetándose unos en otros, hay que tener en cuenta un antecedente crucial apenas divulgado frente a la ya difícil situación con Alemania. En realidad, este país se había saltado a la torera los acuerdos de La Haya sobre los prisioneros de guerra, como explica el embajador Hoare en sus memorias, y no había forma de recurrir a esos acuerdos para liberarlos. Pero no solo eso. Cuando se crea la Cruz Roja Internacional en la Convención de Ginebra de 1929 como una entidad imparcial, neutral, universal e independiente, asistida por voluntarios que actuarán en los campos de batalla, su finalidad será proteger las vidas y la dignidad de las víctimas de la guerra y asistirlos, Alemania no se une al proyecto. Y Ginebra tampoco se lo exige para evitar más confrontaciones. De manera que Alemania quedó fuera del compromiso internacional de asistencia a los heridos de guerra establecido por la Cruz Roja desde un principio. Basándose en este rechazo poco conocido, declarada la II Guerra Mundial se recrudece la negativa alemana a participar en la imparcialidad humanitaria convenida entre los demás países, de forma que al no participar en el acuerdo de Ginebra, los países participantes no están habilitados a denunciar el genocidio judío al mundo. Una extraña consigna que curiosamente favorece la falta de escrúpulos del Tercer Reich. Por lo tanto, ya entrados en la II Guerra Mundial había que desarmar el nudo gordiano de aquel pacto trascendental que quedó sin rematar en 1929, que deshará con cautela la Inteligencia británica. Es entonces cuando se decide que los Servicios Secretos se ampararán en la imparcialidad benéfica de la Cruz Roja Internacional en la cooperación humanitaria. Esto explica que sean los nazis y no las autoridades españolas la mayor traba a superar sobre la condición de los presos e indocumentados y las evacuaciones ilegales de quienes recalan en las cárceles españolas. Una labor iniciada por Alan Hillgarth y su breve equipo de colaboradores desde Madrid. Cuando el SOE entrará a formar parte de esos proyectos ultra secretos «...*al proveer con material de socorro a los españoles* [a cambio], *mejor que introducir más agentes en el país*»[44]

Bajo esta íntima premisa, los miembros del SOE encubiertos por la Cruz Roja serán competencia del embajador Hoare, pero con el filtro del capitán Hillgarth. Siempre esa observación distante del Premier. A partir de este acuerdo, la Sra. Hillgarth será la representante de la Cruz Roja Británica en España, y administrará cien libras al mes para las compras internas de los presos. Desde las oficinas centrales en la plaza de Rubén Darío se crea además un comité de ayuda voluntaria para los detenidos en el campo de concentración de Miranda de Ebro. Otra fricción que añadir, ya que lady Hoare tenía su presupuesto caritativo aparte. Este irrisorio comadreo entre funcionarios de alto nivel suena ridículo ante semejante drama bélico, pero quién sabe si no estaría provocado por el propio Churchill para desviar la atención de unos asuntos políticos mucho más relevantes que el auxilio a los presos. A fin de cuentas, el Premier es quien maneja los hilos principales desde lejos, tiene el poder y el mando para

---

44   Archivo: Premier 4/21/2B.

hacerlo, y es quien mejor conoce la situación de conjunto. Gracias a este entramado político-humanitario entendemos por qué era tan necesario mantener la neutralidad española a cualquier precio y mantener la imparcialidad de la Cruz Roja Internacional en una Europa prácticamente copada por los alemanes.

No había otra solución. Las necesidades eran numerosas y acuciantes, como muestra la carta de súplica que recibe el cónsul en Barcelona, Harold Farquhar, en agosto de 1942:

«Mantenga en funcionamiento las rutas de evacuación entre Francia y España; necesitaremos por lo menos seis... Es de vital importancia que los hombres desempeñen su función adecuadamente; no podemos correr riesgos... Las personas para quienes se han creado hacen un trabajo altamente peligroso e importante, y se merecen que exista un control apropiado para que regresen sanos y salvos después de cumplir con su misión»[45].

Unas rutas que canalizarán a numerosos perseguidos, no solo judíos, sino también a miles de civiles huyendo del nazismo por su cuenta. Hasta el punto de crear dieciséis salidas clandestinas con el beneplácito disimulado del Gobierno español. No olvidemos que las dos únicas fronteras oficiales entre Francia y España se concentran en Perpignan e Irún, mientras las sigilosas tácticas de los pasos clandestinos continuaban operando al mismo tiempo que el Gobierno español recibe las vacunas y otros donativos británicos de buena voluntad a través de su embajada en Madrid.

Ante un panorama internacional tan complejo, es lógico que no todo marche como esperado. En agosto del 41, en Miranda de Ebro aún había 800 presos, de los cuales 144 son británicos, 89 canadienses y 306 polacos. Es decir, el último verano en el que mi padre participa en los rescates mientras

---

45   HS6/969.

la Cruz Roja envía una ambulancia con matrícula norteamericana para liberar más presos con excusas médicas. Además de repartir la ropa y comida que administraba la Sra. Hillgarth.

Si a esta confusa situación añadimos la intromisión alemana en Gobernación y en Asuntos Exteriores comprenderemos por qué también tenían acceso a las listas de presos y su procedencia; si eran desertores en los países invadidos, si estaban en edad militar, si eran de origen judío (o en su defecto, apátridas), etc. Un abrumador abuso de poder, puesto que al saltarse los acuerdos humanitarios en tiempos de guerra estipulados en Ginebra en 1929, los enemigos declarados en las trincheras lo eran hasta para negar el más elemental auxilio fuera de ellas. Innumerables pruebas de la barbarie nazi en los países invadidos lo demostraban. No nos extrañe entonces la preocupación de Alan Hillgarth por el peligro al que estaban sometidos los presos extranjeros en nuestro país. Sobre ellos pende una peligrosa espada de Damocles con precedentes del maltrato a los prisioneros, muertos por inanición en Alemania, o misteriosamente trasladados a unos campos de trabajo en los que la mayoría eran exterminados. En Polonia, el temido jefe de Policía Beria había ejecutado a cientos de civiles y militares como enemigos sospechosos de la Unión Soviética bajo órdenes de Stalin en marzo de 1940, como si no hubiera sido suficiente el cruento exterminio de septiembre del 39, cuando Alemania invadió Polonia con 4.421 oficiales polacos fusilados en el bosque de Katy, además de los asesinatos indiscriminados de 17.436 militares y civiles. Polonia era sin duda el país más maltratado por Hitler primero y por Stalin después[46], cuyos ciudadanos que aún quedaban con vida lo hacían a expensas de un

---

46   J. Grenville, Ed. Harper Collins. *Collins History of the World in the 20th Century*. Londres, 1994, págs. 281/2.

endeble Gobierno en el exilio de Londres. A partir del temido nuevo «orden racial» nazi, por lo tanto, resultaba imposible deportar a los prisioneros polacos, y en particular a los judíos, que corrían doble peligro, mientras la Gestapo tuviera acceso a las listas de nombres, de donde parten las complejas maniobras diplomáticas de los salvamentos bajo cuerda aquí relatados. Aparte de los acuerdos con el Gobierno a cambio de medicamentos y otros auxilios indispensables para un país esquilmado como España. De esta forma, la Península Ibérica se convierte en la principal tabla de salvación europea para los extranjeros escabullidos a merced de unos colaboradores del MI6 escudados en la imparcialidad de la Cruz Roja Británica y de quienes depende la vida y el futuro de innumerables ciudadanos acosados por el nazismo.

Estas excepcionales circunstancias permiten que sir Alexander Lawrence visite las cárceles españolas y determine la condición legal de los presos procedentes de los países ocupados. Él defiende que no son prisioneros de guerra, puesto que están «moralmente indocumentados» contra su voluntad[47]. Esquivando los conflictivos acuerdos de Ginebra de 1929, Lawrence propone liberarlos desde cualquier consulado británico en la Península Ibérica, lo que impide calificarlos como «desertores», puesto que al quedar su Ejército sometido al Tercer Reich son prisioneros de guerra. La solución de los apátridas, es decir, la mayoría de los judíos entre 1940-42, es prácticamente inviable[48]. Un debate en el que, según estos documentos, intervino mi padre en Miranda de Ebro, cuando se crea la ruta Miranda de Ebro-Vigo-Valença do Minho como una de las primeras vías de evacuación ilegales. Otra razón por la que la *War Organization* deberá «estar en relación directa con la Inteligencia Militar (MI6), con

---

47   Cruz Roja, 553.

48   Cruz Roja, 556.

el fin de traspasarles la información útil para esta labor»[49]. Unos vericuetos legales ajustados a las normas internacionales de la Cruz Roja en tiempos de guerra. Por lo tanto, el tándem Cruz Roja Británica-War Organization-M16, debidamente complementados, se convertirá en el canal de repatriación español de los aliados, que intentará esquivar el estricto control alemán.

Pero la situación empeora. Con el cierre total de las fronteras entre Francia y España, en 1942 aumenta el número de evadidos y las rutas de escape clandestinas mientras los internos del campo de Miranda de Ebro ascienden a 3.500. Lo que no impide que el promedio de cien indocumentados se escabullan por los Pirineos a su aire. A este respecto, la esposa del embajador, Mrs. Virginia Chase Weddel, además de administrar las partidas que llegan de la central en Nueva York, costeará de su bolsillo los cargamentos de camiones con ropa y víveres a los presos de Miranda de Ebro, como otra valerosa contribución a su discreta misión humanitaria. Al aumentar el número de presos y los gastos generales de la Cruz Roja Británica administrados hasta entonces por Mary Hillgarth, el nuevo presupuesto de 300 libras mensuales recaerá en el agregado militar, el veterano brigadier Torr, también será el encargado de la distribución de los medicamentos y comida que envía el Gobierno británico a través de la embajada de España en Londres a la embajada británica en Madrid una vez reorganizado el Comité de Cruz Roja Internacional.

Al finalizar su periplo español, sir Alexander Lawrence confirma la existencia de veinticuatro centros penitenciarios, con prisioneros de diversos países aliados[50], cuya responsabilidad global recaerá igualmente sobre el brigadier Torr y

---

49   Cruz Roja, 553.

50   Cruz Roja, 558.

financia la *War Organization*. Finalmente, la nueva clasificación de los presos quedará de la forma siguiente: Nacionales de origen conocido, nacionales de «países amistosos», tales como judíos y gentiles alemanes, y austriacos escapados del nazismo, refugiados apátridas, judíos y gentiles[51]. Y todo bajo el control de los aliados desde sus embajadas en Madrid.

Como mi padre se ocupaba de los prisioneros polacos atascados en Miranda de Ebro, recurrí a los archivos del *Institute and Sikorski Museum*, también en Londres, para indagar más. Efectivamente, en una interesante correspondencia entre el Ministerio de Asuntos Exteriores y la legación polaca en Madrid sobre la liberación de sus súbditos, el 4 de julio y el 4 de noviembre de 1941, respectivamente, el Gobierno español libera a un buen número de polacos del campo burgalés que «*hasta el momento en que los mencionados súbditos salgan de España sean puestos a disposición de esta legación*»[52] Aunque, «*en Miranda se encuentran actualmente 400 súbditos polacos internados... entre los que hay antiguos militares, oficiales, soldados y hombres de profesiones diversas que se clasificaron como refugiados políticos*». Dicha legación defendía, con razón, que no existía una base jurídica para retenerlos en un país neutral como prisioneros de guerra, entre otras razones porque ninguno portaba armas. Insisten en que el término «refugiado político» justifica su solicitud de asilo. Debate con el que, al final y gracias a la intervención británica, logran liberarlos y sacarlos del país por los vericuetos ya relatados hasta depositarlos finalmente en Londres.

La legación polaca sabía muy bien lo que defendía. Sir Alexander Lawrence recurre a la imparcial Cruz Roja Bri-

---

51 Cruz Roja, 561.

52 A.45/763/2.

tánica y así consigue aglutinar a todos los polacos bajo una misma «nacionalidad de origen conocido». Es decir, incluyendo a los judíos que demuestren su nacionalidad, saltándose su persecución racial. Una sutil diferenciación que apenas entendían los españoles, puesto que a la censura franquista tampoco le interesaba prodigar el cruel anti semitismo de sus amigos del Tercer Reich. Seguidamente comenzaron a autorizarse las salidas de Miranda de Ebro vía Vigo a Valença do Miño, y a las que les siguieron por Ciudad Rodrigo y Fuentes de Oñoro hacia Portugal. Es decir, los tránsitos que describe mi padre en su reportaje, aún cuando los cruces ilegales de las fronteras tuvieran múltiples dificultades. Si fue por estas audaces intervenciones por lo que la Gestapo persiguió al Dr. Eduardo Martínez Alonso obligándolo a huir de España en enero de 1942, es muy probable. Realmente es lo más lógico, aunque no existe ninguna constancia documental. Al día de hoy ignoro la acusación que pesó sobre él para que mis padres tuvieran que huir a Londres.

Mientras tanto, las relaciones entre la Cruz Roja Británica y la Española, más observadora que participante, son diplomáticas y corteses. En Madrid, no parece inquietarles qué se traen entre manos esos amables británicos con los que comparten sus oficinas. Por lo tanto, ahora puedo confirmar, con los papeles oficiales en la mano, que la actividad de mi padre como SOE iba unida a la Cruz Roja Británica. Aunque no le perjudicara ejercer desde años atrás en el Hospital de la Cruz Roja madrileña. Otra situación bastante compleja, puesto que los altos cargos estaban claramente identificados con el régimen franquista después del 39 y la influencia alemana no sería imposible. Su presidente, el psiquiatra Vallejo-Nágera, perteneciente al círculo próximo del Caudillo, era un fascista convencido de la errónea teoría científica sobre la inferioridad de la raza judía, lo que inevitablemente simpatizaba con los nazis alemanes. Por lo tanto, cuanto más indefinida fuera la participación del Dr. Martínez Alonso, mejor. Tampoco era un secreto que él era el médico de su embajada en Madrid. El hecho es que, tras largos debates, las negociaciones de Lawrence en su recorrido nacional fructificaron y para junio de 1943 ya se había liberado a la gran mayoría de los detenidos a su cargo (en unión al *War Organization*). No obstante, quedaron 400 presos rezagados hasta 1946 cuando al finalizar la guerra se reparten la responsabilidad con otras organizaciones francesas.

La entidad británica se retira definitivamente el 10 de septiembre de 1943[53], cuando los hermanos Sequerra, judíos sefarditas portugueses, los reemplazarán. Instalados en Barcelona desde hacía un año, dirigen discretamente la asociación filantrópica norteamericana Joint (*Jewish Internacional Organization*) y canalizan la atención a los judíos desde ahí, aunque David Blickenstaff[54] permanecerá de soporte externo desde la Asamblea de la Cruz Roja madrileña. Serán estos quienes auxiliarán a los judíos que fluyen hacia España con una directa y admirable dedicación. Otra ejemplar y muy poco conocida labor a favor de los perseguidos durante la II Guerra Mundial.

Siempre he considerado que la cifra de los 30.000 salvamentos humanitarios que menciona el embajador Hoare en sus memorias publicadas en 1946, que algunos investigadores han dado por válida, se quedaba corta. En primer lugar, porque el memorando confidencial de 1949 admite la imposi-

---

53   Cruz Roja, 558/564.

54   JOINT, N.Y. Files, 913-920, Spain 1933-1944.

bilidad de concretar el número real de salvamentos durante toda la II Guerra Mundial[55]. Además de los refugiados solitarios que lograron escabullirse por su cuenta sin más ayuda que la espontánea generosidad de quienes los acogían en sus hogares con un alto riesgo propio, numerosos e imposibles de registrar. Lawrence sugiere que cruzaron ilegalmente los Pirineos un promedio de 200 personas por día entre 1940 y 1943, y salían unos 500 ilegales por semana. Hay que tener en cuenta que no todos cayeron presos, venían indocumentados, ni estuvieron de paso (muchos se quedaron tiempo indefinido). Además de las miles de personas que atravesaron por su cuenta y riesgo los cien pasos independientes por los Pirineos entre 1939 y 1945, de los cuales no queda constancia. Pero siguió colándose gente hasta 1945. Incluso hubo judíos perseguidos por Hitler desde antes de que se declararse la guerra en Europa que recalaron en España. Por lo tanto, aún haciendo un cálculo conservador y sin cifras concretas, podemos deducir que a través de la Península Ibérica se salvaron alrededor de 300.000 personas del nazismo a lo largo de toda la II Guerra Mundial.

Es chocante que un capítulo tan significativo como este (y no solo referente a España) esté tan poco investigado. Que su repercusión sea tan limitada, aunque entre los judíos existiera un pacto de silencio, como explica Primo Levi, puesto que silenciar su persecución era una cuestión de vida o muerte. Aparte de que el grueso de la información oficial estuvo blindada hasta el año 2005. Lo que tampoco ha dado tiempo a realizar unas investigaciones más exhaustivas. Pero mientras tanto sí han ido apareciendo casos asombrosos, esporádicos, de judíos supervivientes de atrocidades que lograron contarlo, curiosamente con una particularidad: no especifican si lo hicieron por su cuenta, o con la arriesgada

---

55   Cruz Roja, 562.

cooperación de generosos y desinteresados voluntarios como los que menciono a lo largo de esta publicación. Excluyendo a los Justos de la Humanidad, reconocidos por Israel tras ser investigados a fondo, para ser admitidos como tales deberán ser los propios rescatados quienes aporten pruebas concluyentes —los documentos oficiales no cuentan—. Un escrutinio con el paso del tiempo cada vez más difícil de probar. Sin embargo siguen apareciendo ejemplos de salvamentos, tanto o más trascendentales y discretos que los que cuento, nunca reconocidos o agradecidos. Aún asumiendo los que recayeron sobre el MI6, como garantía de silencio entre sus discretos colaboradores, es curioso que la mayoría fueron voluntarios prudentes y generosos dedicados a diversas actividades. Personas sin intención de destacar, ni pregonar su valor. Al observar que fue gracias al arrojo y la generosidad de quienes jugaron un eminente papel en la sombra para que el proyecto saliera adelante, es curioso que no destaque algún rescatado, o sus descendientes, pregonándolo. Que cuenten su experiencia completa para la posteridad. Silencio total entre los supervivientes y sus descendientes. Tres generaciones después, ¿es el desconocimiento, o el miedo, lo que los paralizó en su día y todavía los intranquiliza?

Estas aventuras y el riesgo que corrieron los voluntarios para salvar a miles de personas desconocidas quedó apartado como un asunto bélico secundario. Como una obviedad sin mayor trascendencia, obligados por las dificultades de la guerra. Quizá, también, por el secretismo conectado a las entidades involucradas. En definitiva: cuando todo pasó, aquellas miles de vidas rescatadas iban asociadas a unos recuerdos que era mejor olvidar. Una consecuencia inevitable y secundaria de las contiendas, a pesar de ser este uno de los pocos lados amables de la guerra: el que salva vidas. El recuento de heridos, muertos, desaparecidos, o de millones de afectados indirectos, quedó para las estadísticas anónimas y, en el mejor de los casos, a los encargados de las oraciones como consuelo. Otro capítulo bélico relegado que no interesaba remover a partir de 1945. No obstante, cuando ya contamos con una información más precisa para apreciar en su justo valor el papel que jugaron estas asociaciones y sus admirables colaboradores, es justo reconocer el destacado y valeroso papel de aquellas personas anónimas que salvaron miles de vidas desconocidas arriesgando la propia sin esperar nada a cambio.

Fueron precisamente aquellos valientes luchadores sin armas quienes evitaron engrosar las terroríficas listas de los ochenta millones de muertos de la II Guerra Mundial. Los que a fin de cuentas le dan otro sentido al desenlace final de los sanguinarios enfrenamientos mundiales.

A la vista de estos resultados se comprende de nuevo la preponderancia de la neutralidad española, además, por su particular situación geográfica, política y económica. Un proyecto trascendental que de no organizarse como se hizo es posible que hubiera sucumbido, o derivado por un derrotero muy diferente. Pero funcionó. Como es fácil suponer, aunque Franco lo ocultara, como tantas cosas de su largo mandato, él tampoco hizo concesiones gratuitas y a la ligera al permitir ese trasiego de refugiados «clandestinos» en un territorio tan controlado. Tampoco dudo que el general estuviera mejor informado de lo que daba a entender sobre estas rebuscadas soluciones bélicas a través de sus propias fuentes de información. Más aún, directamente de la Gestapo, o a través del insólito Servicio de Escuchas operando incluso dentro de las embajadas. Al fin y al cabo era Alemania la más interesada en impedir el paso de los prófugos dentro de su megalomanía de poder y control, hasta con los presos en las cárceles españolas: a los jóvenes aún en edad militar para castigarlos por su deserción del Ejército sometido al Tercer Reich, pero sobre todo para evitar su reincorporación a los ejércitos aliados; a los judíos por obvias razones de persecución antisemita, como un holocausto prolongado por el resto de Europa que no deseaban divulgar pero que se estaba convirtiendo en un secreto a voces; al resto de las víctimas, para que no delataran sus experiencias en una Europa sometida a la atroz tiranía nazi; los menos, esos espías que veían aflorar por todas partes y que en realidad eran minoritarios en comparación con los numerosos fugitivos que buscaban salidas a la desesperada. No obstante, gran parte de la participación aliada en otros aspectos fue tan favorable a los intereses británicos como a los franquistas. Mucho más de lo imaginado. Aunque ciertas maniobras quedaran apantalladas por la fanfarronería alemana, dando por hecho durante décadas que la desbordante influencia del Tercer Reich y el poder superlativo de Hans Hellermann –alto cargo de la Gestapo en nuestro país– anulaban la muy directa, aunque prudente y soterrada, intervención de los representantes diplomáticos británicos (y a partir de 1942 los norte americanos) ante el Gobierno del dictador. Ahora sabemos que la neutralidad española benefició a los planes británicos y favoreció a miles de víctimas sin armar tanto ruido.

Lo curioso de esta extraña clandestinidad consentida por Franco es que tanto a Churchill como a Hitler indistintamente les convenía que la sufrida España, devastada por una guerra fratricida reciente, hambrienta y amedrentada por sus consecuencias, permaneciera dominada por un militar provinciano y altanero, de escasa personalidad y experiencia política, ese dictador con el que apenas compartían una misma ideología anti bolchevique y poco más. Pero dadas las circunstancias, su intransigencia favorecía el control de una población acogotada por la necesidad y sometida a una férrea censura que no permitía filtrar las noticias espeluznantes que no interesaba divulgar. O ajustaba las noticias favorables el influyente agregado de prensa de la embajada alemana, Josef Lazar, de paso que articulaba a su conveniencia una estricta moralidad impuesta por una Iglesia católica muy bien avenida con el régimen autoritario. De tal manera que los aliados se acoplaron a este rebuscado panorama mientras les tolerasen los salvamentos clandestinos, soslayando el acecho de la Gestapo dentro de la ambigüedad franquista.

No cabe duda de que fue la necesidad acuciante de liberar como fuera a los prisioneros de Miranda de Ebro lo que empujó al pequeño grupo dirigido por Alan Hillgarth y su pequeño equipo de apoyo a respaldar a Margarita Taylor desde su refugio de Embassy cara al público en el Paseo de la Castellana. Como los compañeros solidarios que eran, todos se mantuvieron callados el resto de su vida, perfectamente encubiertos por las apariencias sociales y sus respectivas actividades. Desde el exterior, Marjorie Hill, jefa de enfermería del Hospital Hispano-Inglés, Tom Harris, Jim Morrison y Rosario Silva, duquesa de Lécera, antigua dama de la reina Victoria Eugenia, quien acabó donando su palacete de la calle San Bernardo a la Cruz Roja Francesa, ampararon estos auxilios humanitarios con rigor, en silencio y con su mejor voluntad. El bienestar de las víctimas era prioritario, aún a costa de correr algún riesgo propio, razón por la cual ninguno habló, no sufrieron ninguna consecuencia negativa, ni quedó constancia escrita de los hechos, que se sepa, de su paso por Madrid.

Ante semejante valentía y discreción, conociendo de cerca los peligros a los que estaba sometido su equipo, quizá la intención de Alan Hillgarth fuera que mi padre desmenuzara su versión de lo ocurrido una vez establecido en

Londres. Es decir, el plan de rescates ilegales desde la casa de Redondela hasta los pasos clandestinos del río Miño por Guillarey, pasando por los salvamentos de Miranda de Ebro y el resto de las operaciones, escritos de memoria (ver el dibujo a lápiz que se conserva). No solo como un testimonio útil para los británicos, sino para proteger a mi padre de las autoridades españolas. La confirmación de los hechos desde la distancia evitaba cualquier intromisión gubernamental, mientras el MI6 recibía información de primera mano. Lo cierto es que la descripción detallada de estos salvamentos permanece archivada para la posteridad en la carpeta propia del Dr. Eduardo Martínez Alonso en los *National Archives* de Londres, abierto al público. Hasta donde yo sé no hay constancia de estas hazañas en ningún archivo español por obvias razones de seguridad.

A todo esto, la obstinada insistencia de la débil representación del Gobierno de Polonia en Londres a las oficinas de Whitehall y al *Foreign Office*, alentada por unas asociaciones norteamericanas dispuestas a enviar diecisiete millones de dólares para auxiliar a los judíos polacos (organizados a escasas seis semanas de comenzar la guerra en octubre de 1939), añadido al interés del MI6 por limar asperezas ante la difícil situación de los presos, confirma el importante respaldo de esta ejemplar e inusual operación humanitaria. No debe extrañarnos entonces que en cuanto llega al poder en mayo de 1940, Winston S. Churchill priorice la necesidad acuciante de auxiliar y liberar a los polacos invadidos en su país, además de los que recaban en el campo de concentración de Miranda de Ebro. Ante esta dramática situación, el Premier intercambia impresiones con Hillgarth y Creswell sobre la estrategia a utilizar en España.

El agregado naval lo tiene claro: para que España incline su balanza por los aliados o el Tercer Reich, el gran problema estriba en la escasez generalizada y el hambre literal de la población que salta a simple vista. Disquisiciones políticas aparte, con una percepción más humana que oficial, Hillgarth entiende que la necesidad generalizada que padecen los españoles debe ser el eje de las negociaciones con Franco para flexibilizar el problema de los refugiados, conectados a la neutralidad. Después de la negativa estadounidense de enviar trigo en represalia por el wolframio que Franco exporta a Alemania, utilizado en la fabricación de los armamentos, el capitán Hillgarth alega que la principal ayuda que pueden recibir los españoles para permanecer neutrales es la que Churchill les ofrezca. Y si no se hace así, «*el trabajo que llevamos realizando durante meses no habrá servido para nada... Esta es la clave, para mí, de la guerra, en lo que a este país respecta*», confirma Hillgarth en su carta privada al Primer Ministro el 19 de noviembre de 1940[56]. Una observación que no cae en saco roto y provoca la rápida reacción de Churchill. Diez días después, el inquilino del nº 10 de Downing Street telegrafía al *Foreign Office* que cuando lean su telegrama al presidente Roosevelt sobre el abastecimiento de comida para el Gobierno español al embajador Hoare, el capitán Hillgarth deberá estar presente[57]. Y por si el embajador no se hubiera enterado bien, le envía una copia del telegrama cifrado nº 3201 a Washington, D.C. el 3 de diciembre que lo reitera. Por lo tanto, los pasos ocultos de los presos liberados hacia Gibraltar o Portugal, la base central de esta investigación, estaban acordados de antemano entre el Gobierno británico y el español (muy secretamente, desde luego), a cambio de la donación de medicinas y alimentos desde finales de 1940 a través del equipo del SOE, del cual el Dr. Eduardo Martínez Alonso fue uno de los precursores en España. En cuyo caso el primordial escollo era evitar a los

---

56   Premier: 4/21/2B.

57   Serial nº M.359.

hombres del Führer, el mayor causante de las adversidades, y no solo de los prófugos. De ahí la clandestinidad consentida por el Gobierno español de principio a fin de la II Guerra Mundial.

España estaba en un estado agónico cuando estalló la guerra en Europa, y Franco sabía muy bien que poco podía aportar en esa situación a un bando u otro. El pueblo empobrecido, desmoralizado, el Ejército desmantelado y la economía acogotada. Por eso utilizó la fuerza del débil. Se comportó como la mujerzuela casquivana y sin recursos que flirtea con dos amantes enfrentados entre sí, sabiendo que su mejor baza es tratar de camelarlos sin comprometerse con ninguno. Al margen de los beneficios paralelos obtenidos y mientras les daba largas, el general trata de ganar tiempo para sacar el mayor provecho a su precaria situación. En este caso, a cambio de desentenderse de las fugas de los refugiados en su territorio. Fueran de cariz humanitario o político, eso a él le daba igual, aprovechando la generosa, discreta y muy necesaria contribución británica para paliar las innumerables carencias del pueblo, mientras él continúa con la venta del wolframio a los alemanes. Hasta que queda claro de qué lado se inclina la balanza del ganador y se gira definitivamente hacia ese, abandonando al perdedor.

Puedes ver los documentos que encontró Patricia en la carpeta TOP SECRET de MI6 con ayuda de este bidi:

«**M**i padre fue un hombre civilizado que vivió en un tiempo incivilizado». En efecto. Esta frase de William Styron en su novela *La decisión de Sophie* y que pronuncia Merryl Streep con un marcado acento alemán en la película posterior, me encaja aquí como anillo al dedo. Además de civilizado, Eduardo Martínez Alonso era un hombre demasiado sensible y humano para ignorar la barbarie que palpó en directo durante los peores acontecimientos bélicos de su generación. Primero como médico en campaña durante la Guerra Civil en España, de la mano de la imparcial Cruz Roja, comenzando en Extremadura en el verano de 1936, y rematando en Mundaca, el País Vasco en 1939. Una intensa labor que enlazó con la II Guerra Mundial en menos de seis meses como médico de la embajada de Madrid. Estas circunstancias impuestas y añadidas a su bagaje personal cosmopolita le convirtieron en un humanista, liberal, y afranquista convencido —es decir, un demócrata, monárquico y antifascista—, como se describe a sí mismo en 1942 de su puño y letra al presentarse ante los funcionarios de Whitehall. Sanar y mantener con vida, la mejor forma de vida posible, a sus semejantes fue más allá de su máxima hipocrática, su razón de existir por encima de cualquier interés político o económico, de donde derivan las particulares experiencias que cuento aquí. Además de los compromisos, no solo humanitarios, a los que hizo frente a lo largo de su vida, como, entre tantas actividades, también escribiría algún ensayo, o historia corta, para retransmitirlo directamente por la BBC a América Latina.

Preocupado por asegurarse suficientes ingresos al llegar al Londres bélico, en su diario describe cómo tanteó distintas posibilidades y llamó a varias puertas para ganarse la vida, como lo he podido contrastar con las anotaciones apresuradas escritas a mano para los funcionarios del MI5. De forma que además de redactar los textos para la BBC en español, Lalo los retransmite en directo por la radio para Sudamérica. Si de paso colaba alguna información paralela a su labor con el MI5 para los interesados al otro lado del océano no es difícil de imaginar. Tampoco existen pruebas. Pero si nos dejamos llevar por la imaginación, considerando que esa sección española de la BBC la dirigía su amigo, el general republicano Segismundo Casado, cualquier conjetura es posible.

Así que estoy encantada de tener la oportunidad, y el orgullo, de desvelar la secretísima colaboración humanitaria de mi padre como el simpático médico de la embajada británica en Madrid –que lo era– al participar en unas actividades inimaginables hoy día. Por lo tanto considero un privilegio convertirme en su inesperada biógrafa al ir descubriendo esta trama insospechada y crucial de aquella época tormentosa. Dar a conocer el que Lalo utilizara su profesión como coartada para ejercer sin miedo una ilegalidad abierta para beneficiar a otros, con la suerte de haber superado –y padecido– unos cuantos trances de sumo peligro sin darse ninguna importancia, ni contándolo a nadie. Es curioso que podía aparecer tan campante, tanto en actividades sociables y entretenidas –muy al estilo del MI6–, como deliberando con los carceleros para rescatar a los presos de Miranda de Ebro. O codeándose de tú a tú con los marineros gallegos.

También sé que saltaba de las reuniones frívolas entre amigos de confianza en el salón de té madrileño Embassy a los *cocktails* de la embajada tras la larga consulta médica en su despacho de la Cruz Roja. Igual que coreaba canciones marineras a los pocos días antes de jugarse la vida al traspasar a los fugitivos polacos alojados en La Portela en tránsito hacia Portugal, apenas unas horas después de pasearse, feliz, junto a Moncha en el tranvía de Vigo a Bayona a la vista de todos. Pues aunque el doctor contara con un importante respaldo británico para llevar su proyecto adelante con subterfugios médicos, según confirman los documentos oficiales, gracias a que se desclasificaron en el 2005, hoy sabemos que el que daba la cara ante los funcionarios de prisiones o fronterizos era él. Una estrategia aliada que formaba parte de una trama bélica de primera magnitud y aceptada bajo cuerda por el general Franco. La punta del iceberg que confirma la trascendencia política y humana de la rocambolesca colaboración de un súbdito español perseguido por la Gestapo, aunque no por la Policía nacional.

Así es como después de tenerse que marchar deprisa y corriendo de España pudo regresar sin problema al terminar la guerra tras una estancia profesional de cinco años en Londres. Nunca como un exiliado, una clasificación que, curiosamente, era una afrenta para él. Y sin la mínima amenaza de ser represaliado, encarcelado, enjuiciado, o rozar siquiera el temido Tribunal de Espionaje y Alta Traición como enemigo de la patria. Porque, como se sobreentiende a lo largo de este libro, Lalo no actuó contra los intereses españoles, ni siquiera franquistas. Se las arregló para nadar entre diversas aguas y salir indemne. Esa fue también la condición que mi padre apuntó desde un principio y llevó a rajatabla: no participar en actividad alguna en contra de España o los españoles. Por esta razón no tuvo ningún obstáculo para regresar a Madrid en 1946 y ejercer su profesión libremente hasta el final de su vida, toda ella bajo la dictadura del general.

Para confirmar que tenía la vía libre a nuestro regreso, ya cargando conmigo recién nacida en un cestito en el vuelo de Londres a Madrid, me emociona destacar el interesante hallazgo de mi colega y amigo vigués, Antonio Giráldez Lomba, publicado en la página 605 de su *Vigo y su Colonia Alemana en la II GM*. En este interesante libro reproduce el telegrama fechado el 2 de diciembre de 1946, tal como se conserva en el expediente del Dr. Eduardo Martínez Alonso en el Archivo Histórico de la Dirección General de Seguridad de Madrid. En él se comunica a las autoridades en las fronteras de Eíbar, San Sebastían y Fuenterrabía (aunque no entiendo bien por qué solo en esas fronteras y no en muchas más) que se prohíbe la entrada en España, aunque la documentación venga en regla, al uruguayo, Eduardo Martínez Alonso, médico, cuando mis padres y yo habíamos aterrizado en Madrid en el mes de octubre sin sufrir el menor impedimento. El último brindis *underground* de sus amigos diplomáticos. Como suponía Antonio Giráldez al rebuscar en el archivo español, imaginando que en efecto, Lalo estaba fichado por la Policía española en 1942. Ahora sabemos que le despejaron definitivamente cualquier obstáculo nacional a su feliz regreso en 1946, en contrapartida a su callada y valiosa labor junto al MI6 en plena guerra. El sigiloso homenaje británico a través del eficiente manejo del papeleo por los vericuetos internos en la Dirección General de Seguridad desde que Lisardo Álvarez les entregara a los recién casados los pasaportes nº 52 y 53 de 1942 para que salieran tranquilamente de viaje de novios a Lisboa. Finalizada la guerra, otros trámites paralelos desde la trastienda oficial les aseguraban su regreso en unas condiciones perfectamente legales. La sutil e inestimable recompensa de sus leales amigos británicos al enmascarar su identidad a través de los orígenes paternos. Mi abuelo, ya fallecido, Eduardo Martínez Vázquez, era uruguayo, razón por la cual su hijo Eduardo también podría serlo, solo que al enredar los nombres y las circunstancias allanaron el regreso definitivo de su amigo como español. Nacido en Vigo en 1903, Lalo quedaba libre de cualquier obstáculo para entrar y permanecer sin trabas en su país. Después de una labor tan oculta como meritoria a favor de los más desposeídos, ¿cómo un héroe silenciado por obligación iba a reaparecer al cabo del tiempo como un prófugo de la justicia? Porque tampoco lo era. De cualquier forma, estas sutiles triquiñuelas allanaron el discreto pero triunfal regreso a casa y zanjaron cualquier cabo suelto codo a codo con su gran amigo Alan Hillgarth, junto a sus compañeros gallegos. Aquellos valientes e intrépidos marineros, igual de inexpertos y valientes que él, que pusieron todo de su parte para manejar con destreza los planes de unos fugitivos desconocidos, siguiendo las indicaciones de unos ingleses asustados.

Haciendo recuento sobre esta peligrosa y desinteresada colaboración, aparentemente a cambio de muy poco, habrá quien piense por qué a los treinta y seis años un médico soltero, sin ataduras formales, buen vividor y disfrutando de la vida tranquilamente en Madrid, ejerciendo su profesión, después de participar directamente en la Guerra Civil. Un hombre al que no le mueve ninguna inquietud política, económica, religiosa, o ideológica concreta, elige involucrarse en una colaboración aliada de semejante riesgo. Precisamente cuando cualquier otro en sus circunstancias intentaría olvidar el trauma pasado y rehacer su vida en paz. Sin embargo, Lalo se implicó a fondo con sus amigos ingleses sin ninguna obligación o motivo concreto. Yo misma me lo he preguntado muchas veces, aunque, como tantos otros aspectos relacionados con esta experiencia, me quedé con las ganas de hablarlo en profundidad por mi total desconocimiento entonces. De modo que ahora solo puede orientarme la intuición, basándome en nuestra entrañable relación como padre e hija, pero sobre todo en esta lección recibida años después de morir él.

No me cabe duda de que esta contribución benefactora iba unida a un especial sentido de la responsabilidad personal y profesional, ajena a la política, en la que salvar vidas era parte de una máxima hipocrática. Eso es fácil de deducir. Pero apostaría a que mi padre se comprometió ante todo por respeto, por compasión, y sin duda por amor al prójimo a los seres humanos en el extremo trance de vida o muerte. Por amor a la vida, esa vida que él tanto amaba y gozó plenamente. Nada de confusas ideologías. Porque a fin de cuentas, he llegado a la conclusión de que esta es una historia de amor. De un amor sin miramientos, desinteresado, fraterno, generoso. Y, sin duda, del amor entre Moncha y Lalo. Una experiencia insólita para unos recién casados en la que el respaldo de ella significó más de lo imaginado en el conjunto de estas aventuras. Puesto que Moncha, lo acompañó encantada de principio a fin, a pesar de las dificultades que conllevó su matrimonio. Después de todo, mi madre sencillamente también lo siguió por amor.

Muchas veces le he oído comentar a él (incluso llorando cuando se refería a alguno de sus pacientes) que no podía acostumbrarse a ver morir a nadie. Una batalla constante en su profesión, y que desgraciadamente había perdido más veces de las deseadas, especialmente como médico en campaña en la guerra española. Por tanto es fácil comprender que si con esta colaboración como SOE, a pesar del riesgo que conllevaba, podía resarcirse de las pérdidas humanas que inevitablemente se le escaparon de las manos ejerciendo su profesión, no dudo que le valió la pena involucrarse en esta comprometida y arriesgada aventura. Un propósito muy en consonancia, por otra parte, con la intención de sus amigos ingleses, particularmente afines en cultura e ideología. A fin de cuentas, y a pesar de los riesgos y de las dificultades que iban surgiendo y que se solucionaban sobre la marcha, mi padre disfrutó con los buenos resultados de estas experiencias silenciadas con la misma finalidad con la que se implicó en el proyecto de principio a fin. Una experiencia que estoy convencida disfrutó plenamente, igual que el resto de su vida, intensa, activa y muy interesante. Tampoco dudo de que mi madre compartió gustosa todo lo demás, aunque no se lo confesara ni a su hija.

Volvamos al principio entonces, antes de concluir esta historia: al rol de Margarita Taylor y su salón de té, Embassy, como otro respaldo bélico esencial entre los aquí referidos. En vista de que no he encontrado ningún documento oficial o personal suyo en ninguna fuente inglesa, ni siquiera entre la lista de los residentes registrados en la embajada británica a finales de los años 1920, y mucho menos en los *National Archives*, me decidí a hurgar en el Registro Mercantil del Paseo de la Castellana 44 y en el de Príncipe de Vergara 94, además de en la Cámara de Comercio de la Plaza de la Independencia de Madrid. Busqué el negocio por su nombre propio y por el del local que ella inauguró y dirigió durante décadas sin ningún resultado: el salón de té Embassy o su dueña irlandesa no aparecen registrados ni en 1931, ni después. Según esta información, Margarita Kearney Taylor, o su negocio madrileño, no han existido. Muy significativo. Esto explica la sólida intervención de alguien importante, probablemente muy vinculado a embajada británica en Madrid, para ocultar la intención real y pública del famoso negocio y encajarlo con un proyecto de Inteligencia en hibernación cuando se creó. O, lo que es lo mismo, disimular y ocultar cualquier dato que facilitara información acerca de quién estaba realmente detrás del negocio, cuya principal finalidad, por supuesto, era desviar las verdaderas intenciones del Gobierno británico. Así, utilizando un método similar al que se manejó en la Dirección General de Seguridad para que mi padre apareciera como un uruguayo sospechoso a quien no se le podía dejar entrar en España en 1946, tres meses después de establecerse cómodamente con su familia en Madrid como quien de verdad era, zanjando de un plumazo cualquier antecedente, bastantes años antes, al instalarse en Madrid, alguien se encargó de manipular los documentos y la auténtica labor de la irlandesa, Margarita Taylor de principio a fin. Ni rastro del negocio, de ella, o de sus orígenes familiares, personales, y menos aún del propósito paralelo de un establecimiento que ella convirtió en emblemático y visible. Un lugar de recreo social cosmopolita centrado en Madrid con una función paralela clara y específica inimaginable para todo el que entrara y saliera por la puerta.

Tanto Margarita como Lalo, en sus respectivas circunstancias personales y de apoyo, formaban parte de las «operaciones de respaldo», en el argot de Inteligencia. Un encargo no siempre fácil de montar, dirigir, y menos aún de mantener activo, al tratarse de un negocio cara al público, con sus inevitables altibajos y fluctuaciones. Este doble cometido requería un sólido entrenamiento previo (que quizá Margarita recibió junto a su marido militar mientras estuvieron destinados en la India, como ella me contó a medias), además de una dedicación, profesionalidad y gran tesón para sacar adelante los proyectos encomendados, aparte del resultado comercial esperado. Al saber manejar su situación estratégica, lo esencial era el objetivo-tapadera que había detrás del establecimiento: situarse en el corazón de la alta aristocracia española, rodeada entonces de los palacetes del Paseo de la Castellana, pertenecientes en su mayoría a la nobleza monárquica ya en tránsito de su dispersión al declararse la República en 1931. Situada en una esquina trascendental madrileña, a tres manzanas de la embajada británica, entre otras cuantas embajadas de la zona, como la de Alemania en el nº 5 del mismo Paseo de la Castellana. Al crear un ambiente acogedor y distendido, casi sin proponérselo, Margarita Taylor recibía información indirecta y útil con su sola presencia, como complemento a otros proyectos británicos más trascendentales. Para que los legos en la materia lo entendamos mejor: un agente de ficción al estilo James Bond –no olvidemos que Ian Fleming, el autor de sus audaces aventuras, pertenecía al MI5 en plena guerra mundial– operando desde un enclave similar al de Margarita Taylor necesitaría al menos siete amigos de respaldo para completar la misión encomendada. Y ya hemos comprobado que a ella no le faltaron, ni le fallaron, cuando los necesitó en su ejemplar labor con los refugiados acogidos en su recinto. Mantener alto el caché comercial del lugar, entre un público chic, de tan alto nivel como sus dulces productos, creando el ambiente deseado, también formaba parte del secreto proyecto británico. Por eso no nos extrañe que se sintiera tan cansada a los ochenta años, décadas después de su inauguración, cuando quiso consultarle a mi madre cómo podía deshacerse de un negocio abrumador a esa altura. La innegable e insuperable imagen que conservó Margarita durante décadas para ajustarse antes y después de la guerra a los requisitos sugeridos por el MI6 como la profesional que fue ha quedado patente durante varias generaciones.

A partir de aquella eficiente organización comercial durante los difíciles años 1930, ¿quién podía sospechar la finalidad última del negocio, unida a la extraordinaria labor de trastienda que la dueña llevaba entre manos mientras servía el té con pastas a lo más granado de la sociedad española? Más allá de regentar su salón y servir los dulces más exquisitos de Madrid, amparada siempre por el discreto soporte de la embajada británica, cuando Margarita más se arriesgó para cumplir con su auténtica misión, es indudable que logró unos resultados muy superiores a los mostrados en el escaparate: cobijar a los refugiados europeos en los difíciles trances ilegales durante su huida del enemigo durante casi seis años. Aquella labor indispensable que muchos años después el Estado de Israel conoce como las Casas de Vida, porque sabemos que hubo unas cuantas más creadas con esta finalidad, y no solo en España, durante la persecución nazi de la II Guerra Mundial.

En este proyecto humanitario paralelo, además de rescatar a las víctimas de su cautiverio —como hizo Lalo— y devolverlas a la sociedad en su nuevo camino hacia la libertad, había que proporcionarles un cobijo agradable y seguro antes de reintegrarlas a esta. Tengamos en cuenta la necesidad de reconvertir a los antiguos presos en las personas sociables (y estables, a ser posible) que deberían ser después, de donde provienen estos valiosos apoyos intermedios como el de ella, hacia su futura reinserción. Devolverles la dignidad arrebatada como judíos, indocumentados o apátridas junto a sus nuevos documentos (falsos o no) era parte del proyecto global de este equipo ideado por el MI6 y formado por Alan Hillgarth desde su insospechada atalaya madrileña como agregado naval en la embajada británica. Un problema humano de tal envergadura para Winston Churchill y el presidente Roosevelt que lo convirtieron en un secreto asunto de Estado a tratar directamente con el general Franco tan pronto como en noviembre de 1940. Noticias *top secret* que los propios rescatados –y rescatadores– desconocían, y que por su trascendencia, al finalizar la guerra, tampoco se atrevieron a comentar jamás, ni siquiera con sus más allegados. Unos acontecimientos apasionantes que al fin se pueden probar al desclasificarse los documentos oficiales que muestro al convertirse en históricos.

Después de todo, ahora se entiende mejor que la insospechada conexión entre la Inteligencia militar británica y la Cruz Roja en tiempos de guerra tenía su razón de ser. Lo que se demuestra, a la vista de los resultados, que estos, además de discretos y eficaces, fueron espectaculares. La preocupación, no solo por el tema judío al que venía dándole vueltas Winston Churchill desde que Hitler llegara al poder, sino por los presos y heridos en la batalla al declararse la guerra en 1939, necesitaba una particular atención. Así que no nos extrañe que después de utilizar a España como campo de experimentación, aprovechando su imprescindible neutralidad ante el enemigo, se crease el *London Agreement* en 1945. La organización de carácter bélico que dará paso al Juicio de Nuremberg un año después, cuando los vencedores acuerdan que en futuras contiendas continuará emparejándose, igual de secretamente, la colaboración entre la Inteligencia Militar y la Cruz Roja en los asuntos humanitarios en tiempos de guerra.

Observando los resultados ochenta años después, no cabe duda de que estas experiencias hispano-británicas sirvieron de exitoso ensayo para posteriores proyectos bélicos, como así ha ocurrido guerra tras guerra, hasta llegar a Vietnam.

Y concluyo con mi teoría personal sobre otras influencias indirectas distintas en este programa humanitario iniciado en la neutral España, en concreto sobre la reina Victoria Eugenia, esposa de Alfonso XIII. Establecida en Londres, antes de retirarse definitivamente a Lausanne al declararse la República en 1931, la reina Ena siguió en contacto con ciertas personas de su antiguo entorno español, particularmente las relacionadas con el Hospital Central de la Cruz Roja de Madrid, que ella había inaugurado en 1916. Entre estos, la mencionada duquesa de Lécera, una de sus antiguas damas de compañía, asidua a Embassy, discreta y generosa benefactora de Cruz Roja Española y quien donó su palacete de la calle San Bernardo a la Cruz Roja Francesa al acabar la guerra, por lo que le concedieron la Legión de Honor sin ningún bombo y platillo. No debe extrañarnos, por lo tanto, que al Dr. Francisco Luque, con quien la reina Victoria Eugenia inauguró el hospital madrileño aún existente en la Avda. de la Reina Victoria, después de haber sido su ginecólogo durante años, le nombrara director del mismo. Un puesto que el Dr. Luque conservó hasta el final de sus días en los años 1960, a todo esto, coincidiendo con el Brigadier Torr, durante más o menos las mismas fechas, ejerciendo como agregado militar en la embajada británica. Como he relatado al principio, el Brigadier Torr había llegado a Madrid con la comitiva de la princesa Victoria Eugenia de Battenberg como su discreto y fiel asistente, cuando la princesa apareció en la corte española para casarse en 1903 con Alfonso XIII. A partir de ahí, Torr mantuvo su puesto en la embajada madrileña durante unas cuantas décadas más, sin que le afectara la República, o la II Guerra Mundial hasta muy avanzada edad. Si enlazamos estos longevos personajes clave en la historia que acabo de contar con el joven doctor Eduardo Martínez Alonso, se entiende mejor que el 3 de septiembre de 1939, cuando mi padre se ofreció a participar como médico en la guerra recién comenzada donde hiciera falta, el brigadier le sugiriese que «lo necesitaban aquí». Y él no solo se quedó en España, como le pidieron, sino que no dudó en unirse al arriesgado proyecto humanitario que le propuso a continuación el agregado naval, Alan Hillgarth. Para encadenar aún más tantas coincidencias, se sobreentiende que Lalo no era un desconocido de los mencionados personajes. Él contaba con las mejores referencias profesionales y personales. Además de bien cualificado en su profesión, también venía bien entrenado, en vivo y en directo, de una guerra civil reciente como médico en campaña participando en ambos bandos y esquivando el marchamo político de la mano de la imparcial Cruz Roja Española.

Desde muy joven he escuchado comentar en casa que la primera visita que hizo mi padre, a solas, al llegar a Londres, escapando de la Gestapo en su viaje de novios portugués fue a la reina Victoria Eugenia. Y aún conservo la foto que le dedicó ella al finalizar su estancia allí. De qué hablaban o cuántas veces se entrevistaron nunca lo he podido saber, pero este hecho me permite enlazar unas cuantas coincidencias. En la declaración escrita a mano al Servicio Secreto y que se conserva en su carpeta de los *National Archives* al relatar sus orígenes y actividades en España como un exhaustivo *curriculum vitae* en primera persona, mi padre menciona su contacto asiduo con la familia real española a través de la Cruz Roja, la entidad patrocinada por la reina Victoria Eugenia y que visitaba con mucha frecuencia hasta que se instauró la República en 1931. Por lo tanto, entendemos que el Brigadier Torr estaba perfectamente informado de quién se trataba Lalo cuando ofreció sus servicios profesionales el día que estalló la guerra. No nos extrañe entonces que su candidatura tuviera el mejor respaldo imaginable. Y como una anécdota colateral que me gusta recordar, durante esta discreta relación con la reina Victoria Eugenia en Londres, alguna vez se le escapó a mi padre contarme que estaba presente su nieto Juan Carlos, quien «no hay manera de que me hable en inglés». Y ya sabemos que el futuro rey tuvo que perfeccionarlo al cabo del tiempo.

Para seguir atando cabos, recordemos que el embajador de España en Londres entonces era Jacobo Fitz James Stuart, duque de Alba, monárquico donde los hubiera, por lo que su directa relación con la reina exilada de regreso en su país natal es tan obvia como reservada. De este aparente embrollo que intento desenredar, ¿se puede deducir que ciertos acuerdos privados entre la Cruz Roja Española y el Servicio Secreto británico están ligados a los pactos entre Churchill y Franco? Lo que revirtió en el éxito de los sigilosos rescates humanitarios en España entre 1940-44. Será de estos acuerdos de donde partan, entre otras, las discretas contribuciones británicas entre las respectivas embajadas, como fueron los generosos donativos de medicinas y alimentos a cambio de facilitar el coladero de prisioneros e indocumentados que transitaban por el territorio español a cargo del MI6, de paso que el Dr. Martínez Alonso, eterno admirador de la reina de España y fiel cumplidor como SOE, era de sobra conocido por los interesados, y fuera el responsable idóneo para seleccionar estos medicamentos. Es decir, las vacunas del tifus y los sueros donados al Gobierno español a lo largo de la II Guerra Mundial. Para abril de 1942, mi padre escribe en su diario que ya les habían otorgado 2.500 libras para comenzar dichos envíos a través del embajador en Londres, como la cosa más natural. Donativos que continuaron fluyendo el resto de la guerra. Si a todo esto añadimos que los fundadores de la Cruz Roja Internacional en Europa fueron la familia Battenberg, saquen Vds. sus conclusiones.

Lo que comencé como una entretenida remembranza familiar basada en las relajadas conversaciones con mi madre hace veinte años para plasmar los testimonios casi anecdóticos de sus experiencias de recién casada contrastando con las notas del diario paterno de 1942, ha concluido como una investigación histórica en toda regla. No solo gracias a la oportuna desclasificación de los documentos en los *National Archives*, sino a otras pesquisas colaterales durante años en archivos y diversas publicaciones. Al llegar a su conclusión reconozco que es muy gratificante descubrir que las que siempre me transmitieron como unas divertidas anécdotas de recién casados fueron mucho más que todo eso. Por el contrario, me satisface desvelar la afortunada conclusión de unos momentos extremadamente delicados para los protagonistas y duros para esa generación que nos ha precedido y de los que no puedo por menos que alegrarme. Ha sido muy estimulante dedicar tanto tiempo a recopilar datos para plasmar uno de los pocos lados amables de la guerra: el que salva vidas. Desde ahora los legajos oficiales dejan el diario de mi padre, los testimonios de mi madre y mi interpretación posterior de los hechos en el lugar que corresponde.

Pineda de Mar, Barcelona, 17 de marzo del 2021

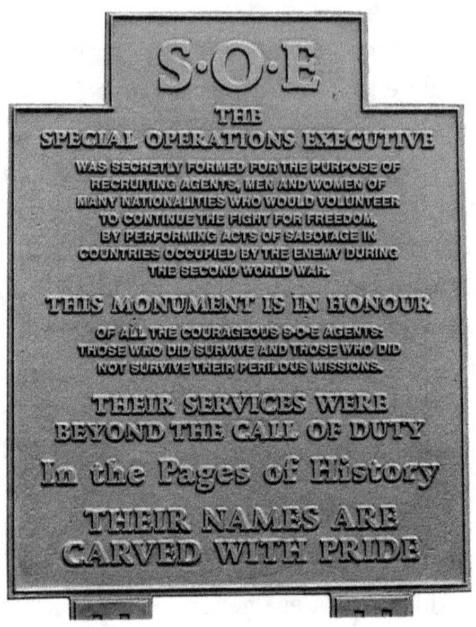

S.O.E

EL

EJECUTIVO DE OPERACIONES ESPECIALES

SE CREÓ EN SECRETO CON EL PROPÓSITO DE RECLUTAR AGENTES, HOMBRES Y MUJERES, DE MUCHAS NACIONALIDADES QUE SE OFRECIERON VOLUNTARIAMENTE A CONTINUAR EN LA LUCHA POR LA LIBERTAD AL REALIZAR ACTOS DE SABOTAJE EN LOS PAÍSES OCUPADOS POR EL ENEMIGO DURANTE LA II GUERRA MUNDIAL.

ESTE MONUMENTO ES EN HONOR

DE TODOS LOS VALIENTES AGENTES DEL SOE: LOS QUE SOBREVIVIERON Y LOS QUE NO SOBREVIVIERON A SUS PELIGROSAS MISIONES.

SUS SERVICIOS FUERON MAS ALLÁ DE SU DEBER

En las páginas de la historia

SUS NOMBRES PERMANECEN GRABADOS CON ORGULLO

ÍNDICE DE FOTOS

asistir. A su lado aparece el Dr. Francisco Luque, director del Hospital de la Cruz Roja, aún existente en la madrileña Avenida de la Reina Victoria.

- Página 103. El señor Harris y Moncha en Londres en 1942. Este fue el único refugiado acogido en La Portela que Moncha llegó a ver en Londres.
- Página 119. El Ministerio de Gobernación de Madrid en 1950. Fuente: memoriadeMadrid.es
- Página 131. Lola «la Grande», la guardesa de La Portela, con las vacas de La Portela.
- Página 143. Lalo y Moncha en su luna de miel en Lisboa, enero 1942.
- Página 151. Anotación en el diario del Dr. Martínez Alonso de la cena con José María Gil-Robles.
- Página 159. Imagen de Adolf Hitler. Fuente: Shutterstock.
- Página 173. El doctor Martínez Alonso en la época en que fue profesor de la Escuela de Enfermeras de la Cruz Roja en Madrid, entre ellas, sor Paz, Carmen Sánchez y Encarnita, 1948.
- Página 189. Lalo y Moncha felices en su viaje de novios por las calles de Lisboa.
- Página 191. Imagen de los bombardeos alemanes sobre la ciudad de Londres en la II Guerra Mundial. Fuente: Shutterstock.
- Página 207. Lalo y Moncha, como siempre sonrientes, en un banco en Londres en plena guerra.
- Página 211. Nota de programación de la BBC, emisora de radio con la que colaboró Lalo en su etapa en Londres.
- Página 223. Anotación en el diario del doctor Martínez Alonso de su contacto en el MO55, documento que aparece por primera vez para el público en este libro.
- Página 237. El matrimonio Martínez Alonso en la terraza de su piso en Madrid en los años 1950.

- Página 238. Principales rutas clandestinas de evacuación en Europa durante la II Guerra Mundial, según Foot&Langley.
- Página 239. El coche de matrícula diplomática en el que trasladaban a algunos refugiados aparcado frente a la casa del tío Rogelio, párroco de Xende, Pontevedra, que también colaboraba en los rescates.
- Página 246. Elizabeth y Michael Creswell con Crispín de Riezu, Francisco de Lezcano y Serafín de Tolosa, hermanos capuchinos de Pamplona, en 1942, en el convento de Jaca donde se alojaban los refugiados a su paso a Portugal.
- Página 248. El doctor Martínez Alonso con Walter Starkle, fundador del Colegio Británico, y otros amigos de aquel entonces en el Club Inglés de Madrid.
- Página 255. Moncha y Lalo en Madrid en 1948.
- Página 269. Patricia Martínez de Vicente con su padre el doctor Martínez Alonso en una entrañable foto.
- Página 281. Margarita Taylor, la carismática irlandesa fundadora y gerente del salón de té Embassy. Fuente: Embassy.es
- Página 291. Fuente: Shutterstock
- Página 303. Foto del embajador Hoare con todo su equipo en una recepción en la embajada británica en Madrid, 1940. Primero a la izquierda, el brigadier Torr. Detrás, el capitán Alan Hilldegarth. Segundo por la izquierda, el embajador Samuel Hoare.
- Página 313. Moncha en La Portela con el matrimonio Babington-Smith, David y Joan, con los que poco después se fugarían a Portugal los recién casados.
- Página 331. Foto de la carpeta con el sello «Secret» que contenía la documentación desclasificada del doctor Martínez Alonso con el MI5.

- Página 346. Mapa con las rutas de rescate hacia Portugal dibujado por el doctor Martínez Alonso desde las oficinas del M15 en Londres y que se conserva en el *dossier* secreto sobre las operaciones del médico gallego.
- Página 355. Anotación del diario del Dr. Martínez Alonso donde queda constancia del envío de medicinas a España por parte de Reino Unido por valor de 2.500 libras esterlinas.
- Página 377. Foto de la reina Victoria Eugenia de 1946 dedicada en Londres al doctor Martínez Alonso.

BIBLIOGRAFÍA

- Alexy, T. *La Mezuzá en los pies de la Virgen*. S. XXI Ed., Madrid, 2000.

- *Atlas of World History*. Penguin Books, Londres, 1995.

- Caro Baroja, J. *Ensayos sobre la cultura popular española*. Ed. Dosbe, Madrid, 1979.

- Cátedra, M. (ed.). *Los españoles vistos por los antropólogos*. Madrid, 1991.

- Churchill, Winston S. *The Second World War* (4 vols.). Casell & Co, Londres, 1948.

- Deacon, Richard, y West, Nigel. *Spy!* BBC, Londres, 1980.

- Dorril, S. *MI6, 50 Years of Special Operations*. Fourth Estate, Londres. 2000.

- Ferrer, P. *Juan March*. Ediciones B. Barcelona. 2008

- Firth, R. *Symbols*. Gerry Allen & Urwin Ltd., Londres, 1973.

- Foot, M. R., y Langley, J. M. *MI9 Escape & Evasión*, 1939-1945. The Bodley Head, Londres, 1979.

- Freud, S. *Psicología de las masas*. Alianza Ed., Madrid, 1974.

- Freud, S. *El malestar en la cultura*. Alianza Ed., Madrid, 1984.

- Fromm, E. *The Anatomy of Human Destructiveness*. Penguin Books, Londres, 1977.

- Fromm, G. *Lo Inconsciente Social*. Ed. Paidós, Barcelona, 1992.

- Fusi, J. P. *Franco, autoritarismo y poder personal*. El País/ Aguilar, Madrid, 1987.

- Giraldez Lomba, A. *Vigo y su Colonia Alemana durante la Segunda Guerra Mundial*, Amazon.com

- Gutman, Ysrael. *The Jews of Warsaw* (1939-43) Indiana University Press, 1982

- Gracia, J. *La resistencia silenciosa*. Anagrama, Barcelona, 2004.

- Grandío Seoane, E. A *Balancing Act. British Intelligence in Spain during Second World War*, Sussex Academic Press, 2017

- Hoare, S. *Ambassador on Special Mission*. Collins, Londres, 1946.

- Irujo, J. M. *La lista negra*. Aguilar, Madrid. 2003

- Kershaw, Ian. *Adolf Hitler*. Biblioteca Nueva. Barcelona, 2003.

- Knoblaugh, H. E., *Correspondent in Spain*. Sheed & Ward. Londres/Nueva York, 1937.

- Madariaga, S. de. *España, ensayo histórico contemporáneo*. Ed. Sudamericana, Buenos Aires, 1944.

- Manvell, R, y Fraenkel, H. *SS & Gestapo: Rule by Terror*, Mac Donald & Co., Londres, 1970,

- Marquina, A, y Gloria, Inés Ospino, *Los judíos en España en el S. XX*. Espasa Universidad, Madrid, 1987.

- Martínez Alonso, E. *Memoirs of a Médico. Doubleday*, Nueva York, 1961.

- Martínez De Vicente, P. *Paso Doble,* Amazon.com, USA 2017

- Miguel, A de. *Los españoles*. Ed. Temas de Hoy, Madrid, 1990.

- Miguel, de A. *La España de nuestros abuelos*. Espasa Hoy Ed., Madrid, 1995.

- Moradiellos, E. *La España de Franco*, 1939-75. Política y cultura. Siglo XXI, Madrid, 2000.

- Carnicer, M.A.: *Cultura y Vida Cotidiana*. Editorial Síntesis, Madrid, 2001.

- Day, P. *Los Amigos de Franco*. Tusquets Ediciones, Barcelona 2015

- Monsivais, C. *Los rituales del caos*. Ed. Era. México, D.F., 1994.

- Mussolini, Raquel, y Zarca, Albert. *Mussolini sin máscara*. Ediciones AQ, Madrid, 1976.

- Pérsico, J. *Roosevelt Secret War*. Random House, Nueva York, 2002.

- Payne. S. G. *El franquismo: 1939-50*. Arlanza Ediciones, Madrid, 2005.

- Preston, P. *La Guerra Civil Española*. Plaza & Janés, Barcelona 1987.

- Preston, P. *Franco Caudillo de España*. Grijalbo, Madrid, 1994.

- Rees, Lauren. *The Nazis*. BBC, Londres, 1997.

- Ros Agudo, M. *La guerra secreta de Franco*. Ed. Crítica, Madrid, 2002.

- Salinas, D. *España, los sefarditas y el Tercer Reich* (1939-45). Universidad de Valladolid y Ministerio de Asuntos Exteriores, Madrid, 1997.

- Sigmund, A. *Las mujeres de los nazis*. Plaza & Janés Editores, Barcelona, 2001.

- Simmel, G. *On Individuality & Social Forms*. The University of Chicago Press, Londres, 1971.

- Stafford, David. *Churchill & Secret Service*. Abacus Ed., Londres, 1997.

- Tourraine, A. *Crítica de la modernidad*. Ed. Temas de Hoy, Madrid, 1993.

- West, Nigel. *MI6, British Secret Intelligence Service Operation*, 1909-45, Weidenfeld & Nicolson, Londres, 1983.

- West, Nigel. *Unreliable Witness*, Grafton Books, Londres, 1984.

- Wigg, R. (ed.) *Churchill & Spain*. Routledge/Cañada Blanch Studies, Londres, 2005.

- Ziegler, J. *El oro nazi*. Editorial Planeta, Barcelona, 1997.

ARTÍCULOS

- Egido León, Ángeles, y Martínez De Vicente, Patricia. *Miranda de Ebro: Los insospechados cauces de una red de evasión internacional,* en Cuadernos Republicanos. CIERE, 2004.

- Eiroa San Francisco, M. *Refugiados extranjeros en España: el campo de concentración de Miranda de Ebro.* En Ayer. Revista de Historia Contemporánea, 2005.

- Maurois, A. *El carácter español, en El alma de España.* Herederos de Rivadeneyra. Madrid, 1951.

- Martínez De Vicente, P. *Los antifranquistas ignorados.* Diario Aurora. Israel, 3.7.2008.

- Pallares, Concha, y Espinosa de los Monteros, J. M. *Miranda, mosaico de nacionalidades: franceses, británicos y alemanes.* En Ayer. Revista de Historia Contemporánea, 2005.

- Alain Touraine. *La amenaza del neonazismo en Europa.* Debilidad de las democracias. Diario El País, 12.11.2000.

- Francisco Vázquez. *Segunda Guerra Mundial: Los nazis en Vigo.* Diario Faro de Vigo, julio 2000.

ARCHIVO DEL PUBLIC RECORD OFFICE/LONDRES

- Índice del *Foreign Office.* FO 371. Ministerio de Asuntos Exteriores británico.

- Documentos consultados: C645/30/41 - Política general Franco. Ventajas de acuerdo anglo-español.

- C2968/40/41 (National Archives) El agregado naval británico (capitán Hillgarth) se entrevista con el general Aranda. Repercusión en la propaganda nazi.

- Medical Supplies – HM/OR/4521; HS9/26/5; Archivo E. Martinez Alonso 22666/A

- C7981/113//41/; C7725/75/41 – Oficiales alemanes en Madrid. Infiltración alemana.

- W17132/4555/48 – Refugiados judíos en España y Portugal.

- W15905/15276/48; W10891/W11861; W11805/W12534/107/48

  - Refugiados polacos liberados en España por enviar a Argentina. Lista completa de los nombres. Amenaza española de repatriarlos en campos de concentración. Intervención británica. Propuesta de traslado a Inglaterra.

- CAB84/26/29 (Spain) – PREM 4/21/2B; KV4 The Curry Report- Historia del Servicio de Seguridad 1908-1945.

- JOINT – Jewish International Organization, N.Y. - Spain 1933-1944.

- THE POLISH INSTITUTE & SIKORSKI MUSEUM. – Londres Archivo A.45/763.

ARCHIVO DEL MINISTERIO DE ASUNTOS EXTERIORES/MADRID

- A-2 - C. Interior 1940; S. Lisboa. 1941; B.1 - C.Int. Gi-4- 1940; B/C.Int.Gi-1- 1940; Fs-F2 1218. 1946

- RED CROSS & ST. JOHN, War Organisation 1939-1947, Official Record. Confidential Supplement, vol. II. Londres, 1949.

SIGNIFICADO DE LAS SIGLAS

- SOE: Special Operations Executive (Ejecutivo de Operaciones Especiales).

- SIS/MI6: Secret Intelligence Service (Servicio Secreto de Inteligencia).

- MI5: Security Service (Servicio de Seguridad).

- MI9: Escape and Evasion Service (Servicio de Evacuación y Evasión).